Richard Rickelmann

**Tödliche Ernte**

Richard Rickelmann

# Tödliche Ernte

Wie uns das Agrar- und
Lebensmittelkartell vergiftet

Econ

ISBN 978-3-430-20125-4

© Ullstein Buchverlage GmbH, Berlin 2012
Alle Rechte vorbehalten
Gesetzt aus der Scala und Helvetica
bei LVD GmbH, Berlin
Druck und Bindung: CPI – Clausen & Bosse, Leck
Printed in Germany

# Inhalt

# Einleitung

## Der verhängnisvolle Filz

Die Leistungsspirale des Noch-Mehr, Noch-Größer, Noch-Effizienter beherrscht eine Branche, die nichts auslässt, um durch Skandale auf sich aufmerksam zu machen. Chemikalien im Essen, Giftstoffe in Futtermitteln, gefährliche Keime im Fleisch, Tierquälereien in den Mastfabriken, mit Arznei-Wirkstoffen, Nitraten, Pestiziden und resistenten Erregern kontaminierte Böden und Gewässer – das sind dramatische Auswirkungen einer von zunehmender Industrialisierung geprägten Landwirtschaft. Dass dieser Industriezweig weit mehr als andere für Schlagzeilen sorgt, ist weitgehend eine Folge von Wettbewerbsverzerrungen durch die Brüsseler Geldmaschinerie.

Knapp 60 Milliarden Euro an Subventionen verteilt die EU jährlich an die Landwirtschaft und die Agrarprodukte verarbeitende Industrie. Rund 6 Milliarden Euro fließen nach Deutschland. Die Verteilung dieser Gelder sorgt in der Öffentlichkeit und unter den Kritikern der Agrarpolitik zunehmend für Verdruss. Die größten Profiteure dieser Geldflüsse sind ausgerechnet jene Agrarfirmen und Großbetriebe, die den Trend zur Industrialisierung der Landwirtschaft wesentlich geprägt haben. Ohne die hohen Finanzströme aus Brüssel an diese Großempfänger aber wäre ein großer Teil dieser Betriebe nicht einmal lebensfähig. Zu diesem Ergebnis kommt eine im Kapitel »Subventionslüge« ausführlich beschriebene Studie der Berliner Humboldt-Universität. Nach den darin veröffentlichten Analysen machen die EU-Direktzahlungen bei den bäuerlichen Betrieben rund 30 Prozent des Jahresgewinns aus, bei Großbetrieben dagegen stattliche 70 Prozent.[1]

Diese Aussagen bestätigen jene Kritiker, die seit Jahren die gegenwärtige Subventionspolitik als ungerecht geißeln und verantwortlich machen für die verheerenden Fehlentwicklungen auf dem Agrarmarkt – vor allem für den folgenschweren Umgang mit den natürlichen Ressourcen Tier, Boden und Pflanze, für die hohen Umweltbelastungen durch die industrielle Landwirtschaft und die gewaltigen Überschüsse an Lebensmitteln. Ausgerechnet in die Kassen der Verursacher – Großagrarier, Fleisch-, Molkerei- und Zuckerkonzerne – fließen die höchsten Subventionsbeträge. Während die Branchenriesen finanziell gemästet werden, sind die ansonsten spendablen staatlichen Geldverteiler bei den kleineren Betrieben eher knauserig.

Die bäuerlichen Betriebe dagegen erhalten durchschnittlich lediglich knapp 1600 Euro im Jahr. Dennoch widersetzt sich der Deutsche Bauernverband (DBV) vehement einer Umverteilung der EU-Mittel zu Gunsten der breiten Masse der Landwirte. Den Grund für diese Haltung mancher Funktionäre sieht die alternative Arbeitsgemeinschaft bäuerliche Landwirtschaft (AbL) in dem »Filz von Ernährungs- und Agrarindustrie, Bauernverband sowie willfährigen Agrarpolitikern und Behörden«.[2]

Wegen ihrer Rücksicht auf genossenschaftliche Interessen haben die Spitzenvertreter des Bauernverbandes häufig Kritik auf sich gezogen. Sie gipfelt in dem Vorwurf, mit ihrer Politik die Expansion der Genossenschaften auf eine exzessive Weise gefördert und damit das System der Überschüsse begünstigt zu haben. In der Tat glänzen die Bilanzen dieser Konzerne durch überdurchschnittlich hohe Umsatzsteigerungen. Was hier und auf anderen europäischen Märkten nicht mehr absetzbar ist, wird mit staatlicher Förderung in Drittländer exportiert. Aus dieser Entwicklung haben auch die Funktionäre Vorteile gezogen, sie bevölkern in großer Zahl die Gremien genossenschaftlicher Einrichtungen.

»Viele DBV-Funktionäre«, sagt AbL-Sprecher Eckehard Niemann, »bekleiden gut dotierte Nebenjobs in den Aufsichtsräten und Beiräten großer Raiffeisen-Genossenschaften und den Raiffeisen-Verbänden und -Banken. Dieser Filz ist verhängnisvoll für die Entwicklung in der gesamten Landwirtschaft, vor allem aber für die Interessenvertretung der Bauern.«

Ein Beispiel für diesen Filz ist die Agravis Raiffeisen AG. Mit Futtermitteln, Saatgut, Landmaschinen, Düngemitteln und Brenn- und Kraftstoffen setzte der Konzern im Geschäftsjahr 2010 stattliche 5,4 Milliarden Euro um. Im Agravis-Aufsichtsrat und im Beirat sitzen über ein Dutzend amtierende und ehemalige DBV-Funktionäre, unter ihnen allein drei Vizepräsidenten des Bauernverbandes.[3] Diese und ähnliche lukrative Aufsichtsrats- und Beiratsposten führen zur Abhängigkeit. Viele Systemkritiker sehen darin einen Hemmschuh für die Änderung der geltenden Subventionsregelungen, denn diese begünstigen vor allem die Genossenschaften: Jahr für Jahr fließen Millionen an EU-Geldern in deren Kassen.

Die Unzufriedenheit über die Verbandspolitik ihrer Funktionäre hat viele Landwirte zum Austritt aus dem Bauernverband veranlasst, sie schlossen sich der Mitte der 1980er Jahre gegründeten Arbeitsgemeinschaft bäuerlicher Landwirtschaft (AbL) an. Rund ein Drittel der Milchbauern sind ferner im Bundesverband Deutscher Milchviehhalter (BDM) organisiert. Ihre Abhängigkeit vom Preisdiktat einiger weniger Molkereikonzerne wie der Genossenschaft Nordmilch, die nach der Fusion mit Humana nun als Deutsches Milchkontor firmiert, hatte vielen Bauern Verluste beschert. Weil sie sich vom DBV schlecht vertreten sahen, traten sie dem BDM bei.

Die Kungelei des Bauernverbandes mit Agravis und Co. hat nach Ansicht von Romuald Schaber den Landwirten nachhaltig geschadet. »Die großen Genossenschaften«, sagt der BDM-Chef, »sind längst mehrheitlich gewaltige Konzerne, die ihr operatives Geschäft an eine Aktiengesellschaft ausgegliedert haben. Da haben die Genossenschaftsmitglieder dann praktisch nichts mehr zu sagen, und selbst die Erlöse gehen an die Aktionäre.« Zielstrebig haben Politik und Lobbyisten diese Entwicklung in der Agrarwirtschaft durchgesetzt und damit ein abstruses System gefördert. Die über Jahrzehnte mit Steuergeldern vollgepumpten, marktbeherrschenden Agrarkonglomerate, einst als Warendienstleister für die Bauern gegründet, gerieren sich heute gegenüber ihrer ländlichen Kundschaft wie die Handelskonzerne: als rigide Preisdrücker.

Die Mehrheit der Landwirte hofft nun auf die vom zuständigen EU-Kommissar Dacian Ciolos angekündigte Agrarwende. Der Rumäne will die Höhe der Subventionen kappen und die ökologische Landwirtschaft stärker fördern. Bei Umsetzung dieses Konzepts würde sich die Lage der bäuerlichen Betriebe deutlich verbessern. Zudem soll nach den Brüsseler Plänen eine Flächenbindung an die Tierhaltung gefördert werden, wodurch der seit Jahren unvermindert anhaltende Boom der flächenunabhängigen Mastfabriken gedrosselt oder gar gestoppt würde.

Weniger Masse und mehr Qualität: Die neue EU-Richtung kommt bei der Bundesregierung nicht gut an. Nach wie vor bestimmen die Begehrlichkeiten einer einflussreichen Minderheit in der Agrarindustrie, unterstützt von den DBV-Funktionären, die Richtung der deutschen Agrarpolitik, und deren Vorgaben macht die Bundesregierung zur Richtschnur ihrer Entscheidungen.

# System der Ausbeutung

Ecuador ist hierzulande einer der größten Lieferanten für Bananen, zu den Abnehmern gehören vor allem die fünf Handelsgiganten Aldi, Lidl, Edeka, Rewe und Metro,[4] die rund 90 Prozent des deutschen Lebensmitteleinzelhandels kontrollieren. Die Arbeitsbedingungen in dem südamerikanischen Land sind katastrophal: Eine Untersuchung in der Region Guayas zeigte, dass Plantagenarbeiter vermehrt an Asthma, Lebererkrankungen, Krebs und Niereninsuffizienz leiden und dass es unter den Frauen in der Umgebung häufig zu Fehlgeburten kommt. Aus den Pestizidtanks der Flugzeuge regnet es hochgiftige Chemikalien wie das in der EU verbotene Spritzmittel Calixin, das zu einer Schädigung von Embryos führen kann. Die Bananenernte ist riskant und schlecht bezahlt: weniger als 10 Dollar am Tag, das liegt unterhalb des Existenzminimums im Lande. In einigen Gebieten sind 95 Prozent der Einwohner in der Bananenindustrie beschäftigt – ohne Rücksicht auf das Alter. Für die Zulieferplantagen der Früchtekonzerne arbeiten sogar Kinder, die jüngsten sind acht bis elf Jahre alt.[5]

Die Zustände auf den Feldern hat die Entwicklungsorganisation Oxfam Deutschland für eine Studie erforschen lassen, und zwar durch das unabhängige ecuadorianische Institut SIPAE, das rund hundert Arbeiter auf den Plantagen und in den Verpackungsbetrieben interviewte. Verantwortlich für die skandalösen Arbeitsbedingungen sind in erster Linie die großen Bananenkonzerne Dole-Ubesa (Marke Dole), Reybanpac (Favorita) und Naboa (Bonita). SIPAE hat erschreckende Details recherchiert. »Durch den Pestizideinsatz«, wird eine Plantagenarbeiterin zitiert, »habe ich Tiere verloren, Schweine und Hühner. Das Wasser in unseren Wassertanks ist verseucht. Und die Wäsche, die auf der Leine hängt, wird verschmutzt, alles wird besprüht.«

Eine andere sagt: »Viele Anwohner mussten ihre Sachen packen und wegziehen, weil ihre Kinder durch den Pestizideinsatz krank geworden sind.«

Mit ihrer Preisdrückerei sind die »Big five« für Franziska Humbert, Autorin der Oxfam-Studie von 2011, mitverantwortlich für die Zustände in dem südamerikanischen Land. Die Abläufe der Geschäfte erläutert ein in der Oxfam-Studie zitierter ecuadorianischer Exporteur: »Das Einkaufsvolumen der Supermarktketten ist inzwischen so groß geworden, dass sie den Preis bestimmen können. Und zwar so, dass die Mehrheit der deutschen Importeure sagt, verkaufe mir Bananen zum Aldi-Preis minus oder plus ein Prozent.«

»Mit Aldi-Angeboten von weniger als einem Euro für ein Kilogramm Bananen verschärfen wir das Elend in Ecuador«, sagt die Oxfam-Expertin Humbert, »es ist höchste Zeit, das System der Ausbeutung zu beenden.« Viele Früchtelieferanten aus den Drittländern erleben seit Jahrzehnten, wie der EU-Nahrungsmittel- und Agrarmarkt funktioniert. Rücksichtslos setzen die Konzerne ihre Marktmacht ein und agieren wie Neokolonialisten, nicht nur in Ecuador. Ähnliche Zustände herrschen auf den Ananasplantagen in Costa Rica, auf den Melonenfeldern in Honduras oder bei der Palmölgewinnung in Malaysia.

Die kapitalkräftigen Akteure aus Deutschland sind wenig zimperlich im Umgang mit ihren Lieferanten. Entscheidend für sie sind der niedrige Einkaufspreis und das makellose Aussehen eines Produkts. Die Folge ist eine unermessliche Verschwendung von Lebensmitteln. Rund 40 Prozent der Kartoffeln verrotten auf den Feldern oder werden bestenfalls an die Schweine verfüttert, weil sie in Größe und Aussehen nicht den Vorstellungen der Einkäufer entsprechen. Ob bei Obst, Karotten oder Salat, selbst Partien mit nur kleinen Schönheitsfehlern kommen nicht in die Regale, sie werden als Tierfutter verwendet oder von Bauern untergepflügt.[6]

Der Druck auf die Erzeugerpreise ist so groß, dass Kühe, Hühner, Puten und Enten nur noch als reine Milch-, Eier- und Fleischmaschinen betrachtet werden; ethische Maßstäbe haben ausgedient. Augenmaß und Vernunft, die eigentlich die bestimmenden Maximen im Umgang mit der Natur sein sollten, wurden abgelöst von einer unermesslichen Gier nach Größe, Gewinnen und Macht. Eine verantwortungslose Subventionspolitik hat in der Agrar- und Nahrungsmittelindustrie Strukturen wuchern lassen, die fatale Parallelen zur Zockerei der Banken aufweisen.

Wachstum macht süchtig, seine Protagonisten werden selbst zu Getriebenen mit ihrer Fixierung auf ständig neue Rekordzahlen. Dafür haben sie alle Rücksichten im Umgang mit Tier und Natur fallen lassen. Gesteuert von mächtigen Lobbyisten und mit Unterstützung der europäischen Regierungen haben die großen Fleisch-, Milch- und Handelskonzerne den Verbrauchern in der EU ein System des Überflusses und der Nahrungsvernichtung übergestülpt. Nirgendwo sonst zeigt sich das Ausmaß des entarteten Wirtschaftens mit seinen Methoden der Verschwendung und der Ausbeutung so deutlich wie in der Tiermast. Sie wird, vor allem in den Agrarfabriken, beherrscht vom Streben nach höherem Profit und der Erfüllung der vom Handel diktierten Maßstäbe. Das Tier ist nur noch ein Kosten- und Nutzenfaktor, eine auf Leistung getrimmte Kreatur, aus der auf eine qualvolle Weise immer neue Höchstmengen an Milch und Fleisch gepresst werden.

Viele Tiere leiden in ihrem kurzen Leben unter ständigen Schmerzen und Degenerationsfolgen. Durch die Turbomast mit eiweißhaltigem Gen-Sojamehl legt vor allem Geflügel derart rasant an Körpergewicht zu, dass die Knochen so schnell nicht mitwachsen können und häufig rachitisch verkrümmt sind. Die millionenfach gefolterten Hühner und Puten können häufig weder stehen noch laufen, sondern nur kriechen. Mastputen kippen wegen des großen Übergewichts ihrer auf Fleischmasse gezüchteten Brust vornüber. Ihre letzten Mastwochen überstehen sie oft nur mit Schmerzmitteln. Das Massenelend in den Ställen wird im Kapitel Qualzucht ausführlich dokumentiert. Dieser Zustand wird von der Bundesregierung billigend in Kauf genommen, obwohl diese Art der Tierquälerei nach dem Tierschutzgesetz verboten ist. Die Rücksicht auf die Lobbymacht der Agrarindustrie hat nun mal Vorrang gegenüber dem Tierleid.[7]

Auch Kühe bleiben von dem menschenunwürdigen brutalen Umgang mit Nutztieren nicht verschont. In modernen Ställen werden von Robotern überwachte Kühe automatisch gefüttert und gemolken und mit einem Kraftfutter aus Gen-Soja auf Rekordleistung gebracht – Milchmengen, für die es keinen Bedarf gibt. »Wir werden dahin getrimmt«, schreibt Romuald Schaber, Vorsitzender des Bundesverbandes Deutscher Milchviehhalter (BDM), »auf die Rendite zu achten und nicht auf das Tier. Die Kuh ist heute hoch leistungsfähig, aber nur für 1,7 Jahre. Früher lag die Nutzungsdauer bei vier oder fünf Jahren. Eine Kuh trägt in ihrem Leben nicht einmal mehr zwei Kälber im Durchschnitt. Das ist nicht gut für die Kuh und nicht gut für den Betrieb. Schneller, mehr, Wachstum um jeden Preis, das führt so am Ende zu weniger.«[8]

Gefördert und beschleunigt wird diese Entwicklung von der größten steuerlichen Geldverschwendung aller Zeiten – den EU-Agrarsubventionen. Es begünstigt ausgerechnet jene Marktteilnehmer, die zu den ärgsten Verursachern dieser Entwicklung zählen. Während die bäuerlichen Betriebe aufgrund des Konkurrenzdrucks ebenfalls einen zunehmend schonungsloseren Umgang mit den natürlichen Ressourcen übernehmen, hat in den großen Mastanlagen ein System des Raubbaus Einzug gehalten: die Folterhaltung von Nutztieren. Schweine, Hühner, Puten und Kälber sind zu einem Profitfaktor geworden, aus dem alles herausgeholt wird, was möglich ist; sie müssen in besonders kurzer Zeit ein Höchstmaß an Gewicht erreicht haben.

Doch die Akzeptanz dieser Zustände sinkt. Die Tierfabriken und deren Umweltbelastungen stoßen auf den wachsenden Widerstand der Bürger. In Regionen mit einem hohen Anteil an agrarindustriellen Anlagen häufen sich die Proteste, »Netzwerk Bauernhöfe statt Agrarfabriken« heißt eine bundesweite Aktion von Bürgerinitiativen; ihr Ziel ist es, den Bau weiterer und ständig größerer Anlagen zu verhindern. Seit das große Kapital die staatlich geförderten Mastbetriebe als lohnende Anlage entdeckt hat, boomt der Bau von Tierfabriken. Anlagen mit 90 000 Schweinen, 800 000 Legehennen und 500 000 Masthähnchen sind keine Ausnahme mehr.

Die branchenfremden Investoren verdrängen zunehmend die bäuerliche Landwirtschaft. Mit Hilfe der EU, der Bundes- und Landesregierungen und einem Kreis mächtiger Lobbyisten, heißt es in einem Positionspapier des Netzwerks, »wachsen Tierhaltungs-Konzerne heran, deren Kern außerlandwirtschaftliche Investoren bilden.«[9] Selbst Landwirte schließen sich der Aktion an, sie fühlen sich durch die expandierende Agrarindustrie in ihrer Existenz bedroht. Oft haben sie in der Nähe einer solchen Fabrik keine Chance mehr, ihren Stall zu erweitern oder einen neuen zu bauen, weil die gesetzlichen Obergrenzen für Geruch und Emissionen durch die Großanlage ausgeschöpft sind.[10]

Etliche Gemeinden in Regionen mit einer besonders hohen Dichte an Großbetrieben haben sich mit dem Netzwerk verbündet. Gemeinsam verlangen sie eine Änderung des Baurechts mit seinen Privilegien für Mastfabriken außerhalb von Siedlungen. Die bestehenden Vorschriften machen bislang keinen Unterschied zwischen bäuerlichen und industriellen Anlagen. Bundesbauminister Peter Ramsauer will die Vorrechte für die Tierfabriken abbauen und suchte dafür den Konsens mit seiner CSU-Parteifreundin Ilse Aigner. Herausgekommen ist dabei ein Gesetzentwurf,[11] der den Fachleuten im Bundesumweltministerium nicht weit genug geht.[12] Im Aigner-Ministerium soll es

Bedenken gegen eine schärfere Fassung gegeben haben. Die Bundeslandwirtschaftsministerin betont zwar bei jeder Gelegenheit, für eine artgerechte Tierhaltung einzutreten, knickt aber regelmäßig vor der Agrar-Mafia ein.[13]

## Das Prinzip »weiter so«

Vor einigen Jahren kam zur wohl mächtigsten deutschen Interessenvertretung, der Agrarlobby, eine weitere die Politik beeinflussende Industriegruppierung hinzu. Sie fand in der schwarzgelben Koalition mit ihren Anliegen auf Anhieb Unterstützung. Die neuen Einflüsterer der Bundesregierung sind die Vertreter der großen Gentechnikkonzerne BASF, Bayer, Monsanto, KWS Saat AG, Syngenta (Novartis), Dupont und Dow. In der Überzeugung, dass die schwierigen Zukunftsaufgaben ohne Beteiligung dieser Branche nicht zu lösen sind, hat Bildungs- und Forschungsministerin Annette Schavan die »Nationale Forschungsstrategie BioÖkonomie 2030« ausgerufen.

Wie so häufig, wenn Politiker ihre Visionen verkünden, wird Hoffnung verbreitet und die Realität ausgeblendet. Zugleich wird viel versprochen, schließlich hat sich die Ministerin eine Menge vorgenommen: Den Hunger in der Welt will sie beseitigen, Klima und Umwelt schützen, Deutschlands internationale Wettbewerbsfähigkeit ausbauen, die Rohstoff- und Energieversorgung auf schonende Weise sichern und die Chancen der Globalisierung nutzen. Das ist nicht nur die heile Welt der Annette Schavan. Wenn die Regierungen in Berlin und anderswo die Zukunft entwerfen, dann tragen sie dicke Schichten rosaroter Farbe auf. Gesunder, ressourcen- und klimaschonender soll es auf dem Globus zugehen, mit einer verantwortungsvollen, ethischen, nachhaltigen und ausreichenden Produktion an Nahrungsmitteln.

Diesen Quantensprung des Fortschritts versprechen Politik, Wissenschaft und Industrie. Dank der segensreichen Entwicklung der gentechnisch veränderten Pflanzen und Getreidesorten und der Bioenergietechnologie sollen künftig auf weniger Ackerfläche Rekorderträge erzielt werden, auf eine die biologische Vielfalt und den Wasserhaushalt der Erde schonende Weise. So jedenfalls stellt sich die Bundesregierung nach Schavans Hochglanzbroschüre die Zukunft vor. Doch diese Ziele sind Lichtjahre von der Realität entfernt. Nichts deutet darauf hin, dass die Politik die drängenden Probleme angehen wird, sie verfährt in Wirklichkeit nach dem Prinzip »weiter so«. Damit ist aber die Katastrophe vorprogrammiert. Die Lage ist fatal, eine Besserung nicht in Sicht: Die Ausbeutung der Erde hat sogar an Tempo zugelegt.

Über eine Milliarde Menschen hungern, und täglich werden es mehr. Um 2050 werden weit über 9 Milliarden Menschen den Planeten bevölkern, rund 2 Milliarden mehr als heute. Um sie ernähren zu können, müsste wegen der wachsenden Verschwendung die globale Nahrungsmittelproduktion verdoppelt werden. Tatsächlich aber dürfte nach Schätzungen der UN-Umweltorganisation im Jahre 2050 rund ein Viertel weniger Nahrungsmittel hergestellt werden als heute. Gleichzeitig wird erwartet, dass der Fleischverbrauch von 284 Millionen Tonnen in 2007 auf geschätzte 450 Millionen Tonnen im Jahre 2050 ansteigen wird. Hungerkatastrophen in weiten Teilen der Erde wären die Folge.[14]

Die hohe Fleischproduktion und die gestiegene Nachfrage nach Biosprit haben die für die Anpflanzung von Reis und Brotgetreide zur Verfügung stehenden Ackerflächen weltweit dramatisch schrumpfen lassen. Bereits heute werden rund 40 Prozent der globalen Getreideernte als Futtermittel verbraucht, mit steigender Tendenz. Bodenerosion, die Ausbreitung der Wüsten und die Intensivlandwirtschaft sorgen für eine weitere Verknappung fruchtbarer Äcker.[15]

Diese zunehmenden Engpässe sollten durch die Fortschritte in der grünen Gentechnik und die durch sie möglichen Ertragssteigerungen ausgeglichen werden. Doch von ihren Segnungen haben bislang nur die Multis profitiert. Der leichtfertige Glaube an die Versprechungen der Industrie hat weltweit Millionen von Landwirten von den Lieferungen der Konzerne abhängig werden lassen – mit fatalen Ergebnissen: Die Ernten von gentechnisch verändertem (GV) Getreide fallen teilweise schlechter aus als die im herkömmlichen Anbau. Auch der versprochene geringere Verbrauch an Pestiziden ist ein Trugschluss. Auf den Feldern mit Gen-Soja ist der Einsatz an Pestiziden weit höher als bei herkömmlichem Soja.[16]

Nicht die unzureichende Produktion von Nahrungsmitteln ist, wie die Gentechnik-Konzerne gerne glauben machen, die Ursache für die steigende Zahl der Hungernden auf der Welt, verantwortlich hierfür sind vielmehr Überfluss und Verschwendung in den Industrieländern. Das Szenario ist von beispielloser Dekadenz: Bis zu 20 Millionen Tonnen Lebensmittel – etwa die Hälfte der Nahrungsmittel – werden allein in Deutschland nach den Erkenntnissen der beiden Autoren Stefan Kreutzberger und Valentin Thurn weggeworfen. »In Österreich«, schreiben sie, »wurde im Haushalt nachgezählt, in den USA in den Fabriken und in Italien und in England in der Landwirtschaft. Unter dem Strich verdichtet sich die Erkenntnis, dass wir etwa genauso viel wegwerfen, wie wir essen.«[17]

Nach Schätzungen von Experten landen hierzulande jährlich Gebirge an Fleisch, Fisch, Brot, Gemüse und Obst im Wert von 20 Milliarden Euro in den Abfalltonnen. Rund 3 Millionen Tonnen Brot werden europaweit jedes Jahr als Müll entsorgt. Die Menge würde ausreichen, ganz Spanien ein Jahr lang mit Brot zu versorgen. Bereits die Halbierung des Lebensmittelabfalls hätte auf die Verringerung des $CO_2$-Ausstoßes eine ähnliche Wirkung, als würde jedes zweite Auto stillgelegt.[18]

Die größten Essensvernichter sind neben den privaten Haushalten die europaweit agierenden Handelsgiganten wie Metro, Aldi, Lidl, Edeka und Rewe. Mit den Lebensmitteln, die allein in Europa vernichtet werden, könnten die Hungernden der Welt zweimal ernährt werden.[19] Der Wegwerf-Wahnsinn ist kein wirtschaftlicher Irrläufer, der Nahrungsabfall ist ein gern gesehener Effekt der Überproduktion. Im hoch subventionierten System steigert er kräftig den Umsatz, vor allem den der Tierfabriken und einiger mächtiger Agrarlieferanten: Hersteller von Pestiziden und Tierpharmaka, Anbieter von Futtermitteln und Saatgut-Anbietern sowie international agierender Gentechnik-Multis.

Der Überfluss basiert in allen Bereichen der Nahrungskette auf Ausbeutung. Die Meere sind nahezu leer gefischt, und so machen die Fangflotten, nachdem kaum noch große Fische in den Netzen zu finden sind, Jagd auf die kleinen. Etwa 55 Millionen Tonnen jährlich, mehr als ein Drittel der weltweit konsumierten Fische, stammen mittlerweile nicht mehr aus dem Fang, sondern aus dem Gehege. Eine perverse Form der Nahrungsvernichtung, denn gefüttert werden diese Bestände mit Fischmehl. Rund ein Drittel aller weltweit gefangenen Meeresbewohner werden zu Fischmehl und Öl verarbeitet, gefördert von der EU mit Milliarden an Subventionen. Nach Angaben der Umweltschutzorganisation WWF werden weltweit 70 Prozent des produzierten Fischöls und 34 Prozent des Fischmehls an Zuchtfische verfüttert, der übrige Teil landet in den Trögen der Tiermäster.[20]

Die Fische aus den Aquakulturen sind jedoch keine verantwortbare Alternative zu den Fängen aus den Meeren. Sie verursachen vielmehr schwere Umwelt- und Gesundheitsschäden, denn in die Fischteiche und Zuchtgehege werden weltweit tonnenweise Pestizide, Desinfektionsmittel und Antibiotika gekippt. In der Umgebung schwimmender Lachsfarmen vor den Küsten Chiles erstirbt in den Buchten jegliches Leben infolge der Ausscheidungen von Phosphor und Stickstoff.[21]

Zivilisationsbrachen überziehen den Globus. Sie sind Insignien eines Systems, das offensichtlich keine Konsequenzen aus seinem Handeln zu ziehen bereit ist. Unverdrossen wird eine Politik fortgesetzt, die nach dem Motto verfährt: Nach uns die Sintflut. Der Gipfel der verantwortungslosen Geschäftemacherei hat nirgendwo derartige Ausmaße erreicht wie im Umgang mit Geflügel. Seit Jahren schon ist der Markt mit Hühner- und Putenfleisch überversorgt, dennoch ist der Bauboom von Geflügelfabriken ungebrochen.

Wie lange noch duldet der Verbraucher das System der Gigantomanie? Die niedrigen Preise sprechen dafür, dass die gegenwärtige Form der Erzeugung und Distribution von Lebensmitteln noch eine Weile breite Zustimmung finden wird. Die unermüdliche Aufklärungsarbeit von Greepeace, BUND, NABU, Oxfam, Foodwatch, PROVIEH und anderen Organisationen bewirkt jedoch, dass die Zahl der kritischen Verbraucher wächst, wie das wachsende Interesse an Bioprodukten belegt. Zu erwarten ist ferner, dass ein steigender Aufklärungsdruck der Konsumenten transparentere Herstellungsprozesse und eine Änderung der abstrusen Subventionspraktiken erzwingen wird.

Dann würde der Konsument auch erfahren, dass die Lebensmittel bei weitem nicht so preiswert sind, wie ihm ständig vorgegaukelt wird. Denn ein Schnitzel vom Discounter ist, ehe es in der Einkaufstasche landet, vom Verbraucher schon mehrfach bezahlt worden – nicht nur über die Steuergelder für die Landwirtschaft, sondern auch über die indirekten Subventionen für den Verkehr. Ein Lastwagen beispielsweise verursacht auf den Straßen so viele Schäden wie 60 000 Personenwagen zusammen,[22] und für diese Schäden kommen weitgehend die Steuerzahler auf. Mithin subventionieren die Verbraucher indirekt auch die Profiteure des Überflusses – neben den Massentierhaltern und deren Lieferanten auch Aldi, Lidl und Co. Abgesehen von den Klimafolgen ist auch der ökonomische Sinn des exzessiven Verkehrs nicht mehr nachvollziehbar.

Welche absurden Dimensionen die Lastwagenströme erreicht haben, hat vor Jahren die Wissenschaftlerin Stefanie Böge im Auftrag des Wuppertal-Instituts am Beispiel eines Erdbeerjoghurts nachgewiesen. Geradezu horrende Entfernungen kamen zusammen, bis das Produkt eines Stuttgarter Molkereikonzerns beim Verbraucher angekommen war. Lediglich die Milch stammte von Höfen aus dem näheren Umkreis. Die Rohbakterien lieferte ein Züchter aus Niebüll in Schleswig-Holstein: 917 Kilometer. Die Erdbeeren von den polnischen Plantagen wurden zunächst zur Zubereitung nach Aachen (800 Kilometer) und von dort nach Stuttgart (446 Kilometer) gefahren. Die Komponenten der Pappkiste für die Becher stammten aus Köln, Aalen und Obergrünberg in Österreich (1042 Kilometer). Den Leim für die Pappe lieferte eine Lüneburger Firma (659 Kilometer), das Granulat für die Kunststofffolie ein französisches Unternehmen. Insgesamt kamen für die Verpackung 2884 und für das Becherglas und seine Zutaten weitere 806 Kilometer zusammen. Das Etikett einschließlich Papier und Leim brachte es auf 1587 und der Aluminiumdeckel mitsamt den Rohstoffen und seiner Herstellung auf 864 Kilometer. Mehr als 9000 Kilometer waren schließlich nötig, ehe dieser simple Joghurt beim Verbraucher in der Einkaufstasche landete.[23]

## Ertragsschwach und umweltschädlich

Futtermittelkonzerne und Gentechnik-Multis dominieren die Methoden der Tiermast, in der immer mehr gentechnisch veränderte Pflanzen verfüttert werden. Für das billige Eiweißfutter wurden in Brasilien riesige Urwaldflächen gerodet und dort wie auch in Argentinien, Paraguay und Peru Millionen von Kleinbauern vertrieben.[24] Die Sojafelder erreichen mittlerweile eine Größe von Deutschland und den Benelux-Staaten zusammen. Die Raubrodungen sind der Höhepunkt einer Entwicklung, in der alle Maßstäbe für ein verantwortliches und nachhaltiges Handeln abhandengekommen sind. An seine Stelle ist eine perfide Form des Profitdenkens getreten, deren Folgeschäden sich erst in einigen Jahrzehnten zeigen werden.

Der GV-Soja des US-Konzerns Monsanto verursacht nach diversen Studien gesundheitliche Schäden an Menschen und Tieren, wie in den folgenden Kapiteln ausführlich beschrieben wird. In USA und Argentinien klagen Landwirte über drastisch zunehmende Probleme mit Superunkräutern und aggressiven Schädlingen, die mit der Zeit resistent gegen Gen-Soja von Monsanto und dessen Herbizide geworden sind. Beim Anbau dieser Pflanzen in den USA mussten nach einer Studie zwischen 1996 und 2008 erheblich mehr Pestizide eingesetzt werden als im herkömmlichen Pflanzenanbau. Dennoch sind die Gen-Soja-Ernten enttäuschend: Sie fallen im Vergleich zu normalen Soja-Sorten im Schnitt um 5 bis 10 Prozent geringer aus.[25]

Wenig mehr als eine Handvoll Produzenten teilen sich das gigantische Geschäft mit der umstrittenen Pflanzentechnologie. Kritiker dieser Laborkreationen, die ihre Vorbehalte mit den beängstigenden Ergebnissen zahlreicher wissenschaftlicher Studien untermauern, werden als ewig Gestrige gegeißelt, die sich dem technologischen Fortschritt in den Weg stellen. Ein Vergleich mit der Atomstromindustrie drängt sich auf. Auch deren Manager und ihre fortschrittsgläubigen wissenschaftlichen Ratgeber haben die Gefahren dieser Energie stets verniedlicht, die Milliarden-Geschäfte sollten nicht gefährdet werden.

Obwohl genetisch veränderte Lebensmittel auf dem deutschen Markt nicht zugelassen sind, erzielt die Branche mit ihren

GV-Kreationen hierzulande gigantische Gewinne. Dazu tragen vor allem die Mastfabriken bei – die Großabnehmer von GV-Soja. Auch das ist der Grund für das Lobbykartell aus Großagrariern, Gentechnik-Managern und Politikern, sich für die Abkehr von der bäuerlichen Landwirtschaft und gleichzeitig für immer größere, industriell strukturierte Produktionseinheiten einzusetzen. Die Konzentration in der europäischen Agrarindustrie hat erheblich an Rasanz zugelegt. Wertvolle Schrittmacherdienste hat dabei der Bauernverband geleistet, der auf die deutsche und europäische Agrarpolitik einen dominierenden Einfluss hat. Kritiker sagen: einen verheerenden.

Die enge Verbindung des DBV mit den großen, im Agrarbusiness aktiven Unternehmen belegt seine Beteiligung an der Fördergemeinschaft Nachhaltige Landwirtschaft (FNL). Majorisiert wird dieser Interessenclub von den Firmen aus den Bereichen Düngemittel, Tierpharmazeutika, Pflanzenschutz und Gentechnik, Futtermittel- und Tiermehlherstellung, den großen Fleisch-, Schlacht- und Genossenschaftskonzernen und der Geflügelwirtschaft. Nach außen hin gibt sich dieser Verbund ein landwirtschaftliches Gepräge und wählte Bauernpräsident Gert Sonnleitner zu seinem Vorsitzenden. Die Politik von FNL und Bauernverband hat eine klare Richtung: höhere Umsätze, höhere Erträge, höhere Gewinne. Und das nach Möglichkeit mit dem massiven Einsatz von Gentechnik.

Die Kumpanei mit der Industrie hat dem Bauernverband viel Machtzuwachs gebracht. Mit einer Beschränkung auf die bäuerlichen Interessen wäre den Funktionären das nicht gelungen. Trotzdem bleibt die Mehrheit der Landwirte ihrem Berufsverband treu, denn die Spitzenfunktionäre verstehen es in heiklen Situationen immer wieder, Mehrheiten hinter sich zu scharen. So ist dem Präsidium über Jahrzehnte hinweg eindrucksvoll der beispiellose Spagat gelungen, die Ziele des Agrarbusiness zu unterstützen und gleichzeitig den eigenen Mitgliedern den Eindruck zu vermitteln, ihre Interessen zu verfolgen. »Die meisten Bauern glauben immer noch«, sagt der Münchner Wirtschafts- und Agrarjournalist Reinhold Bonfig, »der Verband könnte Schlimmeres verhindern. Auch wenn seine Politik die kleineren und mittleren Landwirte eher benachteiligt.«

Noch immer auch wird die Spitze des DBV von einem Wir-Gefühl getragen, das aus den wild bewegten Tagen des bäuerlichen Daseins herrührt, als die Landwirte mit Traktoren vor die Regierungsgebäude in Bonn, später Berlin und vor den Sitz der Kommission in Brüssel zogen. Doch seit dem Streit um den Milchpreis im Jahr 2008 bröckelt der Rückhalt für Sonnleitner und Kollegen. Die von den Funktionären in den Aufsichts- und Beiratsgremien gepflegten engen Verbindungen zu den als Blutsauger beschimpften Molkereikonzernen, die Bauern für ihre Milch Preise unterhalb der Erzeugungskosten zahlen, brachte die DBV-Präsidialen in den Verdacht, die Interessen der Milchbauern aus dem Auge verloren zu haben. Die Beteuerungen, Interessenvertreter aller Bauern zu sein, wecken seither den Argwohn einer wachsenden Anzahl von Landwirten. Doch noch mehr misstrauen die Verbraucher der DBV-Politik mit ihrer Massentierhaltung und ihren industriell erzeugten Produkten, wie veröffentlichte Umfragen belegen. Die Eindrücke aus Fernsehbeiträgen und Zeitungsberichten über die skandalösen Zustände in den Tierfabriken versuchen Bauernverband, FNL und auch die Bundesregierung mit der Verbreitung ländlicher Idyllen abzumildern.

Auch Ministerin Annette Schavan wählte für ihre Hochglanz-Broschüre zur »Nationalen Forschungsstrategie BioÖkonomie 2030« die glückliche Kuh als Werbeträger für ihre Zukunftsideen. Weil Abbildungen aus einer großen Tierfabrik die Leser eher verschreckt hätten, musste ein liebliches Postkartenbild her. Es zeigt eine rot-bunte Kuh, sie liegt auf einer Bergwiese inmitten von rotem Klee, Butterblumen, gelbem Enzian und blauen Gebirgsveilchen. Diese Idylle passt zu Annette Schavans Programm, die Welt besser zu machen und den Hunger zu bekämpfen.

## Geschäft mit dem Hunger

Nichts hat eine so kurze Halbwertzeit wie politische Versprechungen. Auf dem Welternährungsgipfel 1996 hatten sich die Staatschefs noch feierlich verpflichtet, bis 2015 die Zahl der Hungernden um 415 Millionen zu senken. Stattdessen stieg ihre Zahl um 200 Millionen auf über eine Milliarde an. An diesem Trend wird sich auch in Zukunft nichts ändern, auch wenn Politiker das Gegenteil propagieren.

In Wirklichkeit werden die Hungerexzesse noch zunehmen. Nahrungsrohstoffe sind zu einem knappen Gut geworden: ein passendes Aktionsfeld für Zocker. Auf den Agrarmärkten hat ein heftiges, in diesen Ausmaßen bislang nicht gekanntes weltweites Gefeilsche um Mengen und Preise eingesetzt. Ackerland ist in vielen Regionen inzwischen so begehrt wie Bauland. Biosprit, Biogasanlagen und die fortschreitende Versteppung vieler Gebiete durch die Klimaerwärmung haben weltweit einen Run auf landwirtschaftlich nutzbare Flächen ausgelöst. Finanzstarke Länder wie Saudi-Arabien, aber auch große Konzerne, kaufen auf Vorrat Gelände in ärmeren Gegenden der Erde auf, um im Ernstfall ausreichend Flächen zur Eigenversorgung mit Getreide und für Biosprit zur Verfügung zu haben.[26]

»2011 waren Weizen, Mais und Reis im weltweiten Durchschnitt nach Abzug der Inflation 150 Prozent teurer als im Jahr 2000«, schreibt Harald Schumann in seinem Report *Die Hungermacher*, herausgegeben von Foodwatch.[27] Die Preistreiber sind für Schumann neben den Agrar- und Futtermittel-Konzernen Banken, Pensionsfonds, Versicherungen, Stiftungen und einzelne Spekulanten, die »mehr als 600 Milliarden Dollar an den Rohstoffbörsen angelegt haben«. Nach Angaben der Weltbank sind allein im Jahr 2010 die Nahrungspreise um über ein Drittel gestiegen. Mehr als 40 Millionen Menschen zusätzlich seien dadurch in schwere Armut gestürzt worden. Für Weltbank-Chef Robert Zoellick ist diese Entwicklung ein »giftiges Gemisch aus menschlichem Leid und sozialem Aufruhr«.[28]

Nach den Schilderungen von Zoellick steht die Welt an einem Wendepunkt, Hungerrevolten könnten in absehbarer Zeit viele Länder erschüttern – wie im Jahr 2008, als die Preisexplosion für Getreide in 61 Staaten in Asien, Afrika und Mittelamerika zu Unruhen führte. Sie ebbten erst ab, als mit dem Einsetzen der Finanzkrise die Rohstoffpreise drastisch fielen.[29] Seit einiger Zeit hat sich der Trend umgekehrt, astronomische Preissteigerungen machen derzeit vielen Ländern zu schaffen. Innerhalb eines Jahres explodierte in Zentralamerika der Preis für das Hauptnahrungsmittel Mais um 70 Prozent. Nach Schätzungen der Welternährungsorganisation FAO (Food and Agriculture Organization of the United Nations) liegen die Weltmarktpreise für Nahrungsmittel gegenwärtig über dem Niveau der Hungerkrise von 2008.[30]

Installiert wurde das Getreide-Monopoly von der US-Investmentbank Goldman Sachs, die bereits 1991 begann, Rohstoffzertifikate zu vermarkten. Die Banker entwickelten den Goldman-Sachs-Commodity-Index, in dem fortan die Preisentwicklung von 25 verschiedenen Rohstoffen abgebildet wurde, darunter Weizen, Sojabohnen, Mais und Zucker. Das Geschäft funktioniert so: Im börsennotierten Futures-Markt verkaufen die Produzenten ihre Ernten vorab zu einem festen Preis. Liegt am Fälligkeitstag der Marktpreis unter den Future-Konditionen, hat der Bauer profitiert, liegt der Preis darüber, hat der Inhaber des Futures-Vertrags den Gewinn gemacht.[31] Dem Beispiel von Goldmann Sachs folgten Großbanken wie Barclays, Morgan Stanley, die Schweizer UBS und die Deutsche Bank. Sie legten entsprechende Indexfonds mit verschiedenen Futures auf. Seither wird mit den Zertifikaten der Commodity-Fonds heftig gezockt.

Mächtig erzürnt hat Foodwatch-Chef Thilo Bode vor allem, dass sich auch Josef Ackermann als »Hungermacher« betätigte. So bezeichnete er bei der Vorstellung des Reports im Oktober 2011 den Vorstandchef der Deutschen Bank. Für ihn, so Bode, trage er als Vorsitzender des Weltbankenverbandes IIF (Institute of International Finance) »persönlich Mitschuld daran, dass Menschen in den ärmsten Ländern Hunger leiden und daran sterben«.[32] Doch mit dem Hunger lassen sich glänzende Geschäfte machen. Das haben auch die Hedgefonds erkannt, deren Engagement an den Warenterminbörsen für andere Kapitalanleger ein sicheres Zeichen dafür ist, dass hier hohe Profite zu erzielen sind. Wie und in welchem Umfang, das hat Goldman Sachs vorgemacht: Über 5 Milliarden Dollar verdiente die Investmentbank im Jahr 2009 mit diesen Papieren.[33] Die glänzenden Goldman-Sachs-Zahlen wirkten auf das große Anlagekapital wie ein Sog: Seither erreichen die Getreidespekulationen einen ständig größeren Umfang.

»Diese Entwicklung«, sagt Angelika Hilbeck von der Eidgenössischen Technischen Hochschule in Zürich, »hat fatale Folgen für die Welternährungssituation. Hier wird ein Spielcasino betrieben, bei dem die Verlierer die Ärmsten unter den Armen sind.« Die Agrarwissenschaftlerin kennt sich im Thema aus. Sie ist Mitautorin des 2008 veröffentlichten Weltagrarberichts, an dem vier Jahre lang auf Initiative der Weltbank und der Vereinten Nationen über fünfhundert Wissenschaftler aus rund einem Dutzend Fachbereichen mitgearbeitet haben. Im Mittelpunkt des Projekts IAASTD (International Assessment of Agricultural

Knowledge, Science and Technology for Development) mit Teilnehmern aus 86 Ländern stand eine Analyse der Ursachen von Hunger und Armut. Vor dem Hintergrund bereits eingetretener und noch drohender Klimafolgen, der weiteren Bevölkerungsexplosion, einer zunehmenden Landverknappung und der Übernahme westlichen Ernährungsstils in den Schwellenländern mit steigendem Fleischkonsum suchten die Wissenschaftler nach Wegen für eine gerechtere Nahrungsverteilung und -produktion. Ein mühsamer Prozess, der eine Abkehr von der Politik des Überflusses verlangt, die nach dem IAASTD-Bericht auf einer Ausbeutung der Ressourcen von Drittländern basiert. Beispielsweise verfügen Nordamerika und die EU-Länder über den größten Anteil an Ackerland. Dennoch importieren sie mehr Rohstoffe, als sie exportieren.

Erfreulich ist zwar, dass die Agrarproduktion auf der Erde laut Weltagrarbericht schneller wächst als die Bevölkerung, doch die Hungernden haben davon nichts. Auch von dieser Entwicklung profitiert nur der im Überfluss lebende Teil der Menschen in den Industrieländern, die reichlich unbekümmert die Nahrungsressourcen verschwenden, denn nur 47 Prozent des gesamten Getreideaufkommens wird zu Lebensmitteln verarbeitet. Der größte Teil wird verfüttert, verheizt oder zu Treibstoff verarbeitet. Bei den Ölsaaten (Soja, Raps, Sonnenblumen, Palmöl et cetera) ist nach den Erkenntnissen der IAASTD-Wissenschaftler der Lebensmittelanteil noch geringer.

Die Vergeudung von Nahrungsrohstoffen für andere Zwecke als die der Ernährung hat die Versorgungslage mit Lebensmitteln weiter zugespitzt. Die Hälfte der elf Millionen Kinder unter fünf Jahren, die jedes Jahr auf der Welt sterben, könnte nach den Feststellungen des Weltagrarberichts bei etwas besserer Ernährung überleben. Nur etwa zwei Drittel der Menschen sind ausreichend mit Vitaminen und Mineralstoffen versorgt – eine Folge der Monokulturen von Mais, Weizen und Reis in vielen

Ländern. »Diesen Milliarden schlecht versorgter, armer Menschen«, schreibt Tanja Busse, »stehen über eine Milliarde gegenüber, die so übergewichtig sind, dass sie ihre Gesundheit gefährden.«[34]

Für diese Menschen wäre es nur vorteilhaft, wenn in den Industrienationen der Fleischkonsum gedrosselt würde. Auch wenn sie sich schwerlich mit diesem Gedanken anfreunden mögen – mit dieser Entwicklung ist zwangsläufig zu rechnen. Sollten bevölkerungsreiche Länder wie China, Indien und andere Schwellenländer ihren Fleischbedarf steigern, sind in den armen Ländern Hungerkatastrophen und womöglich Kriege um Nahrung unausweichlich. Vor diesem Hintergrund werden die Industrienationen ihren Fleischkonsum drosseln müssen.

Gibt es überhaupt einen Ausweg aus diesem Dilemma? Die IAASTD-Wissenschaftler haben ihn beschrieben: eine Abkehr von der industrialisierten Landwirtschaft. Sie verweisen darauf, dass dort, wo Tiere Gras und andere Pflanzen fressen, die zur direkten menschlichen Ernährung nicht geeignet sind, das Lebensmittelangebot vergrößert wird. Der *Weltagrarbericht* räumt gleichzeitig gründlich auf mit dem Mythos der Überlegenheit industrieller Landwirtschaft aus volkswirtschaftlicher, sozialer und ökologischer Sicht. Für das dringendste und sicherste Mittel, den Hunger zu bekämpfen, halten die Autoren des *Weltagrarberichts* Investitionen in die kleinbäuerliche Produktion. Bei entsprechender Verfügbarkeit von Land, Wasser und Geld erwirtschafte sie einen deutlich höheren Nährwert pro Hektar als die industrielle Landwirtschaft, zudem mit einem niedrigeren externen Input und geringeren Umweltschäden. »Diversifizierte, kleinbäuerliche Höfe«, heißt es in einem Kommentar zum *Weltagrarbericht,* »stellen den Löwenanteil der weltweiten Landwirtschaft. Auch wenn Produktionszuwächse in spezialisierten Großbetrieben mit hohem Input schneller erreicht werden können, liegt der größte Spielraum zur Verbesserung von

Existenzgrundlagen und von Gerechtigkeit in den kleinteiligen und vielfältigen Produktionssystemen der Entwicklungsländer. Dieser kleinbäuerliche Sektor ist hochdynamisch und reagiert schnell auf veränderte natürliche und sozioökonomische Rahmenbedingungen, denen er sein Produktangebot besonders auch durch Steigerung der Produktion bei steigender Nachfrage anpasst.«

Die Endfassung des Weltagrarberichts wurde von 58 Staaten unterzeichnet, darunter in Europa von Frankreich, Großbritannien, Irland, Schweden, Finnland und der Schweiz. Die Regierungen der USA, Kanadas und Australiens lehnten auf dem Abschlussplenum im südafrikanischen Johannesburg die Unterzeichnung ab. Ihr Argument: Die Gentechnik, die industrielle Landwirtschaft und der Weltagrarhandel seien zu kritisch bewertet worden. Bis heute fehlt unter dem Dokument, womit allerdings bei der Struktur der deutschen Agrarwirtschaft zu rechnen war, auch die Unterschrift der deutschen Bundesregierung.

Einer der Kopräsidenten des *Weltagrarberichts* war der Schweizer Landwirtschafts- und Entwicklungsexperte Hans Rudolf Herren vom Millennium Institute in Arlington, Virginia. »Die industrialisierte Landwirtschaft ist bankrott«, sagt der 1995 mit dem Welternährungspreis ausgezeichnete Wissenschaftler, »sie braucht mehr Energie, als sie produziert. Mit dem Auslaufen von fossiler Energie, der Basis für Kunstdünger und Agro-Chemikalien, wird sie in fünfzig bis hundert Jahren absterben.«[35] Bleibt für das Agrarbusiness immer noch ausreichend Zeit, weiterhin auf Kosten armer Länder, geschundener Tiere, geschädigter Natur und mit Hilfe von Steuermilliarden satte Gewinne einzustreichen.

# Grüne Gentechnik –
# ein einziger Bluff

## Wie Monsanto die Welt verändert

Der schlaksige Mann mit dem eckigen Schädel und dem schütteren Haar zieht die Massen an wie ein indischer Guru. Wo Robert Shapiro auftritt, drängeln sich die Menschen wie an diesem Abend im feinen Fairmont Hotel in San Francisco. Kein Platz ist mehr frei, 900 Zuhörer warten auf den großen Visionär. Viele von ihnen sind Teilnehmer der State-of-World-Forum-Konferenz, und sie kommen von weit her, Abgesandte aus 103 Ländern.

Von Shapiro haben fast alle gehört, ein charismatischer Verkünder soll er sein. Nun warten sie gebannt. Mit lockeren Schritten tritt der hagere Redner ans Pult, seine Gesten sind natürlich, keine Posen, er wirkt uneitel und authentisch. Der 58-Jährige will durch seine Worte wirken und die Kraft seiner Argumente. Dafür muss er sich selbst zurücknehmen.

Nach seinen ersten Sätzen steht fest: Shapiro glaubt an seine Visionen, er ist von ihnen besessen. Für eine andere Welt will er kämpfen, eine humanere. Der gegenwärtige Zustand der Erde, sagt der asketische Mann, erfülle ihn mit großer Sorge. Die kolossale Verschwendung in den reichen Ländern habe zu irreversiblen Schäden geführt. Luft, Wasser und Boden seien bedrohlich verschmutzt. Die Menschheit könne nicht einfach auf einen anderen Planeten umziehen, es sei also höchste Zeit zum Gegensteuern.

Das Thema fesselt, es wurde oft diskutiert auf den Tagungen des Forums, immer mit viel Prominenz: Michail Gorbatschow,

Margaret Thatcher und Nicolas Sarkozy haben hier geredet, auch Könige und Nobelpreisträger. Über Armut und Klimaerwärmung, über Demokratie und Ökologie, über Kriege und Diktaturen.

Shapiro, Menschenfreund, Heilsbringer, Manager, ist von einer Mission durchdrungen – er will die Erde vor dramatischen Entwicklungen bewahren. Seine Botschaften, vorgetragen mit der Eindringlichkeit eines Mahners, sollen weltweit gehört werden. Sein Konzept hat den demokratischen Präsidenten Bill Clinton überzeugt, dessen Nachfolger George W. Bush und viele US-Senatoren. Warum nicht auch die Teilnehmer des Welt-Forums?

In einigen Jahrzehnten, verkündet Shapiro an diesem Abend des 27. Oktober 1998, werde sich die Zahl der Menschen auf dem Globus verdoppelt haben. Das Massenelend werde desaströse Ausmaße erreichen. Milliarden von Hungernden zögen dann in die großen Städte, die zunehmend gewalttätig und schließlich unbewohnbar würden. Selbst wenn die Erträge pro Hektar Land um hundert Prozent gesteigert werden könnten, wäre damit nicht mehr gewonnen als die Beibehaltung des derzeitigen Niveaus von Armut und Hunger. Shapiro überzeugt, seine Szenarien ängstigen. Die bestehenden Technologien, mit denen auf der Erde der Lebensunterhalt bestritten werde, seien einfach nicht mehr tragbar, sagt der Visionär aus St. Louis. Sie forcierten nur die zerstörerischen Entwicklungen und führten zu einem destruktiven Wohlstand. Die beklemmenden Perspektiven verlangten nach großen Ideen. Und die hat Shapiro, oft genug hat er sie öffentlich dargelegt, oft genug auch hat er Kritiker seiner Ideen in Anhänger verwandelt.

Die Zuhörer erfahren von den Wunderprodukten, mit denen das drohende Unheil abzuwenden sei: Entwicklungen aus der Biotechnologie. Sie werden das Leben revolutionieren, sagt der Redner. Ausgebrütet wurden die neuen Produkte in den Laboren des US-Multis Monsanto, wo Wissenschaftler die Genome bestimmter Pflanzen entschlüsselt und durch die Manipulation ihrer Gene deren Eigenschaften verändert haben – im Auftrag des Konzernschefs Shapiro. »Zum Wohle der Menschen, der Umwelt und der Aktionäre«, verspricht der.

Dem Monsanto-Chef ist ein schwieriger Spagat gelungen. Er hat es geschafft, die Bedürfnisse der Menschheit mit den geschäftlichen Zielen seines Konzerns in Übereinstimmung zu bringen. In den USA, in Südamerika und Asien hat Shapiro damit eine beachtliche Nachfrage ausgelöst. Das aber reicht ihm nicht. Für einen weltweiten Durchbruch braucht er die Akzeptanz in möglichst vielen Ländern. Fortschritt à la Monsanto: Baumwolle wird es geben, die farbig am Strauch wächst, Designerrasen, der auch im Winter tiefgrün bleibt und niemals geschnitten werden muss, Supergetreide, das Rekordernten garantiert und ohne Pestizide auskommt, Tomaten, die niemals matschig werden, Süßspeisen, die nicht dick machen, und Gemüse, das Wirkstoffe gegen Krankheiten enthält.

Shapiro begeistert und irritiert zugleich. Wer ist dieser Mann, der die Welt verbessern möchte? Ein Wohltäter oder nur ein Geschäftemacher? Oder beides? Shapiro erwähnt die Risiken der neuen Technologie, oberflächlich und in nur wenigen Sätzen. Das Gen für die Weisheit, sagt er, sei noch nicht gefunden. Er verstehe daher die Befürchtung, dass die neue Technologie nicht verantwortungsbewusst eingesetzt werde. Es komme sehr auf die kluge Anwendung des biologischen Wissens an, dann aber werde die Biotechnologie die Welt in einen besseren Zustand versetzen. Die Zuhörer sollen glauben, dass Shapiro sich dieser Verantwortung bewusst ist.

Doch das Misstrauen bleibt. Als der Chefmanager das Rednerpult verlässt und die Treppenstufen zum Saal hinuntereilt, erhebt sich ein junger Mann von einem Tisch nahe der Bühne, in der Hand eine Torte. Sie trifft Shapiro im Gesicht, das linke Glas seiner Brille zersplittert. Der Mann schreit:»Schande! Schande!«Ein zweiter Mann eilt herbei. Seine Torte verfehlt ihn knapp und platscht auf die Bühne. Der Redner wischt mit einem Taschentuch den Tortenmatsch aus dem Gesicht und schnippt mit den Fingern Kuchenreste vom Jackett. Sicherheitskräfte eilen herbei und stellen sich schützend vor Shapiro, der durch eine Seitentür verschwindet.

Die Tortenattacke grüner amerikanischer Aktivisten galt nicht dem Mann, der den Zustand der Welt beschrieben hatte, sie richtete sich gegen den Eroberer an der Spitze von Monsanto. Im Rekordtempo hat Shapiro den Chemie- und Pharmakonzern Monsanto zu einem Gentechnik-Multi umgebaut. Durch milliardenschwere Zukäufe von Saatgutfirmen konnte der Konzern innerhalb kurzer Zeit in der Produktion von gentechnisch veränderten (transgenen) Pflanzen, wofür das Kürzel GV steht, zur Nummer eins der Branche aufsteigen. Monsanto kontrolliert heute fast 90 Prozent des Weltmarktes für GV-Pflanzen und besitzt den größten Teil der Lizenzen für genetisch veränderte Eigenschaften. In den USA, Kanada und Südamerika boomt das Geschäft, überwiegend mit GV-Soja und GV-Mais. Mehr als die Hälfte der genetisch veränderten Pflanzen werden auf den riesigen Ackerflächen in den USA angebaut, etwas mehr als ein Drittel der Gensaaten kaufen südamerikanische Länder.

Deutschland und die meisten EU-Länder lehnen, bislang noch, den kommerziellen Anbau von transgenen Pflanzen ab. Sie sind aber längst Großabnehmer der Genprodukte von Monsanto: In europäischen Mastfabriken fressen Hühner, Enten, Puten, Gänse, Schweine und Rinder vorwiegend Gen-Soja von Monsanto. Deutschland importiert allein jährlich sechs Millionen Tonnen Soja, vorwiegend aus Südamerika. In Argentinien, Brasilien, Paraguay und Ecuador wurden rund 45 Millionen Hektar Land, eine Fläche so groß wie Deutschland und die Benelux-Länder zusammen, in Soja-Monokulturen umgewandelt[1] – für Biosprit und für die Tröge in Europa.

Die Art und Weise, wie der Konzern Monsanto die Märkte

erobert, hat seinen Ruf gefestigt, seine Ziele besonders aggressiv und rücksichtslos zu verfolgen. Monsantos Geschäftsstrategien gleichen Feldzügen: Einer Invasion ähnlich schwärmen Monsanto-Verkäufer auf den Märkten aus, um mit zweifelhaften Verkaufsmethoden und Knebelverträgen ihre Expansionspläne durchzusetzen. Der von Shapiro beschworene verantwortungsvolle Umgang mit der risikoreichen Technologie – nichts als eine Phrase.

»In vielen Ländern der Welt hat Monsanto ein unerträgliches Maß an Einfluss auf die nationale und internationale Nahrungs- und Landwirtschaftspolitik gewonnen«, schreibt die internationale Umweltorganisation Friends of the Earth.[2]

Bei den Auftritten der Monsanto-Verkäufer auf den Exportmärkten erfahren die dortigen Behörden schnell, dass kein gewöhnlicher Konzern um Genehmigungen nachsucht. Hinter Monsanto steht das geballte Wirtschaftsinteresse der USA. Die Anbauerfolge rund um den Globus wären ohne massive politische Unterstützung kaum möglich. Von Ronald Reagan bis Barack Obama haben bislang alle US-Präsidenten Monsantos geschäftliche Ziele zu ihrem politischen Anliegen gemacht – nicht nur im eigenen Land.

»Die Politik der Vereinigten Staaten hat stets darin bestanden, andere Länder zu drangsalieren, ihre Märkte für genetisch veränderte Nahrungsmittel zu öffnen«, sagt Jeffrey Smith, Buchautor und Direktor des unabhängigen Instituts für verantwortungsbewusste Technologie in Fairfield im US-Bundesstaat Iowa.[3]

Besonders gut darauf verstand sich George W. Bush. Für Monsanto setzte er seine geballte präsidiale Macht ein. In der EU-Kommission intervenierte Busch gegen die hohen Hürden beim Anbau und dem Verzehr von GV-Produkten. Seine Diplomaten bauten gleichzeitig Druck im Bundeskanzleramt auf. Dort erschienen Anfang 2007 Vertreter der US-Botschaft und forderten eine Lockerung der Anbauverbote.

Ebenfalls heftig war die Reaktion aus Washington, als Bundeslandwirtschaftsministerin Ilse Aigner (CSU) im Herbst 2008 den Versuchsanbau von Monsanto-Mais der Sorte MON810 stoppte. Der deutsche Botschafter Klaus Scharioth wurde ins US-Handelsministerium einbestellt, wo er sich die scharfe Kritik an den Aigner-Beschlüssen anhören musste. Der Konzern sei berüchtigt dafür, erklärte damals Bärbel Höhn, stellvertretende Fraktionsvorsitzende der Grünen im Bundestag, »dass er mit harten Bandagen und ohne Rücksicht versucht, seine Geschäftsinteressen durchzusetzen – auch bei Produkten, die massiv in der Kritik stehen«.[4]

So schnell hat noch kein Unternehmen die Märkte erobert. Der Erfolg diktiert die Methoden: Ob in der EU oder in Südamerika, wenn es bei den Monsanto-Geschäften hakt, sind schnell Washingtoner Emissäre zur Stelle. Besonders wirkungsvoll: Schmiergelder. In Indonesien beispielsweise zahlte Monsanto zwischen 1997 und 2002 mehrere hunderttausend US-Dollar an Regierungsbeamte, die Monsanto bei der Genehmigung für den Verkauf von GV-Saaten behilflich waren.[5]

Monsanto konnte sogar erreichen, dass seine Produkte dort zum Einsatz kamen, wo bislang ein striktes Anbauverbot für GV-Produkte bestand. In Brasilien hatte GV-Soja durch den jahrelangen illegalen Anbau unbemerkt Einzug gehalten, bis die Regierung in den einstigen Verbotszonen den Anbau von Monsanto-Pflanzen genehmigte.

Der große Erfolg der Gen-Pflanzen basiert auf falschen Hoffnungen. Zu dieser Ansicht kommen immer mehr Kritiker der neuen Agrotechnologie, und deren Zahl wächst ständig. Als Shapiro 1998 von dem die Welt verbessernden Potenzial seiner Wunderprodukte sprach, glaubten noch viele Politiker und Anwender, vor allem in den Drittländern, an die von Monsanto versprochenen Wohltaten: Rekordernten und Rekorderträge. Etliche Regierungen wollten mit GV-Getreide die Armut in ihrem

Land bekämpfen. Shapiros Visionen aber haben sich längst als Halluzinationen entpuppt. Die Grundlage der gigantischen Monsanto-Geschäfte: weitgehend Bluff.

So sehen es viele Kritiker des Konzerns, und sie verweisen darauf, dass sich kaum eines der Versprechen, mit dem Kunden zum Kauf von Gensaaten gelockt wurden, erfüllt habe. »Die durchschnittlichen Ernten«, stellte Jeffrey Smith fest, »bringen keine größeren Erträge. Gen-Pflanzen führen zu einem höheren Einsatz von Chemikalien, verringern die Artenvielfalt und helfen nicht, die Welt gesund zu ernähren.«[6] Das Laborgetreide enttäuscht selbst einstige Befürworter. Sein Nutzen ist umstritten, die Folgen sind besorgniserregend.

Überall auf der Welt häufen sich die Berichte über eine Ausdehnung der Monokulturen und den dramatischen Anstieg von Spritzmitteln als Reaktion auf die Zunahme resistenter Unkräuter und resistenter Schädlinge. Die Abbauprodukte dieser Gifte finden sich immer häufiger in Lebens- und Futtermitteln. Die gesundheitlichen Auswirkungen auf Menschen und Tiere durch den Verzehr dieser Produkte sind allerdings wenig erforscht. Völlig überrascht haben daher die Forschungsergebnisse von Wissenschaftlern der Universität Sherbrooke im kanadischen Quebec.[7] Sie hatten im Blut von Frauen und Neugeborenen das Gift Cry1AB nachgewiesen. Dieses Toxin wird von den genetisch veränderten Mais- und Baumwoll-Pflanzen abgesondert und soll Schädlinge und Unkräuter bekämpfen.

Forscher in den USA, Brasilien und Argentinien mit Schwerpunkt GV-Soja-Anbau berichten über eine Zunahme von Allergien, eine Schwächung des Immunsystems und hormonale Folgen. Als eine der Ursachen hierfür gilt das auf den Soja-Feldern in immer höheren Mengen eingesetzte Herbizid Glyphosat: Monsanto hat das Spritzmittel auf den Markt gebracht, patentiert und Sojabohnen, Mais und Baumwolle genetisch so manipuliert, dass sie dem Unkraut- und Schädlingsvernichter widerstehen können.

Glyphosat ist höchst umstritten, denn es kann nach aktuellen Studien[8] menschliche Embryonalzellen und Plazentazellen schädigen – und das bereits bei Konzentrationen, die weit unter den Empfehlungen für den landwirtschaftlichen Einsatz liegen.

Trotz dieser und anderer Studien über die Gefahren mit diesem hauptsächlich auf den Gen-Sojafeldern eingesetzten Herbizid wurden in den Anbauländern keine amtlichen Untersuchungen auf Rückstände im Sojamehl veranlasst. Auch in Europa nicht. Vorgeschoben werden Kosten, weil die Nachweisverfahren teurer als bei anderen Spritzmitteln sind.

Tatsächlich dürften aber andere Faktoren für diese ignorante Haltung verantwortlich sein: Monsanto ist vor allem in den USA, zunehmend aber auch in Europa, eine politische Macht. Seit Jahrzehnten weiß das Management seinen Einfluss in der Politik für seine Interessen zu nutzen. Der Konzern hat in beiden US-Parteien sowie den staatlichen Kontrollbehörden wichtige Helfer positioniert und auch in Europa ein Heer von Lobbyisten im Einsatz.

Einer der wichtigsten Monsanto-Helfer ist der einstige Konzernanwalt Michael Taylor. Er arbeitete zeitweilig in der Aufsichtsbehörde Food and Drug Administration (FDA), der obersten Kontrollinstanz für die Lebensmittelsicherheit in den USA. Der Jurist hatte in der Behörde den größten Einfluss auf die gesetzlichen Regelungen für genetisch veränderte Nahrungsmittel. Über das für die Verbraucher verhängnisvolles Wirken von Taylor hat Steve Druker brisante Details zusammengetragen. Der US-Anwalt für öffentliche Interessen verschaffte sich interne Einblicke in FDA-Akten. In Taylors Amtszeit, sagte Druker, »wurden Hinweise auf die unbeabsichtigten negativen Effekte der Gentechnik zunehmend aus den Entwürfen für politische Stellungnahmen entfernt. Unter Protest der wissenschaftlichen Mitarbeiter.«[9]

Taylor hat mit zu verantworten, dass in FDA-Stellungnahmen

zu lesen war, Gen-Nahrung sei keineswegs risikoreicher als konventionelle.[10] Während seiner Amtszeit wurden auch die Richtlinien für das Zulassungsverfahren von GV-Pflanzen verwässert: Seither wird in den Genehmigungsverfahren auf Risikotests und Produktinformationen verzichtet. Ein solcher Einsatz für Monsanto musste belohnt werden: Taylor wurde kurz darauf zum Vizepräsidenten des Konzerns ernannt, kehrte später aber wieder zur FDA zurück, nunmehr als stellvertretender Commissioner, zuständig für die Zulassung von Lebensmitteln.

Der Monsanto-Lobbyist konnte dort für seinen einstigen Arbeitgeber weiterhin segensreich wirken, aber auch für andere Firmen wie AquaBounty Technologies. Diese hat einen Lachs gezüchtet, der die Gene von drei anderen Fischarten enthält und zweimal schneller wachsen soll als seine konventionellen Verwandten.[11] Im September 2010 gab Taylors Abteilung den Superlachs für den Verzehr frei – ohne die möglichen gesundheitlichen Folgen für Konsumenten und die Umweltverträglichkeit zu prüfen. Kritiker fürchten nun, dass der Laborfisch die anderen Lachse verdrängt.

Taylors Wirken hat Monsanto zu verdanken, dass es bis heute in den USA kein spezielles Prüfungsverfahren für genetisch veränderte Pflanzen gibt. Erst sieben Jahre nach Verabschiedung der Zulassungskriterien für GV-Pflanzen kam in einer Gerichtsverhandlung ans Licht, welchen Anteil Taylor daran hatte, dass solche laschen Zulassungen durchgesetzt wurden, obwohl Wissenschaftler der Behörde erhebliche Bedenken hatten. Unter den Wissenschaftlern der Behörde, schreibt Jeffrey Smith, habe vorher Konsens darüber bestanden, dass »genetisch veränderte Pflanzen unsicher sind, Allergien auslösen und Ernährungsprobleme verursachen«. Doch Taylor setzte sich über diese Bedenken hinweg.

Über das System Monsanto hat Jeffrey Smith eine Menge Details recherchiert, auch über die Seilschaften zwischen Konzern und Politik. In der Regierungszeit von George W. Bush beispielsweise wurden vier Ministerien mit Politikern besetzt, die eine besonders enge Verbindung zu Monsanto hatten. Justizminister John Ashcroft und Gesundheitsminister Thommy Thompson, dem die FDA unterstellt ist, hatten von dem Unternehmen Spenden für ihren Wahlkampf erhalten. Landwirtschaftsministerin Ann Venneman war vorher Chefin der Gentechnik-Firma Calgene und Verteidigungsminister Donald Rumsfeld CEO des Pharmaunternehmens Searle – beide Firmen gehören zum Monsanto-Konzern.

Besonders eingehend hat sich Smith mit der Lobbyarbeit des einstigen Monsanto-Anwalts Taylor befasst, dessen für den Konzern vorteilhafte Entscheidungen bis heute nicht korrigiert wurden. »Ausgerechnet dieser Michael Taylor, der für mehr lebensmittelbedingte Erkrankungen und Todesfälle verantwortlich sein könnte als jeder andere, wacht nun auch noch über die Sicherheit der Nahrungskette in den USA«, empörte sich der Monsanto-Kritiker.[12]

Smith hätte viele Anlässe, sich über Fälle von Monsanto-Filz aufzuregen. Denn der US-Konzern hat viele Taylors – auch in Europa und sogar in Deutschland.

## Verbrecher mit weißen Kragen

Kein zweiter Konzern hat weltweit so viele Gegner, kaum einer hat so viel Unheil angerichtet. Monsanto. Der Name steht für Skrupellosigkeit und Korruption, Skandale und Manipulationen, für globale Umweltvergiftung und Betrug. Viele Jahre hat die französische Journalistin Marie-Monique Robin den Geschäftspraktiken des Multis nachgespürt. Sie interviewte Wissenschaftler, stöberte in Bergen von Prozessakten, sprach mit Opfern hochgiftiger Substanzen und trug beeindruckende Belege über die rüde Expansionspolitik des Konzerns zusammen.

Ihr Monsanto-Porträt[13] ist die Analyse eines Konzerns, der bei seinem rücksichtslosen Gewinnstreben schwerste dauerhafte Schäden an Menschen, Tieren und Umwelt in Kauf nimmt – und das schon seit Jahrzehnten und in nie da gewesenen Ausmaßen. Die Chemiemanager sind berüchtigt für ihr zynisches und menschenverachtendes Denken. Sie ignorieren gesetzliche Vorschriften, vertuschen Umweltkatastrophen, mauscheln mit Aufsichtsbehörden und Regierungen, nehmen Studien über dramatische gesundheitlichen Folgen ihrer hochgiftigen Chemikalien unter Verschluss und verlangen von Wissenschaftlern geschönte Gutachten. Ereignisse zuhauf, die gruseln lassen. Marie-Monique Robin hat die über einhundertjährige Firmengeschichte nachgezeichnet: eine Chronik der Verheerungen.

Es ist vor allem das rücksichtslose Vorgehen der Manager, das verstört und empört. Keine Methode scheint ihnen zu brachial, kein Schurkenstück zu verwerflich. Monsanto zerstört restlos den Glauben an ein verantwortungsvolles Handeln der Konzernstrategen. Monsanto-Manager scheren sich wenig um die Folgen ihres Tuns. Schließlich haben ihre erfolgreichsten Produkte die größten Schäden angerichtet. Schäden, unter denen auch Jahrzehnte später noch Mensch und Natur zu leiden haben. Die Verheerungen kamen erst ans Licht, nachdem die gefährlichen Substanzen riesige Gewinne eingebracht hatten. Selten musste sich Monsanto dafür verantworten, doch wenn sich mal ein Gericht mit dem angerichteten Schaden befasste, ging es für den Konzern stets glimpflich aus.

Das durchgängig monströse Verhalten des Multis weckt dauerhafte Zweifel an seiner Seriosität. Extrem befremdlich wirkt die Bereitschaft, schwerste Umweltschäden wie eine nicht zu vermeidende Beiläufigkeit zu akzeptieren. Für diese Mentalität hat Robin eine wenig schmeichelhafte Bezeichnung:»Verbrecher mit weißen Kragen«, überschreibt sie eines der düstersten Kapitel der Monsanto-Geschichte. Wirtschaftlich ein Erfolg, ist PCB (polychlorierte Biphenyle) der Verursacher einer der größten Umweltkatastrophen. Das gefährliche Gift, ein feuerfestes Schmier- und Kühlmittel für Turbinen, Pumpen und Generatoren, ist mittlerweile überall auf dem Planeten anzutreffen: in der Natur, in der Nahrung und sogar im Körper von Menschen und Tieren.

Die PCB-Verseuchung hat eine lange Geschichte: Ende der 1920er Jahre hatte die Swann Chemical in Anniston in Alabama mit der Produktion begonnen, 1935 übernahm Monsanto die Firma, und schon bald erkannten deren Manager das toxische Potenzial der PCB-Chemikalie Aroclor. Bereits 1937 wurde intern ein Bericht darüber angefertigt, doch die Erkenntnisse blieben unter Verschluss. Niemand sollte davon erfahren, eine öffentliche Diskussion hätte den Geschäften geschadet. Erst Ende der 1960er Jahre fand die giftige Brisanz von PCB zunehmend Aufmerksamkeit in den Medien. Zu diesem Zeitpunkt entdeckte ein Forscher in Kalifornien PCB in Fischen und Vögeln. Die Chemikalie war zur flächendeckenden Gefahr geworden, sie wurde in Getreidesilos und Wasserspeichern und schließlich auch in Milch und in Eiern gefunden.[14]

Die US-Aufsichtsbehörde FDA interessierte sich jedoch erst für PCB, nachdem der öffentliche Druck sie zum Handeln zwang. Da entschieden sich die Kontrolleure zu einem längst überfälligen Schritt und untersuchten die PCB-Belastung von Fischen des Snow-Creek-Flusses am Monsanto-Werk in Anniston. Dazu hielten sie mitgebrachte Fische ins fließende Wasser. Alle Fische, die sie eintauchten, bluteten nach wenigen Sekunden aus den Kiemen, trieben mit dem Bauch nach oben und »häuteten sich, als hätte man sie in kochendes Wasser fallen las-

44

sen«.[15] Ein Mitglied des Kontrollteams notierte damals:»Alle starben innerhalb von dreieinhalb Minuten unter Auswurf von Blut.«[16] Der für den menschlichen Verzehr festgesetzte Grenzwert lag bei 5 ppm (part per million – 0,0001 Prozent des Gewichts), die PCB-Belastung der Fische erreichte dagegen alarmierende 277 ppm. Die Einwohner von Anniston erfuhren auch davon nichts: Einige von ihnen, begeisterte Angler, warfen weiterhin arglos ihre Ruten in den Snow Creek aus.

Die Schäden hatten bereits erschreckende Ausmaße erreicht, als sich endlich die oberste US-Umweltbehörde Environmental Protection Agency (EPA) um das Desaster kümmerte. Sie prüfte die Werksunterlagen und entdeckte alarmierende Zahlen. Zwischen 1929 und 1971 hatte der Chemie-Konzern in Anniston insgesamt 308 000 Tonnen PCB hergestellt, etliche Mengen waren in die Umwelt gelangt. Rund 27 Tonnen wurden in die Atmosphäre freigesetzt, 810 Tonnen in Bäche und Flüsse wie den Snow Creek geleitet und 32 000 Tonnen PCB-kontaminierte Abfälle auf einer Deponie des Firmengeländes gelagert.[17] Produktionsabwässer waren in die Kanalisation und in die Gärten von Anwohnern gelangt. In der Umgebung häuften sich die Diagnosen von Krebs und spastischen Störungen des Nerven- und Muskelsystems.

Manchmal suchten die Manager mit seismografischer Genauigkeit nach Daten und Spuren von PCB, als wollten sie sich selbst vom Ausmaß ihres Vernichtungswerks überzeugen, natürlich ohne Aufsehen. Sie kauften im Dezember 1970 einem Anwohner ein Schwein ab, das Auslauf auf einer Brache in der Nähe der Deponie hatte. Sie ließen das Schwein töten und auf seine PCB-Belastung untersuchen. Die Werte waren schockierend. Laut einem internen Dokument wurden 19 000 ppm PCB im Fettgewebe gemessen.[18] Sichtbare Konsequenzen zogen die Manager daraus nicht, Monsanto versaute weiterhin unvermindert die Umwelt. Denn der Konzern war mit seiner bisherigen

Strategie gut gefahren: Geschäfte machen und die Gefahren für Menschen und Umwelt verschweigen.

Die sich häufenden Krankheitsfälle in Anniston und Umgebung sorgten jedoch bald für Aufregung, die Anwohner machten mobil: 3516 Geschädigte reichten Anfang der 1970er Jahre eine Sammelklage gegen Monsanto ein. Beeindruckt zeigte sich der Konzern davon nicht, die Produktion von PCB lief weiterhin auf vollen Touren. Die Manager bewiesen damit eine Ignoranz, die nur der Erwartung entspringen konnte, dass man ihnen ihr Tun durchgehen lassen würde. Das menschenverachtende Verhalten und die sich häufenden Fälle von spastischen Störungen des Nerven- und Muskelsystems steigerten den schwelenden Unmut der Bürger zur Wut. Eines Tages zogen über 18 000 Betroffene vor das Büro eines von betroffenen Bürgern gegründeten Komitees, viele ließen sich als Kläger registrieren.

Die Aktionen der Anwohner schlugen Wellen, Zeitungen und Fernsehsender berichteten aus Anniston und schreckten reihenweise PCB-Kunden auf. Erst als Geschäftseinbußen drohten, schreckte das die Manager auf. Sie mussten nun dringend handeln und die dramatischen Folgen ihrer PCB-Herstellung verharmlosen. Sie erledigten das nach Monsanto-Art: mit gefälschten Daten. Die Manager beauftragten die Firma Industrial Bio-Test Labs (IBT) in Illinois mit toxikologischen Untersuchungen an Ratten. Im Juli 1975 traf das Ergebnis ein. »Die PCBs zeigen einen Grad an Toxizität«, schrieb der Konzern-Toxikologe in einem internen Vermerk, »der alle Voraussagen übertrifft.« Und er kündigte an, dass ihm bereits mitgeteilte weitere Ergebnisse noch entmutigender seien.[19]

So ließ der mächtige Auftraggeber nicht mit sich umspringen. Die Manager bestanden auf Korrekturen. Der Druck half: Die Resultate von Hunderten von Tests an Tieren wurden kräftig geschönt[20] für die beruhigende Botschaft: alles ungefährlich, kein Grund zur Aufregung. Einige Zeit später erst kamen die

Fälschungen ans Licht und mit ihnen auch die tatsächlichen Ergebnisse der Tierversuche: 82 Prozent der Ratten, die ein mit der PCB-Substanz Aroclor (10 ppm) versetztes Futter bekamen, hatten Krebs entwickelt. Bei einer PCB-Konzentration im Futter von 100 ppm lag der Wert sogar bei 100 Prozent.[21] Das dreiste, ignorante Verhalten: Monsanto konnte es sich leisten. Die industriefreundlichen Kontrolleure von FDA und EPA hatten bisher trotz katastrophaler Ergebnisse keine effektiven Maßnahmen getroffen. Nicht einmal die Arbeiter in Anniston wurden von FDA, EPA oder der Werksleitung über das tatsächliche Gefahrenpotenzial von PCB informiert.[22] Die guten Beziehungen der Manager nach Washington zahlten sich aus. Die Behörden übten über Jahrzehnte hinweg gegen Monsanto eine besondere Zurückhaltung.

Die Wut der Bürger im Ort aber war zu einem unkalkulierbaren Risiko geworden, leicht konnte daraus eine Protestlawine werden. Der geschönte IBT-Bericht sollte die aufgeheizten Gemüter besänftigen. Als die verfälschten, harmlos wirkenden Daten veröffentlicht wurden, riefen sie die Kontrolleure von FDA und EPA auf den Plan. Zu auffällig waren die positiven Aussagen, darüber konnten die Prüfer nicht mehr hinwegsehen. Sie rückten bei Monsanto an, durchstöberten die Konzernunterlagen und fanden die ursprünglichen, unverfälschten Ergebnisse. Das IBT-Management und ein Monsanto-Toxikologe wurden Jahre später wegen Betruges verurteilt – für den Konzern das glimpfliche Ende einer Betrugsaffäre.

Doch ganz so zahm und rücksichtsvoll lief es nicht weiter: Im Oktober 2002 begann ein Mammutprozess gegen Monsanto und zwei weitere Firmen, die im Jahre 1997 Teile der Chemie-Sparte übernommen hatten. Alle 3516 Kläger aus Anniston und Umgebung wiesen weit über den Grenzwert hinausgehende PCB-Belastungen im Blut auf, einige erreichten sogar Spitzenwerte von über 100 ppm. Die Manager aber wiegelten in ihren

Aussagen ab, hielten die Werte für harmlos und PCB für weit ungefährlicher als behauptet. Keine Entschuldigung, kein Bedauern und erst recht kein Verständnis.

In einem Parallelverfahren einer zweiten Klägergruppe aus Anniston hatte ein Richter wissen wollen, ob Monsanto die Einwohner darüber informiert habe, dass die Fabrik täglich 27 Pfund Aroclor-Produktionsabfälle entsorge. Ein anderes Mal fragte er, ob das Werk die Bürger über die Ergebnisse der PCB-Tests aus den Kanälen informiert habe. Die Fragen waren gerichtet an William Papageorge, den PCB-Verantwortlichen im Konzern. Seine Antworten verrieten sehr viel über den Geist, der in den Führungsetagen von Monsanto herrschte: Die Einwohner informieren? Ein Tankstellenbesitzer, so die Antwort von Papageorge, informiere seine Nachbarn auch nicht über verschüttetes Motoröl auf dem Bürgersteig vor seiner Werkstatt.[23] Richter, Geschworene und Zuhörer erfuhren von Gutachter David Carpenter, Leiter des Instituts für Gesundheit und Umwelt an der Universität Albany/New York, wie hochgefährlich der Stoff wirklich war. Der Wissenschaftler belegte mit Studienergebnissen, dass PCB Krebs der Leber, der Bauspeicheldrüse, des Darms, der Brust, der Lunge, des Gehirns und eine Reihe anderer Krankheiten verursacht.

Nachdem beide PCB-Verfahren zusammengelegt worden waren, wurde 2004 schließlich den Klägern eine Entschädigung von 600 Millionen Dollar zugesprochen. Vom Gesamtbetrag hatte Monsanto lediglich 390 Millionen zu zahlen, den Rest teilten sich Versicherungen und die zwei Firmen, die 1997 den Chemiebereich übernommen hatten.[24]

# Eine Substanz des Teufels

Tricksen, fälschen, verschweigen – das im Geschäft mit PCB übliche Verhaltensmuster von Monsanto bestimmte auch die Verkaufsstrategie für das äußerst gefährliche Umweltgift Dioxin, ein Bestandteil von Agent Orange. Hauptlieferanten für das Entlaubungsgift, mit dem die US-Militärs in den 1960er Jahren im Vietnamkrieg für eine bessere Sicht bei ihren Bombardements sorgten, waren neben Monsanto dessen Konkurrent Dow Chemical und ein paar kleinere Hersteller.

Im Februar 1965 luden Dow-Manager alle Hersteller von Agent Orange zu einer Konferenz ein. Nach einer internen Dow-Studie hatten mit Dioxin kontaminierte Hasen schwere Leberschäden entwickelt. Die Manager waren verunsichert: Mussten sie hierüber die Regierung in Washington oder gar die Öffentlichkeit unterrichten? Auf Empfehlung der Kollegen von Monsanto wurde Stillschweigen vereinbart.

Agent Orange ist je zur Hälfte eine Mischung der beiden Chlorchemikalien 2,4,5-T und 2,4-D. Dioxin bezeichnet eine Gruppe von über 200 verwandten Substanzen, deren giftigste Tetrachlor-p-Dibenzodioxin heißt, das als Nebenprodukt bei der Herstellung des Herbizids 2,4,5-T anfällt. Doch die extreme Gesundheitsgefährdung durch die Chlorprodukte war für Monsanto keine Neuigkeit, die Manager wussten das seit langem aus eigener Anschauung, hatten die Erkenntnisse aber wie üblich nicht veröffentlicht. Ihr Wissen über das toxische Potenzial basierte auf einem Vorfall von vor 13 Jahren.

Am 8. März 1949 hatte sich im Werk in Nitro, Virginia, das 2,4,5-T produzierte und ein Jahr vorher in Betrieb gegangen war, ein folgenschwerer Unfall ereignet. Nach einem Leck in der Produktionsanlage war es zu einer Explosion gekommen, bei der auch Dioxin in die Fabrikhallen und ins Freie entwichen war.

Die während des Unfalls anwesenden und die mit Reinigungs-
arbeiten beschäftigten Arbeiter klagten kurz darauf über Erbre-
chen, Unwohlsein und Kopfschmerzen. Monsanto musste handeln und beauftragte den Arzt Raymond Suskind von einem
medizinischen Institut der Universität Cincinnati mit der Untersuchung der Betroffenen. Das Ergebnis fasste Suskind im Dezember 1949 in einem Gutachten zusammen.»Bei 77 Angestellten des Werks«, schrieb er,»zeigten sich Hautprobleme und
andere Symptome.«[25] Dokumentiert wurden die Befunde mit
Fotos von Männern, deren Gesichter von Rissen und Eiterbläs-
chen entstellt und deren Körper mit eiternden Zysten bedeckt
waren. Sie zeigten Symptome einer Erkrankung, die später als
Chlorakne bekannt wurde. Ein Jahr später diagnostizierte Suskind bei den besonders schwer betroffenen Arbeitern Schäden
am zentralen Nervensystem, an der Leber und Erkrankungen
der Atemwege. 23 Jahre nach dem vertraulichen Gutachten waren von 36 untersuchten Arbeitern bereits 13 verstorben. Ihr
Durchschnittsalter lag bei 54 Jahren.

Das Gutachten barg viel Zündstoff. Sein Inhalt hätte, einmal
öffentlich geworden, die Firma um ein Milliardengeschäft bringen können. Mit dioxinverseuchten Produkten wäre dann kein
Geld mehr zu machen gewesen. Was lag also näher, als mit diesem Ergebnis so zu verfahren, wie es mit brisanten Unterlagen
später gängige Praxis war: Die Suskind-Ergebnisse verschwan-
den in den Geheimfächern der Chefetage und sollten erst Mitte
der 1980er Jahre wieder auftauchen. Doch bis zu diesem Zeitpunkt hatte der Dioxin-Hersteller an der hochtoxischen Substanz klotzig verdient.[26]

Das galt auch für das berüchtigte Agent Orange. Bis 1971 ließen die US-Militärs 80 Millionen Liter Entlaubungsmittel über
Vietnam versprühen in einer Konzentration, die um das Drei-
ßigfache stärker war als die in der Landwirtschaft eingesetzte
Menge. Mehr als 3000 vietnamesische Dörfer wurden mit dem

Gift kontaminiert. Die gefährlichen Herbizide, die aus US-Bombern in einer milchigen Wolke auf das Land rieselten, bestanden zu rund 60 Prozent aus Agent Orange, was ungefähr 400 Kilogramm reinen Dioxins entspricht. Über die erschreckend hohe Toxizität der Substanz legte die Wissenschaft später schockierende Forschungsergebnisse vor: Bereits eine Dioxin-Menge von 80 Gramm, eingebracht in ein Trinkwassernetz, reichte nach einer Studie von 2003 der Columbia University in New York aus, eine Stadt mit acht Millionen Einwohnern auszulöschen.[27] Die US-Militärs hatten Vietnam schwer verwüstet, aber auch das eigene Land traumatisiert. Die Kriegsveteranen wurden zu einer permanenten Anklage gegen die Regierung und ihre industriellen Helfer. Viele der Heimkehrer waren und sind immer noch gezeichnet von Agent Orange. Sie erkrankten an Krebs, hauptsächlich an Lungen-, Leberkrebs und Leukämie. Tausende von ihnen entschlossen sich 1978 zu einer Klage gegen Monsanto und die übrigen Hersteller des Entlaubungsgiftes.

Dioxin ist ein Stoff des Teufels. Es ist heute allgegenwärtig – in Futtermitteln, in Fleisch, Eiern und Milch und als Nebenprodukt chemischer Prozesse. Die hohen Gewinne mit chlorhaltigen Herbiziden und die jahrzehntelange Geheimhaltung der hohen Toxizität haben zu seiner weltweiten Verbreitung beigetragen. Das Extremgift ist zu einer der größten Umweltbelastungen unseres Planeten geworden. Es gibt kein Industrieland ohne schwerwiegende Fälle von Verseuchungen. Die Entsorgung von Dioxin, das im menschlichen Körper bis zu zwanzig Jahre und länger gespeichert wird, ist zu einem lukrativen Geschäft von Panschern geworden. Die boomenden Tiermastbetriebe und ihr gigantischer Bedarf an Futtermitteln verlocken obskure Zulieferbetriebe dazu, sie mit Dioxin-Abfällen zu vermischen. So setzt sich ein kriminelles Handeln fort, das diesen Stoff von seinen Anfängen bis heute begleitet.

# Beweise aus dem Leichenschauhaus

Ihre Geschäfte mit Dioxin ließen sich intern leicht mit Agent Orange beschönigen. Wenn Washington rücksichtslos das Gift gegen die Bevölkerung in Vietnam einsetzte, wie sollte dann von Monsanto und anderen Herstellern ein rücksichtsvolles Verhalten erwartet werden? Geschäfte und Moral verbieten einander. Das ist nicht die Regel, aber bei Monsanto war das so. Das mussten auch die Anwohner von Sturgeon in Missouri erfahren. Als dort in der Nähe des Ortes im Januar 1979 ein Güterzug entgleiste und die gesamte Ladung mit 70 000 Litern Chlorphenol auslief, eine Chemikalie zur Herstellung von Holzschutzmitteln, gab es weitere Dioxin-Opfer. Die EPA hatte an der Unfallstelle Proben entnommen und festgestellt, dass sie Dioxin enthielten. 65 krank gewordene Einwohner von Sturgeon reichten daraufhin eine Sammelklage gegen Monsanto ein.

Was bedeutet Verantwortung, wenn sie von Monsanto-Managern erwartet wird? Nach den detaillierten Robin-Schilderungen schien ihnen nichts abseitig genug, nichts zu verwerflich, keine Mittel und keine Methoden zu fremd, wenn sie sich mit ihrer Hilfe vor Entschädigungen drücken konnten. Im Fall von Sturgeon wollten sie beweisen, dass Dioxin wie auch PCB und das Insektizid DDT längst überall Verbreitung gefunden hatte. Sie überredeten Angestellte des Leichenschauhauses in St. Louis, den aufgebahrten Verkehrstoten Gewebeproben zu entnehmen. Alle enthielten Spuren von Dioxin – eine Entdeckung, mit der sich Monsanto mal wieder aus der Affäre zu ziehen hoffte. Wie sollte nun noch festgestellt werden, wer von den Dioxin-Produzenten der eigentliche Urheber für die Erkrankungen der Kläger war?[28]

Dann verschaffte sich Monsanto noch einen weiteren Trumpf: Dr. Suskind wurde erneut bemüht, er sollte rund dreißig Jahre nach dem Unfall im Werk Nitro den gegenwärtigen Gesundheitszustand der Betroffenen diagnostizieren. Der Wissenschaftler aus Cincinnati untersuchte zusammen mit Monsanto-Experten kontaminierte Arbeiter und verfasste darüber drei Studien, die anschließend in wissenschaftlichen Zeitschriften veröffentlicht wurden. Es gebe, so ihr Fazit, keinen Zusammenhang zwischen einer Kontamination mit 2,4,5-T und dem Ausbruch von Krebs.[29] Alles nur ein falscher Alarm? Diese Herbizide sollten zu Unrecht als Verursacher schwerer Krankheiten verdächtigt worden sein? Eine Aussage, die überraschte, manche auch verwunderte. Eine Aussage auch, nach der Monsanto juristisch nichts mehr zu befürchten hatte, auch nicht von den Kriegsteilnehmern aus Vietnam. Das Gericht, das sich mit den Klagen der Veteranen befasste, hätte nach den Ergebnissen der Suskind-Studien den Konzern schwerlich zu Zahlungen verurteilen können. Die ehemaligen Vietnam-Soldaten besaßen in der Bevölkerung jedoch einen großen Rückhalt. Sie mit einer Hardliner-Position gegen sich aufzubringen war den Dioxin-Produzenten politisch zu heikel. So erklärten sich alle Hersteller von Agent Orange zu einer freiwilligen Entschädigungszahlung in Höhe von 180 Millionen Dollar bereit. Monsanto übernahm von dieser Summe einen Anteil von 45,5 Prozent. Die rund vierzigtausend Veteranen erhielten insgesamt eine Entschädigung zwischen 256 und 12 800 Dollar. Wenig Geld für eine ruinierte Gesundheit. Doch was sollten die Ex-Soldaten und ihre Anwälte schon dagegen ausrichten? Sie hatten nichts in der Hand, womit sie die Aussagen des Suskind-Gutachtens hätten entkräften können.

Hatten die Opfer des Zugunglücks von Sturgeon nach dieser Ausgangslage noch eine Chance auf Entschädigung? Für den Konzern stand viel auf dem Spiel. Die Manager mussten befürchten, dass alle Benutzer von Produkten, die mit Dioxin kontaminiert waren, den Konzern auf Schadenersatz verklagen könnten.

Das hätte Monsanto in die Pleite treiben können. Die Konzernanwälte verzögerten das Verfahren, wann immer sie konnten. Mehr als drei Jahre dauerte der Prozess, in dem 130 Zeugen gehört wurden. Vor Gericht wurden unvorstellbare Details über das leichtfertige und verantwortungslose Verhalten der Manager bekannt. So hatte ein Monsanto-Ingenieur ausgesagt, dass über viele Jahre hinweg täglich zwischen 30 und 40 Pfund Dioxin in den Mississippi geleitet worden waren. Über das Flusswasser war das Gift in die Nahrungskette von St. Louis gelangt. Für die größte Überraschung sorgte Monsantos Medizinexperte George Roush. Seine Aussagen brachten einen großangelegten Betrug ans Licht: die Manipulationen der Suskind-Studien. Durch die Beschränkung auf einen ausgesuchten Personenkreis waren die Ergebnisse in die gewünschte Richtung gelenkt worden. Besonders ausgeprägt waren die Manipulationen in der dritten Studie. In der dafür untersuchten Gruppe kontaminierter Arbeiter zählten Suskind und seine Helfer nur vier Krebsfälle, obwohl es in Wirklichkeit 28 gab, 24 Krebskranke wurden einfach ausgeklammert.[30] Bei korrekter Untersuchung hätte das Fazit lauten müssen: Dioxin ist stark krebserregend. Mehrere mit der Prüfung der Suskind-Studien befasste wissenschaftliche Organisationen bestätigten die Täuschungen.

Die Enthüllungen hatten auf den Ausgang des Prozesses keinen Einfluss mehr. Nach einer achtwöchigen Beratung kamen die Geschworenen zu einem äußerst firmenfreundlichen Urteil. Die Kläger erhielten lediglich einen symbolischen Schadenersatz von einem Dollar, weil sie nicht beweisen konnten, dass sich ihre Gesundheitsschäden auf das Zugunglück zurückführen ließen. Die Dioxin-Funde in den Leichen von St. Louis waren der Beweis dafür, dass die Dioxin-Schäden der Kläger aus Sturgeon auch aus anderen Quellen hätten stammen können.

Stand Monsanto außerhalb aller Gesetze? Warum durften sich die Manager ungestraft derartige Freiheiten und Betrügereien herausnehmen? Und wie war es möglich, dass sie über Jahrzehnte hinweg ungehindert die Erde mit schweren Giften verseuchen und ohne gravierende Folgen viele tausend Menschen gesundheitlich ruinieren konnten? Immer wieder haben sich Vietnam-Veteranen und andere Monsanto-Opfer diese und ähnliche Fragen gestellt. Die Antworten darauf sind teilweise erst heute möglich, nachdem nach und nach das gesamte Ausmaß der Verstrickungen von Monsanto mit der Politik und der staatlichen Aufsicht bekannt wurden. Der einflussreiche Konzern hatte um sich ein dichtes Schutznetz gezogen.

## Der verschwundene Urlaubsort

Wie sicher dieses Netz den Multi vor Verfolgung abschirmte, belegten Vorgänge an der legendären Route 66 von Chicago nach Santa Monica in Kalifornien. Sie sind verknüpft mit dem von der Landkarte verschwundenen Urlaubsort Times Beach und mit Monsanto. Times Beach hatte mit schweren Staubproblemen zu kämpfen. Die Bliss Waste Oil Company, eine Spezialfirma zur Aufbereitung von Altölen und Industrieabfällen aus Autowerkstätten und Chemiefabriken in Missouri, sollte das Problem beseitigen helfen. Um den Staub zu binden, ließ Bliss Waste zu Beginn des Jahres 1971 Altölschlämme auf den Straßen verteilen – eine tödliche Mischung.

Im Sommer fanden Bewohner von Times Beach überall tote Katzen, Hunde und Vögel. Die alarmierte Umweltbehörde EPA wollte einige der toten Tiere untersuchen und versprach, sie abzuholen, doch niemand ließ sich blicken. Eines Tages wandte sich auch der Besitzer eines Gestüts in der Nähe von St. Louis an die EPA, denn fünfzig seiner Pferde waren nach der Benutzung der Rennbahn gestorben. Auf ihr hatte zuvor die Firma Bliss einen bräunlichen Schlamm aufgetragen. Einige Wochen später waren auch seine Kinder, die dort gespielt hatten, schwer erkrankt. Von den EPA-Prüfern aber war immer noch nichts zu sehen. Statt ihrer kümmerten sich die Experten eines Gesundheitsamtes um den Fall und entdeckten im Rennbahnbelag extrem hohe Giftwerte: 1590 ppm PCB, 5000 ppm des Herbizids 2,4,5-T und 30 ppm Dioxin.[31]

Die oberste US-Umweltbehörde kümmerte sich auch weiterhin nicht um die Giftkatastrophe, die sich von Times Beach gefährlich über das Land ausbreitete. Die EPA, die ständig über neue Funde toter Tiere in der weiteren Umgebung informiert wurde, schritt jahrelang nicht ein, obwohl immer größere Gebiete betroffen waren. Erst im Herbst 1982, als die dramatische Entwicklung sie zum Handeln zwang, erstellte die EPA eine Liste mit einhundert dioxinverseuchten Orten. Eine Überschwemmung spitzte die Lage in Times Beach weiter zu, die Schlämme wurden großflächig verteilt. Als der Ort nach Tagen wieder zugänglich war, stellte die EPA eine dreihundertfache Grenzüberschreitung der Dioxin-Werte fest.

Mitte Februar 1983 erschien die EPA-Chefin Anne Burford und verkündete, die Regierung werde den gesamten Ort zu einem Preis von 30 Millionen Dollar kaufen. Alle Bewohner sollten entschädigt und umgesiedelt, Times Beach planiert, das Gelände dekontaminiert und zu einem Nationalpark umgewandelt werden.[32] Von der einstigen Urlaubsidylle blieb nichts mehr stehen, sogar Möbel und Spielzeug wurden vernichtet. Alles war mit PCB und Dioxin kontaminiert. Viele der Bewohner waren krank und klagten auf Schadenersatz. Doch ihre Klagen wurden abgewiesen, denn sie konnten nicht beweisen, dass die Ursache für ihre Erkrankungen die Ölschlämme waren.

Wer war der Verursacher? Die Mauschelbehörde EPA, die das hätte ermitteln müssen, war an der Antwort nicht interessiert, obwohl eindeutige Hinweise existierten. Bereits 1977 hatte der Schlammhändler Russell Bliss in einer eidesstattlichen Erklärung Monsanto als seinen Lieferanten der Industrieabfälle genannt. Und einer seiner Lastwagenfahrer sagte vor dem Generalstaatsanwalt von Missouri aus, er habe regelmäßig Fässer aus den Monsanto-Werken abgeholt. Der Konzern aber leugnete vehement eine Zusammenarbeit mit Bliss. Und die EPA? Sie blieb weiterhin passiv.

Die Times-Beach-Affäre erhielt eines Tages noch eine pikante Note – aus reinem Zufall. Ermittler des Kongresses in Washington überprüften die Verwendung der Gelder eines EPA-Budgets. Aus dem Topf, aus dem die Untersuchung und die Dekontamination von verseuchtem Gelände finanziert wurden, waren Beträge für den Wahlkampf republikanischer Kandidaten abgezweigt worden. Und dabei entdeckten die Ermittler ein anderes brisantes Detail: Die Regierung des damaligen US-Präsidenten Ronald Reagan hatte Anne Burford angewiesen, die Unterlagen über Times Beach verschwinden zu lassen. Ihre Mitarbeiterin Rita Lavalle vernichtete daraufhin alle aussagekräftigen Dokumente. Somit konnte die Urheberschaft der Katastrophe nicht mehr eindeutig geklärt werden.

Für die EPA-Chefin Burford, kurz nach Reagans Amtsantritt in das Amt berufen, endete der Fall mit ihrem Rücktritt im März 1983 relativ glimpflich. Rita Lavalle traf es härter: Sie wurde wegen Meineids und Behinderung einer Kongressuntersuchung zu sechs Monaten Gefängnis verurteilt.[33] Am besten kam mal wieder Monsanto davon: Gegen den Konzern wurde nicht ermittelt, seine Manager nicht einmal vernommen. Als wirkte der Name paralysierend auf die Mitarbeiter der EPA, als hätten sie, wenn es um die einflussreiche Firma ging, alle ihre gesetzlichen Pflichten wie nach einer Amnesie vollständig vergessen.

# Fünftausendmal giftiger als Arsen

Um eine große Macht wie die von Monsanto zu brechen, reicht mitunter ein geringer Widerstand, wenn er nur beharrlich ist. Die Verteidigungslinie des Konzerns zur Rettung seiner einträglichen Dioxin-Geschäfte kam bald ins Wanken – durch eine einzige Frau, Cate Jenkins. Sie war nicht einflussreich, geschweige denn mächtig. Ihre Stärke war ihr Beharrungsvermögen. Macht scheitert oft an ihrer Arroganz, wenn sie Gegner als kleine Lichter einstuft. Und Cate Jenkins war aus Sicht der Monsanto-Fürsten ein kleines Licht, mit dem sie sich eigentlich nicht abzugeben pflegten.

Chemikerin war sie und Angestellte der Umweltbehörde EPA. Cate Jenkins war davon überzeugt, dass ihre Vorgesetzten bei der Beurteilung des Gefährdungspotenzials von Dioxin einen gravierenden Fehler gemacht hatten. Die Chemikalie war als krebserregende Substanz lediglich in die Klasse B 2 eingeordnet worden – die Einstufung für einen Stoff, der »wahrscheinlich« Krebs erzeugen kann. Diese dreiste Verharmlosung einer der giftigsten chemischen Substanzen hatte Monsanto selbst veranlasst. Die Einschätzung war erfolgt, nachdem die Manager der Behörde eine eigene epidemiologische Studie vorgelegt hatten. In ihr stand, dass ein Zusammenhang zwischen 2,3,7,8-TCDD und Krebserkrankungen nicht nachgewiesen werden konnte. Das reichte der Behörde.[34]

Als sich Cate Jenkins mit der Gefahrenklasse von Dioxin befasste, wusste die Welt längst um die extreme Toxizität der Substanz. TCDD hatte bereits 1976, rund eineinhalb Jahrzehnte vorher, in einer Umweltkatastrophe in Norditalien als Seveso-Gift Schlagzeilen gemacht. Die Einstufung in B 2 hielt die kritische EPA-Spezialistin für unverantwortlich. Sie wollte das ändern, notfalls auch gegen den Widerstand ihrer Vorgesetzten.

Und weil sie bei diesen auf Granit biss, wählte Cate Jenkins den Schritt in die Öffentlichkeit. In einem im Februar 1990 geführten Interview sah sie die Chance, erneut auf die Gefährlichkeit von Dioxinen aufmerksam zu machen. Die Produktion des Holzschutzmittels Pentachlorphenol, erklärte sie, setze 65 verschiedene Dioxine frei, darunter TCDD und Hexadioxin, das fünftausendmal giftiger sei als Arsen. Veröffentlicht wurde das Interview im kanadischen Magazin Harrowsmith und fand auch in den USA starke Beachtung.[35] Ängstlich war Cate Jenkins nicht, einschüchtern ließ sie sich auch nicht. In ihr rotierte wie ein mächtiger Antrieb der Wille, die skandalöse Verharmlosung der hochgefährlichen Substanz öffentlich aufzudecken und dadurch einen Stopp ihrer weiteren Verbreitung zu bewirken. Nach den Verheerungen durch Dioxin in Vietnam, in Soveso, in Times Beach und den schweren Schäden im Monsanto-Werk in Nitro war dieser Horrorstoff noch immer nicht verboten, seine Produktion nicht einmal eingeschränkt worden. Eindringlich sollten die Chefs auf das Giftpotenzial der Chemikalie hingewiesen werden, damit sie endlich handelten.

Jenkins nahm sich die Akten aus dem Sturgeon-Verfahren vor, studierte die getürkten Suskind-Studien, die Berichte über die Art der Fälschungen und befasste sich mit den vorhandenen wissenschaftlichen Dokumenten über die gesundheitlichen Auswirkungen des Dioxin-Unfalls. Dann schrieb sie einen vertraulichen Bericht an ihre Vorgesetzten. Für ihren Vermerk wählte sie die Überschrift: »Jüngst aufgedeckter Betrug durch Monsanto in einer epidemiologischen Studie, die von der EPA zur Beurteilung durch Dioxin verursachter Gesundheitsschäden beim Menschen verwendet wurde.«[36] Sie setzte damit ihre Chefetage unter Handlungsdruck. Und nicht nur die.

Die Monsanto-Spitze war empört, sie sah darin eine Kampfansage. CEO Richard J. Mahoney verlangte von der EPA unverzüglich die öffentliche Erklärung, dass es sich nur um eine Einzelmeinung und nicht die offizielle Position der Behörde handele. Sein Vize James H. Senger wies »bestürzt die falschen Anschuldigungen gegen Monsanto und Dr. Suskind« zurück.

Den Bericht nach Monsanto-Manier heimlich in den EPA-Schubladen verschwinden zu lassen, dafür war es aber zu spät, denn zur gleichen Zeit berichtete die *Charleston Gazette* über den Jenkins-Vermerk,[37] weitere Veröffentlichungen in anderen Publikationen folgten.

Danach war nichts mehr schönzureden, das extrem hohe Giftpotenzial von Dioxin nicht mehr zu verharmlosen. Die Dioxin-Manipulationen von Monsanto waren nun öffentlich. Die EPA-Führung musste der Öffentlichkeit gegenüber Entschlossenheit zur Aufklärung zeigen, ohne dabei die Monsanto-Interessen zu vernachlässigen. Schließlich beauftragte sie ihre Kriminalabteilung mit der Untersuchung der Betrugsvorwürfe. Das würde dauern, damit war Zeit gewonnen.

Cate Jenkins bekam eines Tages Besuch von Detektiven der Behörde, die wenig Interesse an einer Aufklärung zeigten. Ihre Tätigkeitsberichte über die bisherigen Ermittlungen bestanden fast nur aus leeren Seiten. Das ließ sie vermuten, dass die Untersuchung im Sande verlaufen sollte. Und das wollte Jenkins unbedingt verhindern. Sie erläuterte den Detektiven am folgenden Tag schriftlich noch einmal ihre Position zu dem Monsanto-Betrug und erwähnte auch, dass sie diese Ausführungen an einige Organisationen und Personen schicken werde, darunter an Greenpeace, die Nationale Koalition der Vietnamveteranen (CNVV), der 62 Veteranenverbände angehörten, und an Admiral Elmo Zumwalt, Sonderberater des Ministers für Veteranenfragen.[38]

Monsanto verstärkte den Druck. Vizechef Senger und ein Staranwalt des Konzerns verlangten eine Einstellung der EPA-Ermittlungen und eine Rücknahme der Betrugsvorwürfe. Die

Interventionen gegen Jenkins hatten bald Erfolg: Sie wurde im August 1990 ihrer Aufgaben entbunden und auf einen unbedeutenden Posten abgeschoben. Ihrer wachsenden Popularität im Lande war das alles andere als abträglich. Umweltschützer verehrten sie wie eine Heldin. Auf einer Feier des CNVV wurde sie für ihr Engagement und ihren Mut mit einer Medaille geehrt, andere Organisationen überhäuften sie mit Einladungen zu Vorträgen, Zeitungen und Fernsehsender bedrängten sie mit Interviewanfragen.

Cate Jenkins kämpfte weiter, nunmehr um ihre berufliche Rehabilitation. Sie reichte beim Department of Labor, dem amerikanischen Arbeitsministerium, eine Klage gegen ihre Versetzung ein. Ein Richter verfügte schließlich ihre Rückversetzung. Die EPA wehrte sich dagegen, musste aber auf Weisung des Arbeitsministeriums die Gerichtsentscheidung umsetzen und sie wieder mit ihren einstigen Aufgaben betrauen. Die Anti-Dioxin-Aktivistin erfuhr nun eine wachsende breite Unterstützung von einflussreichen Personen und Organisationen, die erst durch ihren Bericht von den Monsanto-Manipulationen erfahren hatten.

## Die Abnickerbehörde denkt um

Einer der Jenkins-Anhänger war Admiral Zumwalt, der einstige Kommandant der US-Seestreitkräfte in Vietnam, mittlerweile ein engagierter Vertreter der Veteraneninteressen und ein erbitterter Dioxin-Gegner. Der Tod seines Sohnes hatte ihn dazu werden lassen. Zumwalts Sohn war im Alter von nur 42 Jahren an Leukämie gestorben, dessen Kind war mehrfach behindert. Für Vater und Großvater Zumwalt waren beide Opfer von Agent

Orange. Der Sohn war einst Kommandant eines Patrouillenbootes im Mekong-Delta, einem Gebiet, das sehr stark mit dem Entlaubungsgift besprüht worden war. Gründe genug für den Admiral, sich für die vielen Dioxin-Opfer einzusetzen.[39] Im Mai 1990 legte er einen Bericht vor, in dem er eine Machenschaft des Pentagons und der Air Force zur Vertuschung der tatsächlichen gesundheitlichen Auswirkungen von Agent Orange auf die Vietnam-Piloten aufdeckte. Laut Zumwalt hatte die Air Force eine Studie verschwiegen, nach der die Kinder betroffener Soldaten doppelt so häufig Missbildungen aufwiesen wie Kinder einer Kontrollgruppe.[40] Während Zumwalt an seinen Dioxin-Enthüllungen arbeitete, erschien in der Fachzeitschrift *Cancer* eine Untersuchung an ländlichen Bewohnern von Missouri, die durch den dortigen Einsatz von Herbiziden auf Chlorbasis wie 2,4,5-T und 2,4-D auffällig häufig an Krebs erkrankt waren; ähnliche Werte waren auch bei einer Untersuchung an Farmern in Kanada ermittelt worden.[41]

Admiral Zumwalt arbeitete die Befunde aus Missouri und Kanada in seinen Bericht ein und erreichte schließlich eine Aufmerksamkeit, der sich auch der damalige Präsident George Bush sen. nicht mehr entziehen konnte. Zumwalt war ein hochangesehener Mann, seine Meinung hatte Gewicht. Bald beschäftigten seine Ausführungen auch den Kongress. Für Monsanto waren nunmehr alle Bemühungen, die weltweiten Giftspuren von Dioxin weiter zu verharmlosen, zum Scheitern verurteilt. Im Februar 1991 beauftragte der Kongress die Nationale Akademie der Wissenschaften, eine Liste mit Krankheiten zu erstellen, die durch die Kontamination mit Dioxin ausgelöst werden können. Diese Liste wurde in den folgenden Jahren erweitert, hauptsächlich um Krebserkrankungen. Sie war der Durchbruch für die Entschädigungszahlungen an Tausende von Vietnam-Veteranen.

Die EPA-Führung handelte fortan nach der Devise: Wen

kümmert schon unsere Ansicht von gestern? In Windeseile änderte die Behörde ihre Meinung und tat, als wäre sie schon immer gegen das unsägliche Gift gewesen. Die Abnicker von der EPA, die selbst keine unabhängigen Untersuchungen veranlasst hatten, waren nun auf ausländische Studien angewiesen, um ihre Dioxin-Gegnerschaft auch argumentativ untermauern zu können. Eine dieser Studie unter Leitung von Pier Alberto Bertazzi erfasste die medizinischen Schäden der Seveso-Katastrophe. Auffällig oft hatten die medizinischen Gutachter in der betroffenen Bevölkerung Krebserkrankungen diagnostiziert, hauptsächlich Weichteil-Sarkome, Non-Hodgkin-Lymphone und Mylome.[42]

Weitere Forschungsergebnisse waren in Schweden publiziert worden. Dort hatte der Wissenschaftler Lennart Hardell bereits 1973 mit Dioxin-Studien begonnen. Anlass war der Fall eines Patienten, bei dem in einer schwedischen Universitätsklinik Leber- und Bauchspeicheldrüsenkrebs diagnostiziert worden war. Der Forstbeamte hatte in Nordschweden zwanzig Jahre lang eine Mischung aus 2,4-D und 2,4,5-T auf Laubhölzer gespritzt. Mit einigen Kollegen erforschte Hardell fortan die Zusammenhänge von schweren Erkrankungen als Folge einer Kontamination mit Herbiziden. In mehreren Studien belegten die Wissenschaftler, dass vor allem Weichteilsarkome mit Dioxin in Verbindung zu bringen sind.[43]

Auch Hardell musste erleben, wie weit der Einfluss von Monsanto reichte. Seine Studien wurden vor allem von Robert Doll stark angezweifelt, der Hardells Ergebnisse als unhaltbar bezeichnete und ihren wissenschaftlichen Wert in Frage stellte. Doll war nicht irgendwer: Der 2005 verstorbene britische Forscher, hochgeachtet und von der Königin geadelt, genoss unter Kollegen einen ausgezeichneten Ruf. Große Anerkennung fand er mit seinen Untersuchungen über den Zusammenhang zwischen Tabakkonsum und Lungenkrebs.[44] Vom einstigen Ruhm blieb nichts mehr haften, als der *Guardian* 2006 belegte, dass der Wissenschaftler zwanzig Jahre lang für Monsanto gearbeitet hatte, in den letzten Jahren zu einem Tagessatz von 1500 Dollar.[45]

Monsanto-Manager haben nicht nur einen langen Arm, sie haben auch einen langen Atem. Und ein Gespür für bessere Zeiten. Diese kamen mit George W. Bush jun.: Im Jahr 2005 beendete dessen Regierung ein zwei Jahre vorher vereinbartes Abkommen mit Vietnam über eine Studie, in der die Zusammenhänge von angeborenen Missbildungen und der Kontamination durch Dioxin geklärt werden sollten. Umweltschützer witterten hinter der Entscheidung eine Einflussnahme von Monsanto und Co., schließlich galt Bush als ein Präsident, dessen Politik sich stark an den Wünschen der Industrie ausrichtete.[46]

Das Dioxin-Kartell musste neue Forderungen befürchten, dieses Mal von Geschädigten aus Vietnam. Rund 150 000 Kinder litten an zum Teil schweren Missbildungen durch Agent Orange, rund 800 000 Personen an diversen Krankheiten, vornehmlich Krebs.[47] Doch die juristischen Chancen der Vietnamesen standen nicht gut. Im März 2005 hatte ein Bundesgericht in New York die Klage einer vietnamesischen Vereinigung von Agent-Orange-Opfern zurückgewiesen. Der 80-jährige Richter begründete seine Entscheidung damit, dass der militärische Einsatz von Herbiziden nach internationalem Recht nicht verboten sei.[48]

Für Monsanto war es ein Urteil, das nicht anders hätte ausfallen dürfen – nicht aus Gründen des internationalen Rechts, sondern wegen der fehlenden toxischen Dimension von Dioxin. Als habe es Seveso, Times Beach und andere Dioxin-Katastrophen und auch die vielen betroffenen Opfer nicht gegeben, und als seien die wissenschaftlichen Studien über die schweren gesundheitlichen Folgen durch Dioxin nicht existent. »Wir fühlen mit den Menschen, die glauben, dass sie geschädigt worden sind«, erklärte Jill Montgomery, eine Sprecherin des Konzerns nach dem Urteil,»aber verlässliche wissenschaftliche Belege zeigen, dass Agent Orange keine ernsthaften gesundheitlichen Langzeitschäden verursacht.«[49]

# Unter Goldgräbern

## Die Macht der Gentech-Lobbyisten

Vor dem Laborgebäude am Missouri River stauen sich die Busse. Farmer aus allen Teilen der USA strömen in das Mekka der grünen Gentechnik, sogar aus Kanada reisen sie an. Die Besucher drängt es zu den Wunderprodukten in den 26 Treibhäusern von Monsanto. Welch ein Kontrast! Die Gen-Pflanzen: wahre Prachtexemplare. Daneben die herkömmlichen Pflanzen: Wie zu erwarten ziemlich kümmerlich, häufig von Würmern angefressen. Die Farmer sind beeindruckt – Kaffeefahrten nach Art von Monsanto. Viele der Besucher vertrauen noch den Werbebotschaften des Konzerns mit ihren Versprechungen: Alles wird einfacher und gewinnbringender durch den Anbau von Gen-Pflanzen. Wer sich für sie entscheidet, heißt es, braucht weniger Pestizide und wird belohnt mit höheren Erträgen. Das hat Sogwirkung. Am Ende der Führung hat Monsanto neue Kunden gewonnen.

Hugh Grant, der amtierende Konzernchef, ist kein charismatischer Verkünder wie sein Vorgänger Shapiro. Allerdings ist auch er mit seinen Versprechungen keine Spur zurückhaltender. Mit Hilfe der grünen Gentechnik werde es möglich sein, die Ernteerträge zu verdoppeln, sagt er. Die dauerhafte Berieselung mit dieser Botschaft setzt sich fest, wird für Empfänger dieser Nachricht zu einer Ankündigung mit Gewissheit, obwohl bis heute noch nicht einmal die schon vor über einem Jahrzehnt versprochenen Ertragssteigerungen eingetreten sind. Das aber hat Monsanto nicht geschadet. Allein die Aussicht auf höhere Erträge und bessere Renditen hat genügt, um weltweit einen Boom nach GV-Produkten auszulösen. Innerhalb nur weniger Jahre ist das Geschäft mit dem Saatgut genetisch veränderter Pflanzen explodiert. Mittlerweile zählt dieser Agrarbereich zu einem der weltweit bedeutendsten Wirtschaftszweige.

Ein beispielloser Erfolg von Monsanto. Der Konzern hat damit seinen Ruf gefestigt, besonders innovativ zu sein – und das schafft Ansehen. Geschäftlich haben die Manipulationen und Betrügereien in Sachen PCB und Dioxin dem Multi nicht geschadet, auch die wachsende Kritik am weltweiten Anbau von GV-Pflanzen nicht. Im Gegenteil: In der Politik steht der Konzern höher denn je im Kurs. Welche Partei in Washington auch regiert, dort finden die Manager aus St. Louis immer ein offenes Ohr für ihre Interessen, vor allem wenn es um die Gentechnik geht.

Es ist schon beeindruckend, wie die Verantwortlichen aus St. Louis es immer wieder schaffen, mit äußerst zweifelhaften Erzeugnissen weltweit zu expandieren. Doch ausgeprägte Skrupel haben die Manager noch nie geplagt, schließlich wissen sie, wie sie die mächtige Lobby in Verbänden, Behörden und in der Politik für sich einspannen können. Das haben sie hinreichend bewiesen durch den Erfolg ihrer umstrittenen GV-Soja-, -Mais-, -Raps- und -Baumwollsorten. Monsanto drückt seine Produkte auf den Märkten selbst gegen heftigste und wissenschaftlich begründete Einwände durch. Und das schürt Ängste.

»Seit zwei Jahrzehnten behauptet die Industrie, dass GV-Pflanzen ertragreicher sind. Das ist aber falsch«, sagt der Biologe Dr. Hartmut Meyer. »Es hat sich vielmehr herausgestellt, dass die konventionellen Pflanzen sowohl im Ertrag als auch unter extremen Umweltbedingungen wie der Klimaveränderung den GV-Pflanzen überlegen sind.«[1] Meyer ist Koordinator der Organisation ENNSER (European Network of Scientists for

Social and Environmental Responsibility). Dem Netzwerk gehören kritische Wissenschaftler aus ganz Europa an. Ein großer Skeptiker dieser GV-Pflanzenentwicklung ist auch der Schweizer Agrarwissenschaftler Professor Urs Niggli, Direktor des Forschungsinstituts für biologischen Landbau in Frick im Kanton Aargau. »Die unkontrollierten genetischen Manipulationen«, sagt der Forscher, »sind außerordentlich problematisch. Außerdem ist der Nutzen der Gentechnik im Vergleich zu ihren potenziellen Risiken außerordentlich klein.«

Solche Warnungen treffen die Grundstimmung in der Bevölkerung, die der Agro-Gentechnik äußerst skeptisch gegenübersteht. Die Profiteure der Technologie lassen sich dadurch nicht aufhalten. Sie haben an ihre transgenen Pflanzen so hohe Erwartungen geknüpft, dass immer mehr an dem Boom partizipieren wollen – neben den Gentechnik-Konzernen, der Agrarindustrie und den Genossenschaften auch die wissenschaftlichen Wegbereiter der GV-Branche und das wachsende Heer der Dienstleister, Berater und Lobbyisten. Von der Industrie gedrängt und in Sorge, bei den Weiterentwicklungen in diesem Bereich den Anschluss zu verlieren, steckt auch die Bundesregierung Forschungs- und Fördergelder in die neue Technologie – und nicht nur in die Agro-Gentechnik.

Für Wissenschaftsministerin Annette Schavan darf der Fortschritt nicht im Krebsgang unterwegs sein. Sie erhöht das Tempo, Deutschland muss den Anschluss halten. Diese Aufgabe drückt sie wie eine schwere Last. Schavan hat die »Nationale Forschungsstrategie BioÖkonomie 2030« ausgerufen und will mit ihr »einen Strukturwandel von einer erdöl- zu einer biobasierten Industrie«[2] fördern. Reichlich Steuermittel sind dafür vorgesehen. Rund 2,4 Milliarden Euro sollen bis 2016 bereitgestellt werden, in großem Umfang für Gentechnik-Projekte.

Die Zukunft des Landes hängt für Schavan von genetisch veränderten Hochleistungspflanzen ab, die das knapper werdende Öl ersetzen sollen. Mit diesem Programm will die Bundesregierung innerhalb der nächsten zwanzig Jahre den Anteil der »pflanzlichen Biomasse« von derzeit 3 Prozent auf einen Anteil von rund einem Drittel an der gesamten industriellen Produktion hochtreiben. Biomasse, das ist nach der Definition des Bundesministeriums für Bildung und Forschung (BMBF) nahezu alles: Sie reicht vom Baum bis zum Tier, vom Acker bis zum Lebensmittel, von der Kosmetik bis zur Kleidung, von den Mikroben bis zum Abfall. Unendliche Spielräume für große Geschäfte und den von Schavan mobilisierten Forschergeist. Bestens bedient werden diese Interessen im BioÖkonomieRat, dem 2009 vom BMBF gegründeten Beraterkreis der Bundesregierung, in dem Vertreter der Landwirtschaft, der Gentechnik-Multis und der Wissenschaft die Nutzung biologischer Ressourcen vorantreiben sollen. In diesem Expertenzirkel könnten die Bedingungen für viele seiner Mitglieder nicht besser sein. Ob Pflanzenzüchter, Genossenschaftler, Konzern-Manager, Genomforscher oder Großagrarier: Sie beteiligen sich an staatlich finanzierten Planungen, deren Profiteure sie selbst sind.

In Schavans Gremium wird groß gedacht, für kleinmütige Zweifler gibt es keinen Platz. Die Lobbyisten der neuen Technologie sind hier unter sich. Mit rund 2 Millionen Euro alimentierte Schavans Ministerium den BioÖkonomieRat, damit er »wissenschaftlich fundierte Analysen zur nachhaltigen Nutzung von Biomasse entwickeln und Vorschläge für eine nationale Innovationsstrategie« erarbeiten kann. Der Gentechnik-Zirkel steht so hoch im Kurs, dass er sogar im Koalitionsvertrag erwähnt wird. »Wissenschaft, Wirtschaft und Landwirtschaft«, heißt es dort, »brauchen klare Signale für die Forschung an gentechnisch veränderten Pflanzen und deren Einsatz auf der Grundlage des geltenden Rechts.«[3] Eine klare Marschrichtung. Anderswo hingegen werden Schavans Aktivitäten überaus kritisch gesehen. An den Universitäten und in den Umweltverbänden herrscht zunehmend die Meinung, dass mit dem BioÖkonomieRat die Wissenschaft noch weiter in die gefährliche Abhängigkeit von industriellen Interessen getrieben wird. Immer häufiger werden Befürchtungen über ein Ende der freien und unabhängigen Wissenschaft laut. »Viele meiner Kollegen«, sagt Professor Niggli, »schauen nur noch danach, wie sie an Geld kommen für Forschungen und Veröffentlichungen. Das ist der Weg in eine verantwortungslose und inkompetente Wissenschaft.«

Wie berechtigt Nigglis Bedenken gegen die klebrige Nähe mancher seiner Kollegen zur Industrie sind, wird gerade am Beispiel BioÖkonomieRat deutlich. Die enge Zusammenarbeit von Wissenschaftlern und Managern von Gentechnik-Konzernen lässt befürchten, dass hier vorrangig nicht nach risikoarmen und im allgemeinen Interesse liegenden Lösungen gesucht wird, sondern die Forschungsrichtung sich auch stark an den Profitzielen der Industrie ausrichtet – eine für Kritiker naheliegende Entwicklung. »Mit der Etablierung des BioÖkonomieRats«, schreibt Heike Moldenhauer, die Gentechnikexpertin des BUND in einem Beitrag für *Der kritische Agrarbericht 2011,* »haben die beteiligten Ministerien, namentlich das BMBF, ganz den Lobbyisten das Feld überlassen. Sie haben nicht einmal mehr den Schein gewahrt, selber Forschungsprogramme zu entwerfen, sondern den einschlägigen Interessengruppen direkt Zugriff auf Steuergelder gewährt.«[4]

Vorwürfe wie dieser prallen ab. Eine kritische Begleitung der Planungen scheint nicht erwünscht. Schavans großer Wurf soll nicht in Zweifel gezogen werden – weder von den Umweltverbänden noch von skeptischen Wissenschaftlern wie Niggli, dessen Bedenken in der Bundesregierung ins Leere laufen. Dort wird die enge Anbindung der Forschung an die Industrie sogar mit Nachdruck gefördert. »Eine totale Goldgräberstimmung« hat

Niggli in der Berliner Koalition und in deren Beraterkreisen aus-
gemacht, vor allem aber an Schavan selbst. Die Frau sei geblendet
von den wissenschaftlichen Möglichkeiten dieser Technologie,
sagt der Schweizer Fachmann, der in einem Gespräch mit der
Ministerin seine Vorbehalte ausführlich darlegte, mit seinen Argumenten allerdings nicht durchdrang. Schavans Euphorie reißt
hingegen nur die Befürworter mit, unter den ablehnenden Verbrauchern schürt sie eher noch das Misstrauen gegenüber der
umstrittenen neuen Technologie. Eine Politik, die wie im Fall der
Kernkraft kritische Einwände ignoriert, verliert an Glaubwürdigkeit. Und das bleibt dauerhaft an Union und FDP haften.

In einer ähnlichen Lage befindet sich die Wissenschaft: Seit
ihre Aussagen durch Forschungsaufträge und von der Honorar-
höhe beeinflussbar sind, fehlt ihr das Wasserzeichen der Unabhängigkeit. Zu häufig haben Wissenschaftler vermeintliche
technologische Wohltaten im Gleichschritt mit der Industrie
verkündet. Noch mehr allerdings stehen die Industriepartner in
Schavans Initiative in Verruf. Das rücksichtslose weltweite Agieren von Monsanto mit seinem GV-Getreide auf den Weltmärk-
ten hat sämtliches Vertrauen in die Branche zerstört.

## Koalition der Willigen

Eine Allianz der Unglaubwürdigkeit sehen die Gegner der Agro-
Gentechnik im BioÖkonomieRat. Und das verstärkt die Widerstände. Im Interesse großer Geschäfte und unbegrenzter Forschungsaufträge wird das Gentechnik-Netzwerk hinter diesem
Beratergremium mit gezielter Lobbyarbeit jedoch alles daran-
setzen, dass die Bundesregierung die gesetzlichen Freiräume für
die Umsetzung der großen Vorhaben schafft. Auf eine noch zu-

rückhaltende Weise haben die Mitglieder des Rates ihre Erwartungen bereits zum Ausdruck gebracht.

Die Debatte über die grüne Gentechnik, heißt es in einer Schrift des Zirkels, »unterstreicht beispielhaft, dass ein für Forschung und Innovation aufgeschlossenes Klima sowie verlässliche rechtliche Rahmenbedingungen notwendig sind, um die Chancen dieser Technologie in Deutschland im internationalen Wettbewerb besser erschließen zu können – auch und gerade im Hinblick auf die sehr hohe Leistungsfähigkeit der deutschen Pflanzenforschung«.[5] Die Betonung liegt auf »auch«. Schließlich sollen alle Ressourcen auf ihre Verwertbarkeit als »Biomasse« überprüft werden.

Die Ressourcen sind »Tier«, »Pflanze«, »Boden« und »Biotechnologie«. So heißen auch die einzelnen Arbeitsgruppen. Alles soll aus den »Ressourcen« herausgequetscht, kein Forschungsgebiet ausgeklammert werden, auch nicht das Klonen von Tieren. Gründerin Schavan plant weit voraus, einen großen Wandel hat sie im Auge – »eine am natürlichen Stoffkreislauf orientierte biobasierte Wirtschaft, die mit Technologie und Ökologie im Einklang steht«.[6] Das ist schön gedacht, doch ihre an den diversen Tischen der Arbeitsgruppen versammelten Mitglieder und Berater sind bislang nicht als glühende Vertreter ökologischer Betrachtungs- und Handlungsweisen aufgefallen – und schon gar nicht die Gremiumsmitglieder und -berater der Gentechnik-Konzerne Bayer CropScience, KWS Saat AG, Dow AgroScience und BASF.

Deren Verständnis von Schavans Wandel konzentriert sich auf die Milliarden-Geschäfte, die mit der Agro-Gentechnik zu erzielen sind, in Deutschland aber derzeit noch durch die strengen Auflagen für Anbau und Vermarktung behindert werden. Und das wollen die meisten von der Ministerin Berufenen ändern, zielstrebig und durch geballte Überzeugungsarbeit. Denn alle Bioökonomieräte sehen sich als Wegbereiter des Fortschritts, auch die Vertreter des Bauernstandes, deren Politik sich weniger an den Bedürfnissen der kleinen Landwirte orientiert, sondern mehr an den Begehrlichkeiten des industriellen Agrobusiness. Einer von ihnen ist der Großagrarier Carl-Albrecht Bartmer. Seit 2007 fungiert der Landwirt mit seinem knapp 1000-Hektar großen Gut Löbnitz in Löbnitz in Sachsen-Anhalt als Präsident der Deutschen Landwirtschaftgesellschaft (DLG). Deren Führung gehören überwiegend Großagrarier mit üppigem Grundbesitz an. Ein Großteil der DLG-Funktionäre zählt wie Bartmer daher auch zu den wenigen Spitzenempfängern von Agrarsubventionen. Der Präsident und seine Kollegen sind engagierte Befürworter des verstärkten Einsatzes von transgenen Pflanzen in der Landwirtschaft. Für dieses Ziel kämpft Bartmer auch bei seinen Auftritten im Lobbyverein InnoPlanta, in dem Pflanzenforscher und deren Institute, Politiker, Bauernfunktionäre und Gentechnik-Konzerne wie die KWS Saat AG mitwirken. Unterstützt wird die Lobby-Organisation seit Jahren auch mit Fördermitteln des Schavan-Ministeriums.

Das Ziel dieser Seilschaften ist die großflächige Nutzung der Agro-Gentechnik in Deutschland. Die dafür sich abmühenden Aktivisten hoffen auf den Tag, an dem die Beschränkungen für Anbau und Verwertung von genmanipulierten Pflanzen weitgehend aufgehoben werden und sie zu den Profiteuren des dann einsetzenden Booms gehören. Ein ständiges Trommelfeuer von Forderungen nach Anbauerleichterungen für GV-Pflanzen soll den Durchbruch erzwingen. Der unermüdlich dafür rackernde Bartmer agiert wie viele seiner Präsidiumsmitglieder ganz im Sinne seines Vorgängers Philip Freiherr von dem Busche. Der Inhaber von Gut Ippenburg bei Osnabrück rückte mit seinem Abgang von der DLG-Spitze in den Vorstand des Gentechnik-Konzerns KWS Saat AG ein. So schließen sich denn auch in Schavans Zirkel die diversen Interessenkreise.

Wenn die Ministerin über »unseren Weg zu einer bio-basierten Wirtschaft« spricht, geht es um das Große und Ganze. Darunter versteht sie nicht weniger als das Wohl der Menschheit, für das sie sich unermüdlich im Einsatz sieht.

Schavan formuliert das so:»Wir müssen die Bausteine und Baupläne von biologischen Systemen in ihrer Komplexität noch besser verstehen, beschreiben und ihre Reaktion auf äußere Einflüsse vorhersagen. Nur dann werden wir sie technisch noch besser nutzen können – zum Vorteil von Menschen und Umwelt.«[7] Dazu bedarf es der Kreativität der Zauberlehrlinge in den Laboren der Konzerne und der Wissenschaft. Die schwarz-gelbe Bundesregierung und in Sonderheit das Schavan-Ministerium haben sich viel einfallen lassen, um deren Einfallsreichtum zu fördern und gleichzeitig für mehr Akzeptanz der grünen Gentechnik zu sorgen.

Eine breite Koalition der Willigen soll die weitgespannten Pläne umsetzen. Zu ihnen gehört auch der Deutsche Bauernverband (DBV), der mit Generalsekretär Helmut Born im Ökonomierat vertreten ist. Rund 90 Prozent der im DBV organisierten Landwirte sind Inhaber bäuerlicher Betriebe. Eine große Mehrheit unter ihnen lehnt laut Umfragen den Anbau gentechnisch veränderter Pflanzen ab; in Bayern haben Landwirte inzwischen sogar gentechnikfreie Regionen ausgerufen. Doch das scheint die obersten Funktionäre nicht davon abzuhalten, sich vehement für die GV-Technik und damit vorrangig für die Geschäfte der mittlerweile vom Gen-Futter aus Südamerika abhängigen Großmästereien und ihrer Lieferanten einzusetzen. Denn die meisten DBV-Präsidialen sind engagierte Lobbyisten für Monsanto und Co.

Auf den ersten Blick macht es sich gut, wenn Schavans Gentechnik-Fans ein Bekenntnis zu ethischem Verhalten ablegen. Für eine»artgerechte Tierhaltung« und eine»tiergerechte« Erzeugung von»sicheren Lebens- und Futtermitteln« wollen sich die Räte einsetzen. So steht es in den»ersten Empfehlungen zum Forschungsfeld Bioökonomie in Deutschland«. Großer Beifall ist diesem Vorhaben sicher, wenn es denn wirklich umgesetzt werden sollte.

Doch die hehren Absichten wecken Zweifel. Sie machen sich fest an der Lohmann Tierzucht GmbH, Cuxhaven. Die Firma ist mit einem Berater in der Arbeitsgruppe »Tier« vertreten. Ausgerechnet Lohmann! Die Tierzucht GmbH gehört zur Firmengruppe des Erich Wesjohann, des größten Geflügelzüchters der Welt. Lohmann nimmt das Firmenmotto (»Für jede Haltungsform das geeignete Huhn«) wörtlich: Bislang werden den Hühnern in den Massenställen die Schnäbel kupiert, um Federpicken und Kannibalismus, eine Folge von Haltungsstress, zu verhindern. Gen-Designer sollen nun das Tier passend zu Haltungsformen à la Lohmann kreieren – das genmanipulierte Geflügel mit einer verringerten Neigung zum Federpicken. Unter der Nummer WO 2010012476 hat der Konzern hierauf ein Patent angemeldet. Und Wissenschaftler an der Universität Leipzig ersparen Lohmann und anderen demnächst das Vergasen männlicher Küken. Sie haben eine Methode entwickelt, das Geschlecht bereits im Ei zu bestimmten.

Der Lohmann-Eigner und sein Bruder Paul-Heinz Wesjohann, Inhaber des Geflügelmast-Konzerns Wiesenhof, haben ein verheerendes Image – und das werden auch die Genforscher kaum aufhellen können. Die Hühnerbarone sind zu Symbolfiguren für einen besonders brutalen und menschenunwürdigen Umgang mit Tieren geworden. Sie prägen das Gesicht einer Landwirtschaft, in der die zur Herstellung von Nahrungsmitteln einst sorgsam gepflegten Ressourcen, und dazu gehört vor allem das Tier, auf eine rücksichtslose Weise für ein einziges Ziel ausgebeutet werden – die Ertragssteigerung.

»Artgerechte« Tierhaltung, für die der BioÖkonomieRat sich einzusetzen behauptet, scheint in erster Linie nur eine Floskel zur Sympathiewerbung zu sein. Kritiker sehen darin bestätigt, dass die höchst umstrittene Tiermast und Tierzucht in diesem

Kreis offenbar akzeptiert sind. Wie sonst ist die Entscheidung zu verstehen, Lohmann-Geschäftsführer Professor Rudolf Preisinger als Berater in das Gremium zu berufen. Wegen »quälerischer Tiermisshandlung« wurde der Lohmann-Geschäftsführer im vergangenen Jahr zu einer Geldstrafe auf Bewährung verurteilt, die Lohmann Tierzucht GmbH musste sogar einen Betrag von 100 000 Euro zahlen – eine der höchsten Summen, die je wegen eines Verstoßes gegen das Tierschutzgesetz verhängt wurde.[8] In der Cuxhavener Firma waren jungen Hühnern jahrelang Kämme und Zehen amputiert worden, was langanhaltende Schmerzen verursacht. Laut dem Magazin *Der Spiegel* entging Preisinger nur deshalb einer härteren Strafe, weil die Behörden in Niedersachsen lange Zeit diese Praktiken stillschweigend geduldet hatten.

Die Absurdität ist zum Programm erhoben. Nicht die konsequente Änderung der verheerenden Tierhaltung in den Geflügelfabriken steht im Vordergrund. Vielmehr sollen die Tiere von den Gen-Künstlern nach den Leistungsvorgaben von Lohmann, Wiesenhof und Co. umgezüchtet werden – das für jede Haltungsform gestylte Huhn.

Der deutsche Markt für Geflügel-, Schweinefleisch und Milch ist seit Jahren überversorgt. Dennoch ist das Nutztier zu einem Laborwesen geworden, aus dem Forscher noch mehr Leistung und Ertrag herausquetschen wollen – vornehmlich ein schnelleres Wachstum, damit die Produktion der Mastfabriken weitere Rekorde erzielt. Als hätten die Beteiligten nichts davon gehört, dass in den westlichen Ländern bis zu 50 Prozent der Nahrungsmittel im Müll landen – eine Menge, die ausreichen würde, die Hungernden auf der Welt ausreichend mit Essen zu versorgen. Dennoch werden die weiteren monströsen Wachstumsziele mit der wohltäterischen Absicht verbrämt, den Hunger in der Welt beseitigen zu helfen. Bis 2015 wollten die westlichen Agrarnationen die Zahl der Hungernden halbieren. Diese

Absicht wurde im Jahre 2000 verkündet, doch bisher steigt ihre Zahl. Solange rund 40 Prozent des weltweiten Getreideaufkommens in den Mastfabriken der westlichen Welt verfüttert wird, muss auch weiterhin mit einer Zunahme des Hungers gerechnet werden.

In der Annahme, dass diese Zahlen nur wenigen geläufig sind, verkünden die Netzwerker der grünen Gentechnik auch weiterhin das Ziel, mit Hilfe von GV-Getreide den Hunger in der Welt beseitigen zu wollen. Damit soll für die Akzeptanz der Genpflanzen geworben und gleichzeitig die angestrebten weiteren Produktionssteigerungen legitimiert werden. Denn das Ziel der Eigner von Tier- und Mastfabriken und ihrer multinationalen Lieferanten von Futtermitteln, Pestiziden, Gen-Saaten und Tierpharmazeutika ist eine weitere Ausweitung der Überproduktion. Die Folgen sind gravierend, doch das macht nichts. Hauptsache, die Profite steigen.

Ganz auf dieser Linie liegen auch die von der »Arbeitsgruppe Tier« in einem dreißigseitigen Bericht über die »Herausforderungen für eine zukunftsfähige Erzeugung von Lebensmitteln tierischer Herkunft«[9] avisierten Ziele – in verschwurbelten und nichtssagenden Sätzen: »Durch innovative Ansätze zur tierzüchterischen Leistungssteigerung und Verbesserung der Tiergesundheit, zur Bedarfsermittlung und exakten Bedarfsdeckung und zur gezielten Senkung nutztierbezogener Emissionen sind wichtige Beiträge für eine ressourcen- und klimaschonende sowie tiergerechte Steigerung der Produktion von Lebensmitteln tierischer Herkunft zu erwarten.«

»Tiergerechte« und »tierzüchterische« Leistungssteigerungen: Verdummbeutelnde Botschaften, hinter denen sich nichts anderes verbirgt als die Verteidigung eines absurden Systems des Noch-Mehr an tierischer Ausbeutung. So liefert denn der Kreis um Lohmann-Geschäftsführer Rudolf Preisinger, Michael Baum von der ebenfalls profit- und umsatzorientierten Agravis Raiffeisen AG in Münster und um Helmut Born, Geschäftsführer des Deutschen Bauernverbandes, der das System der Überschüsse und Tierfabriken massiv unterstützt hat, der Bundesregierung nun die Argumente dafür, dass sich nichts Entscheidendes ändern muss.

»Jahrzehntelang ist uns eingetrichtert worden«, sagt die Agrarwissenschaftlerin Angelika Hilbeck von der Eidgenössischen Technischen Hochschule Zürich, »dass nur die durchrationalisierte, industrielle Landwirtschaft die Welt ernähren kann. Ein fataler Irrtum. Mit Hilfe der grünen Gentechnik wird nun versucht, ein System zu erhalten, das in Wirklichkeit völlig am Ende ist.« Doch die Profiteure dieses Systems haben so viel Macht, dass an ein Umsteuern nicht zu denken ist. Die Politik der Agro-Gigantomanie hat nach wie vor Konjunktur. Flankiert wird sie auch von der Fördergemeinschaft Nachhaltige Landwirtschaft (FNL). Das Immer-Mehr diktiert ihr Handeln: mehr Leistung, mehr Absatz, mehr Ertrag. Ohne Rücksicht auf die Art der Tierhaltung und ohne Rücksicht auf Überschüsse. In diese Richtung drängt der Verein seit Jahren die Agrarpolitik der Bundesregierung. Und die folgt ihr brav, als gebe es dazu keine Alternativen. Denn die FNL hat einflussreiche Mitglieder, viele von ihnen haben einen direkten Zugang ins Kanzleramt.

An der FNL-Vorstandsspitze steht DBV-Präsident Gert Sonnleitner. Gegen ihn und das Big Business in der Agrarindustrie, zu dem der oberste Bauernfunktionär nach Ansicht seiner zahlreichen Gegner eine allzu kritiklose Nähe pflegt, ist schwer zu regieren. Ein Blick in die FNL-Mitgliederliste klärt die Dominanz der Interessen. In den Reihen des einflussreichen Vereins sind die Multis BASF, Bayer CropSciences, DuPont de Nemours und Dow AgroScience gleich mit mehreren Repräsentanten vertreten. Und natürlich gehört auch der umstrittene Branchenprimus Monsanto dazu.

Das schlechte Image des Konzerns stört hier nicht – und offensichtlich auch nicht die Bundesregierung, die bei mancher Entscheidung schon viel Rücksicht gegenüber Monsanto bewiesen hat. Die Manager aus St. Louis haben inzwischen begriffen, dass sich mit ihren berüchtigten brachialen Geschäftsmethoden die Märkte in Europa nicht aufrollen lassen. Angesichts der geballten Ablehnung hat der Konzern einen Teil seiner europäischen Aktivitäten hinter anderen Konzernen versteckt. So haben Monsanto und die BASF eine Kooperation über eine gemeinsame Pflanzenforschung vereinbart. Mit Bayer wurde ein Vertrag über eine Zusammenarbeit bei der Anwendung von Herbiziden abgeschlossen, und von der KWS Saat AG lässt der US-Konzern eine genetisch veränderte Zuckerrübe entwickeln.

Ein geschickter Schachzug. Die einflussreichen deutschen Partner helfen Monsanto zu mehr Akzeptanz in den europäischen Ländern, während sie selbst im Schlepptau des Weltmarktführers aus St. Louis auf größere Marktanteile mit GV-Saaten hoffen. Schließlich hat Monsanto hinreichend bewiesen, dass mit der neuen Technologie gewaltige Umsätze zu erzielen sind. BASF und Bayer sollen dafür im Gegenzug das Feld für die neue Technologie bereiten und ihren Einfluss bei den europäischen Regierungen und der EU-Kommission nutzen.

## Giftkrieg auf dem Acker

Allein in Europa werden jährlich über 50 Millionen Tonnen Getreide in die Tröge der Mastfabriken gekippt, hauptsächlich Gen-Soja von Monsanto. Es ist resistent gegenüber dem Totalherbizid Glyphosat, das gegen Unkräuter und Nutzpflanzen eingesetzt wird. Das Spritzmittel wird von Monsanto unter den Namen Roundup und Roundup Ready (RR) vertrieben. Glyphosat ist das weltweit am häufigsten eingesetzte Herbizid. Allein auf den Gen-Sojakulturen in Argentinien wurden von der Chemikalie 2008 rund 200 Millionen Liter ausgebracht.[10] Das Geschäft mit RR-Pflanzen boomt. In den USA wurde 2009 zu 91 Prozent GV-Soja angepflanzt, bei Baumwolle erreichte der Anteil der genetisch veränderten Pflanzen 71 und beim Mais 68 Prozent. Auf den gewaltigen Soja-Anbauflächen in Argentinien wächst ausschließlich RR-Soja, in Brasilien liegt der GV-Anteil bei gut 70 Prozent. Überall auf der Welt sprießt bereits die zweite Generation der GV-Pflanzen von Monsanto aus der Erde. Die genetischen Basteleien an Getreidesorten wie Soja, Mais, Raps, Reis und Weizen und an Kartoffeln und Baumwolle sollten Rekordernten bringen und die Gewinne der vielen Nutzer mehren.

Ein Trugschluss. Von den angeblichen Segnungen der pflanzlichen Revolution haben bislang nur die Multis profitiert. Sie erzielen ständig Absatz- und Gewinnrekorde. Die Millionen von Landwirten aber, die im guten Glauben an das Wundergetreide sich von den Lieferungen der Konzerne abhängig gemacht haben, warten vergeblich auf die versprochenen Kostenvorteile und Rekorderträge. Denn die Ernteergebnisse der genetisch veränderten Bohnen sind oft enttäuschend, die RR-Soja-Ernten fallen im Vergleich zu herkömmlichen Soja-Sorten sogar um 5 bis 10 Prozent geringer aus.

Zugleich haben sich die Preise für GV-Saaten mehr als verdoppelt. Im Jahr 1997 gaben die Soja-Bauern zwischen 4 und 8 Prozent ihres Einkommens für die Saat aus, 2009 waren es bereits 16,4 Prozent.[11] Häufig entpuppte sich der versprochene Kostenvorteil transgener Pflanzen als Kostennachteil, stellte der Bund Ökologische Lebensmittelwirtschaft (BÖLW) in einer Studie fest. Es sind die »systemimmanenten Kostenfaktoren«, die laut BÖLW die Vorteile aufzehren. Zu diesen zusätzlichen Kosten zählen Vorsorgemaßnahmen zur Vermeidung von Kontaminationen anderer Felder und die steigenden Ausgaben für Herbizide, um die gegen Glyphosat zunehmend resistenten Schädlinge und Unkräuter zu bekämpfen.

In Brasilien berichten Pflanzer von einem weiteren Kostenproblem. Dort wurde festgestellt, dass der Einsatz von Glyphosat nach einigen Jahren häufig zu einem erheblichen Ertragsrückgang bei GV-Soja führt. Ein Umsteigen auf konventionelle Pflanzen ist den Landwirten nicht leicht möglich. Das Saatgut von gentechnisch nicht veränderten Sojabohnen ist zum Beispiel in Argentinien kaum erhältlich. Zudem sind die Äcker durch den jahrelangen Anbau transgener Pflanzen ausgelaugt. Die großflächige Anwendung von Glyphosat führt nach verschiedenen Untersuchungen dazu, dass Mineralstoffe in den Böden abnehmen, die Organismen geschädigt werden und verstärkt Pilzkrankheiten auftreten. Selbst bei einer Umstellung auf eine andere konventionelle Getreidesorte muss daher zunächst mit schlechten Ernteerträgen gerechnet werden.

Mit der zweiten Generation der RR-Pflanzen sollte sich für die Landwirte alles zum Besseren wenden. Monsanto hatte versprochen, einen höheren Schutz vor Glyphosat-Schäden zu bieten, und die Erträge sollten gar um über 10 Prozent steigen. Tatsächlich aber brachte die Monsanto-Sorte RR-Soja 2 Yield nach den ersten Ernten in Brasilien und in den USA keine höheren Erträge, während sich auch noch das Saatgut verteuerte. Gleichzeitig stellten sich neue Probleme ein. In vielen Ländern, vor allem in den USA, haben seit Einführung der glyphosatresistenten GV-Pflanzen die Entschädigungsforderungen stark zugenommen[12] – nicht allein wegen der schwachen Erträge. Landwirte klagen laut einer NABU-Studie[13] über einen Mangan-Mangel in den RR-Soja-Pflanzen, der auch mit Ertragsrückgängen in Verbindung gebracht wird. Mangan aktiviert in der Pflanze über 35 Enzyme, spielt eine wichtige Rolle bei vielen Wachstumsprozessen und schützt vor Krankheitserregern. Aber gerade die neueren GV-Pflanzen können Mangan nur begrenzt aufnehmen, weil der Stoff durch Glyphosat im Boden gebunden wird. Weitaus gravierender noch sind andere Folgen. Der Anbau der GV-Bohnen kann in Verbindung mit dem Herbizid Roundup zu schweren gesundheitlichen Schäden führen. Eine epidemiologische Studie in Paraguay ergab, dass Kinder von Frauen, die während der Schwangerschaft Herbiziden ausgesetzt waren, Geburtsfehler aufwiesen, insbesondere Mikrozephalie (kleiner Kopf), Anenzephalie (Fehlen von Teilen des Gehirns und des Kopfes) und Fehlbildungen des Schädels.[14] Verstärkt traten diese Fälle in Familien auf, die nahe den RR-Sojafeldern leben, die regelmäßig mit Glyphosat und möglicherweise auch noch mit anderen Pestiziden besprüht werden.[15] Eine weitere Studie an kanadischen Bauernfamilien in Ontario zeigte, dass die Verwendung von Glyphosat in den letzten drei Monaten vor der Empfängnis mit einem erhöhten Risiko späterer Fehlgeburten korrelierte.[16] Laut einer US-Studie können Glyphosat und Roundup bereits in einer Konzentration weit unterhalb der für den landwirtschaftlichen Gebrauch empfohlenen Mengen zu einer Schädigung von menschlichen Embryonalzellen führen.

Das Desaster mit Glyphosat und anderen Herbiziden hätte es nach den Versprechungen von Monsanto und Co. nicht geben dürfen. Denn die Konzerne hatten anfangs um die breite Zustimmung zur grünen Gentechnik mit dem Argument geworben, GV-Pflanzen würden den Einsatz von Pestiziden nahezu überflüssig machen. Doch das Gegenteil ist der Fall: Von Jahr zu Jahr müssen die Landwirte ständig größere Herbizidmengen auf ihren Feldern ausbringen. Glyphosat ist die Ursache dafür, dass eine wachsende Zahl von Unkräutern gegen das Breitbandherbizid teilweise oder vollständig resistent ist. Forscher sprechen inzwischen von Super-Unkräutern, die durch die Vernichtung anderer Unkrautarten noch üppiger wuchern können. Die Mittel der Industrie dagegen: noch mehr Herbizide.

Auf dem Acker tobt ein Krieg, ein Giftkrieg. Und der füllt den Pestizidherstellern immer mehr die Kassen. Im Jahre 2007 stieg in den USA der Spritzmittelverbrauch um 20 Prozent und im Jahr 2008 um 27 Prozent.[17] Inzwischen werden auf den Feldern mit GV-Pflanzen zweimal mehr Herbizide eingesetzt als im herkömmlichen Landbau. Nach einer US-Studie waren es zwischen 1996 und 2008 rund 144 Millionen Kilogramm mehr als auf den Äckern mit Nicht-GV-Pflanzen.[18] Das Herbicide Resistance Action Committee (HRAC) hat im Januar 2011 eine Liste mit 197 Arten von Kräutern und Pflanzen veröffentlicht, die gegenüber einem oder mehreren Herbiziden resistent sind. Über 420 000 Felder, hauptsächlich in den USA, Kanada und Südamerika, sind laut HRAC davon betroffen. Ursprünglich waren die Glyphosat-Resistenzen die absolute Ausnahme und wurden nur an bestimmten Gräsern in Australien festgestellt. Im Jahr 2000 wurden in den USA erstmals Resistenzen von Unkräutern beschrieben, die auf den Anbau von herbizidtoleranten Pflanzen zurückgehen. 2009 waren bereits 16 verschiedene Arten in 14 verschiedenen Ländern bekannt, die meisten davon in Anbaugebieten genetisch veränderter Pflanzen, aktuell werden 21 resistente Arten gezählt.[19]

Die gegenüber Spritzmitteln unempfindlichen Pflanzenarten werden zu einem immer größeren Problem. In den großen RR-Soja-Anbaugebieten sind die Super-Unkräuter mittlerweile zu einer Plage geworden. In den USA haben sich beispielsweise einige resistente Fuchsschwanzarten, die bis zu 2,5 Meter hoch werden, auf rund 700 000 Hektar der Baumwoll- und Sojaflächen der Südstaaten Georgia, North Carolina und Arkansas so stark ausgebreitet, dass immer mehr Landwirte vor diesem Problem zu kapitulieren drohen. In Georgia sahen sich seit 2005 bereits etliche Farmer gezwungen, den Baumwollanbau aufzugeben. Sie kamen gegen das wuchernde Unkraut nicht mehr an.[20]

# Fahrlässiges Nichtstun

Monsanto ist zunehmend in Verruf geraten. Dazu hat auch der massive Glyphosateinsatz beigetragen, der laut der Welternährungsorganisation FAO beim Anbau transgener Soja deutlich die pro Hektar empfohlenen Aufwandsmengen überschreiten kann. Gerade der Anbau der genmanipulierten Soja führt dazu, dass hier immer stärkere Giftkonzentrationen zum Einsatz kommen. Vorsorglich ist der Grenzwert für Glyphosat-Rückstände in Soja auf einen extrem hohen Wert von 20 Gramm pro Kilo angehoben worden. Als besonders giftig gelten Glyphosat-Mischungen mit POE-Tallowaminen (polythoxylierte Alkylamine), ein Stoff, der das Eindringen von Glyphosat in Unkräuter fördern soll. Mehrere der Glyphosat-Produkte von Monsanto enthalten POE-Tallowamine, aber auch andere Hersteller haben mittlerweile die brisante Mischung im Programm.

Diese Mischungen sind so giftig, dass Mitte 2010 deutsche Behörden sich gezwungen sahen, den Einsatz von Glyphosat-Mischungen zu beschränken. Am 1. Juni 2010 verschickte das Bundesamt für Verbraucherschutz und Lebensmittelsicherheit (BVL) eine eindringliche Warnung:»In den vergangenen zwei Jahren häuften sich Berichte über toxikologische Effekte bei Glyphosat-haltigen Pflanzenschutzmitteln. Dabei erhärtete sich schnell der Verdacht, dass diese Effekte ... auf den Beistoff, die POE-Tallowamine (polyethoxylierte Alkylamine) zurückzuführen sind.« Weiter heißt es:»Aufgrund fehlender Daten zum Verhalten von POE-Tallowaminen in landwirtschaftlichen Nutztieren können jedoch die Rückstände in Lebensmitteln tierischer Herkunft nicht ausreichend abgeschätzt werden.« Und:»Das Bundesamt für Verbraucherschutz und Lebensmittelsicherheit hat vor diesem Hintergrund für alle Glyphosat-haltigen Pflanzenschutzmittel, die POE-Tallowamine enthalten, die Auflagen

VV 207 (›Im Behandlungsjahr anfallendes Erntegut/Mähgut nicht verfüttern‹) bzw. VV 208 (›Im Behandlungsjahr anfallendes Erntegut/Mähgut der ersten Nutzung nach der Behandlung nicht verfüttern‹) vergeben.«[21]

POE-Tallowamine können demnach über Futtermittel in tierische Produkte gelangen und die Gesundheit der Verbraucher gefährden. Dieser Stoff, schrieb die Biologin Dr. Martha Mertens,[22] schädige, wie auch Glyphosat und Roundup,»menschliche Zellen und führt zu deren raschem Absterben, selbst bei Konzentrationen, wie sie in der agronomischen Praxis auftreten können«. POE gelte als besonders toxisch. Dennoch wurden bisher lediglich in Deutschland Auflagen für die Landwirte erlassen. 2011 untersagte das Bundesamt für Verbraucherschutz und Lebensmittelsicherheit (BVL) die Anwendung von bestimmten Glyphosatmischungen. Ungewiss aber ist, ob diese auch befolgt werden. Dr. Christop Then, Geschäftsführer des im Jahre 2008 gegründeten Münchner Vereins Testbiotech, der sich der unabhängigen Folgenabschätzung in der Biotechnologie verpflichtet sieht, weist auf weitere Risiken hin. So wird beispielsweise nicht kontrolliert, in welchem Umfang Rückstände von Glyphosat und POE-Tallowaminen in den von Deutschland importierten Futtermitteln auftreten. Dafür sind laut Then »umfangreiche Rückstandskontrollen nötig«. Die aber gibt es nicht.[23]

Die dafür zuständigen Behörden aber schauen weg. Nicht anders verhalten sich auch die Regierungen. Seit Einführung der GV-Soja im Jahr 1996 wurden weder in den USA noch in der EU ausreichende Kontrollen über die Auswirkungen dieser exzessiven Giftanwendungen und die genaue Höhe der Rückstände in Futter- und Lebensmitteln veranlasst, auch in Deutschland nicht. Ein fahrlässiges Nichtstun, schließlich können über die importierten Eiweißfuttermittel Gifte auch in tierische Produkte wie Eier, Milch und Fleisch gelangt sein. Und das könnte fatale Auswirkungen haben.

In wissenschaftlichen Studien ist häufiger von dem Verdacht die Rede, dass Glyphosat vor allem in Kombination mit POE-Tallowaminen ähnlich wie Hormone als sogenannte endokrine Disruptoren wirken. Schon geringe Mengen könnten demnach bei den Verbrauchern und vor allem bei den Anwendern von Glyphosat-Mischungen schwere gesundheitliche Schäden verursachen. In Laborversuchen wurden Störungen des Erbguts, der Embryonenentwicklung sowie Hinweise auf erhöhte Krebsraten, Geburtsschäden, Fruchtbarkeitsstörungen und Leber- und Nierenschäden festgestellt.»Diese Stoffe und deren Zusätze sowie deren Abbauprodukte« sind nach Ansicht von Then,»zu einem festen Bestandteil der Nahrungskette geworden. Fahrlässigkeiten oder Fehleinschätzungen bei der Bewertung der Risiken können schlimme Folgen haben.«

Solche Warnungen werden ignoriert, obwohl einige der Herbizide eine besonders hohe POE-Konzentration enthalten. In Roundup TURBO von Monsanto erreicht die Beimischung sogar einen Anteil von rund 21 Prozent, aber auch andere Monsanto-Produkte wie Durano und Clinic sind mit ethoxylierten Tallowaminen angereichert. Die amerikanischen Behörden haben bereits vor einiger Zeit einen Prozess zur Neubewertung von Glyphosat eingeleitet, auch in der EU müsste aufgrund einer neuen Pestizidgesetzgebung die Giftigkeit von Glyphosat erneut überprüft werden. Federführend dafür sind die deutschen Behörden, die diese Neubewertung nunmehr seit Jahren verschleppen. Die europäische Behörde für Lebensmittelsicherheit European Food Safety Authority (EFSA) zeigt sich von diesen Vorgängen völlig unberührt. Trotz der zunehmenden Kritik an diesem Spritzmittel sprach sie sich 2010 dafür aus, die Importzulassungen der genetisch veränderten Sojabohnen zu erneuern. Bei der Abstimmung der Mitgliedsländer über die erneute Zulassung im Januar 2012 gehörte die Bundesregierung zu den Ländern, die dafür votierten.

Zu einem Umdenken bei Glyphosat könnten neueste wissenschaftliche Erkenntnisse aus den USA führen, über die Don Huber ausführlich berichtete. Der Professor an der Purdue-Universität im US-Staat Idaho ist seit rund fünfzig Jahren im Bereich der Pflanzenforschung tätig. In Briefen an den US-Landwirtschaftsminister Thomas Vilsack und den EU-Kommissionspräsidenten José Manuel Barroso warnte der angesehene und vielfach ausgezeichnete Pflanzenphysiologe Anfang 2010 eindringlich vor den Langfristfolgen durch die Nutzung von GV-Pflanzen und die Verbreitung des Herbizids Glyphosat. Seine Warnungen vor dem Gift stützen sich auf die Auswertung von weit über hundert wissenschaftlichen Studien.

Die Ergebnisse dieser Studien sind erschreckend. So ist es laut Huber nach der Verfütterung von Gen-Soja und Gen-Mais an Tieren häufig zu Unfruchtbarkeiten und Fehlgeburten gekommen. Oft auch im Zusammenhang mit Glyphosat. Das Herbizid, erklärte Huber im Herbst 2010 auf einer Vortragsreise durch Deutschland,[24] zerstöre viele Mikroorganismen im Boden und binde Nährstoffe, die dann den Pflanzen nicht mehr zur Verfügung stünden. Dadurch gerate das Nährstoffsystem im Boden aus dem Gleichgewicht und lasse die Pflanzen anfälliger werden für Krankheiten. Glyphosat begünstigt laut Huber Pathogene des Bodens und werde mittlerweile mit dem vermehrten Auftreten von über vierzig Pflanzenkrankheiten in Verbindung gebracht. Huber: »Wir haben in letzter Zeit eine Verschlechterung der Pflanzengesundheit bei Mais, Sojabohnen, Weizen und anderen Kulturen festgestellt.« Die gestörte Bodenfruchtbarkeit durch das Herbizid könne zu einer erhöhten Krankheitsanfälligkeit der Pflanzen führen.

# Vom Ackerland zur Wüste

Maisfelder, so weit das Auge reicht. Die mannshohen Pflanzen mit den gelben Körnerkolben prägen die landschaftliche Einöde in den US-Staaten Iowa, Indiana, Illinois und Ohio. Maisgürtel (»corn belt«) heißt die triste Region im mittleren Westen, zu der auch Teile von South Dakota, Nebraska, Kansas, Michigan, Missouri und Kentucky gehören. Am Beispiel der riesigen Einheitsfelder demonstrieren Gentechnik-Kritiker unter den Agrarwissenschaftlern gern, welche Folgen der langjährige Anbau von Monokulturen hat, die durch den Anbau von GV-Pflanzen noch verstärkt werden. Diese Folgen sind in der Tat dramatisch.

Die Erdkrume ist zu großen Teilen abgetragen, die Böden sind ausgelaugt, der jahrelange Anbau nur einer Getreidesorte hat den Befall mit Unkräutern und Schädlingen gefördert, die mit immer höheren Dosierungen von Toxinen und Herbiziden bekämpft werden müssen. Überdüngung, Bodenverdichtung und Erosion sind weitere Ursachen der zunehmenden Dürre. Die industrialisierten Monokulturen, in denen es keine Fruchtfolge mehr gibt, haben das Land in eine Agrarsteppe verwandelt. Der Sauerstoffmangel in den Böden und die gewaltigen Mengen an Industriedünger lassen gefährliche Emissionen von Lachgas entstehen, dessen Wirksamkeit am Treibhauseffekt 295-mal größer ist als der von Kohlendioxid.[25] »Auf diesen Äckern gibt es keinen Humus mehr«, sagt Professor Jürgen Heß, Fachgebietsleiter ökologischer Land- und Pflanzenbau an der Uni Kassel: »Das braucht Jahrzehnte, bis man auf diesen Böden wieder ökologischen Landbau betreiben könnte.« Auch für das Umweltbundesamt ist es höchste Zeit zum Umdenken. Die Stickstoffeinträge in den Boden, verlautet aus der Behörde, müssten generell gemindert und die Fläche des ökologischen Landbaus ausgeweitet werden.[26] Die Monokulturen haben im Maisgürtel sogar zu klimatischen Veränderungen geführt. »Die Luft ist im Laufe der Jahre sehr viel trockener geworden«, sagt der Schweizer Wissenschaftler Niggli, »steigende Temperaturen haben das Klima so verändert, dass der Wasserhaushalts massiv gestört ist. Das ist der Beginn einer Wüstenbildung.«

Das Desaster mit den Monokulturen ist das Ergebnis einer verqueren wirtschaftlichen Logik: Mit genetisch veränderten Pflanzen, die mehrere Insektengifte produzieren und die zugleich mehrere Herbizide vertragen, werden zunehmend resistente Schädlinge und Unkräuter bekämpft. Gleichzeitig werden als Folge der jahrelangen Monokulturen immer mehr Ackerflächen in eine unfruchtbare Steppe verwandelt. Auf ihnen sprießen nur noch unter hohem Einsatz von Düngemitteln Nutzpflanzen aus der Erde. Am meisten profitieren von diesem Anbau Agrarkonzerne wie Monsanto, die überteuertes Saatgut, Spritzmittel und Düngemittel verkaufen.

Betroffen davon ist nicht nur der Maisgürtel. Der großflächige Anbau transgener Pflanzen hat auch anderswo große Verheerungen angerichtet. Eine Entwicklung, die erschauern lässt: vergiftete Äcker und Gewässer, eine dezimierte Artenvielfalt und resistente Pflanzenschädlinge. Bilder aber auch, die belegen, was die ungeheure Fleischproduktion in den USA und in Europa anrichtet. Vor allem in Südamerika. Die zunehmende Versteppung auf den unendlich weiten Ackerflächen in Brasilien, Argentinien, Uruguay und Paraguay ist verbunden mit menschlichen Tragödien. Durch die Rodung von Urwäldern für den RR-Soja-Anbau wurden Millionen Menschen vertrieben. Heute sind die verbliebenen Bewohner in den Regionen, in denen Großagrarier ihre Monsanto-Saaten auf den riesigen Feldern ausbringen, als Folge des hohen Gifteinsatzes zunehmend von Krankheiten betroffen.

Der Filmautor Pablo Paciuk aus Uruguay zeigte in Zusammenarbeit mit dem NABU in einem Dokumentarfilm, wie durch den Anbau von genmanipulierten Pflanzen sein Heimatland in eine Agrarwüste verwandelt wurde.[27] Durch die Abholzung von Regenwäldern und den massiven Einsatz von Herbiziden wurde systematisch die Umwelt vergiftet. Viele Menschen leiden an schweren Krankheiten, an Unfruchtbarkeit und erhöhter Kindersterblichkeit. Diese Folgen sind kaum bekannt, denn die Agrarlobby ist mit den Medien und dem Staat eng verflochten und sorgt dafür, dass diese Auswirkungen nicht transparent werden.

Der hohe Herbizid-Verbrauch ist gleichzeitig die Ursache für einen weltweiten großen Verlust der Artenvielfalt. Das zeigen mehrjährige Untersuchungen an über 260 Standorten mit herbizidresistenten Pflanzen in Großbritannien. Der hohe Gifteinsatz hat dort die Biodiversität von Pflanzen und Tieren auf und neben den Äckern erheblich reduziert. Mit dem Verlust der Wildkräuterflora ist auch der Lebensraum der auf neun Millionen Arten geschätzten, meist nützlichen Insekten wie Spinnen, Käfer und Bienen gefährdet. Die Störung dieser Ökosysteme fördert zugleich die Bodenerosion.[28] Zu ähnlichen Ergebnissen kamen wissenschaftliche Untersuchungen in Argentinien. Die rasante Zunahme der RR-Sojaflächen und die hohen Herbizid-Einwirkungen brachten dort viele Beikrautarten an den Rand des Aussterbens. Eine Auswertung von über dreißig Jahre lang erhobenen Daten in Großbritannien ergab ferner, dass bereits die Strukturveränderungen in der konventionellen Landwirtschaft zu einem starken Rückgang der Vogelpopulation geführt haben.[29]

# Eine Art »Tea-Party«

## Eingriff in die Baupläne des Lebens

»Mietmäuler« nennen Ärzte ihre Kollegen, die für ein fürstliches Honorar auf Kongressen der Pharmaindustrie Lobreden auf deren Produkte halten. Es gibt sie auch im Bereich der grünen Gentechnik, die Damen und Herren aus der Wissenschaft, die sich unkritisch und distanzlos für die Expansionsziele der Gentechnik-Multis einspannen lassen. Etliche von ihnen, Inhaber industriegesponserter Lehrstühle, häufig auch noch mit gutdotierten Forschungsaufträgen von einem oder mehreren Konzernen geködert, dominieren heute die wissenschaftliche Debatte über den Nutzen von GV-Pflanzen. In den Chor der Gentechnik-Enthusiasten stimmen zahlreiche junge Wissenschaftler ein. Sie haben erkannt, dass es hilfreich für die Karriere ist, vorbehaltlos für die neue Technologie einzutreten.

Hin und wieder trifft Christoph Then die Lobbyisten aus der Wissenschaft auf Tagungen und in Konferenzen. Sie ignorieren ihn meistens, wollen nicht mit ihm zusammen gesehen werden. Das könnte Getuschel geben. Da kann schnell jemand in den Verdacht geraten, heimlich doch kritische Gedanken gegen die grüne Gentechnik zu hegen. Gelegentlich wird Then von Teilnehmern heftig kritisiert. Ein nassforsches Eintreten für industrielle Positionen fördert das Wohlwollen ihrer Mentoren und das von Geldgebern. Manche Kritiker der grünen Gentechnik schreckt die Uniformität des Denkens auf diesen Veranstaltungen. »Zu bestimmten Kongressen«, sagt Angelika Hilbeck von der Eidgenössischen Technischen Hochschule in Zürich,»gehe ich schon nicht mehr hin. Viele der Teilnehmer glauben, die Wahrheit gepachtet zu haben. Sie sind zu einem respektvollen Umgang mit anderen Meinungen nicht in der Lage.«

So bewertet auch Then den Ablauf dieser Veranstaltungen, das hält ihn jedoch nicht von einer Teilnahme ab. Er will sich mit den gegenteiligen Positionen auseinandersetzen, auch wenn sie ihn nicht überzeugen. Then ist Geschäftsführer des im Jahre 2008 gegründeten Münchner Vereins Testbiotech, der sich der unabhängigen Folgenabschätzung in der Biotechnologie widmet. Der promovierte Veterinärmediziner hat nur kurze Zeit in seinem angelernten Beruf gearbeitet.»Die Vorstellung, dass es eines Tages Kühe von der Stange geben wird, mit von Gen-Designern angezüchteten Eigenschaften«, hat ihn so verschreckt, dass er sich fortan mit den Folgen dieser Entwicklung befasste.

Bis zur Gründung des Instituts arbeitete er jahrelang für Greenpeace Deutschland als Spezialist für die Agrogentechnik. Ein Gebiet, in dem er es mit viel Wissensdrang zu einem von den Umweltorganisationen hochgeschätzten Experten gebracht hat. »Die Biotechnologie«, sagt Then,»greift tief in die Baupläne des Lebens ein. Sie hat die Möglichkeiten, das Leben auf der Erde grundlegend zu verändern, in ökologischer, sozialer und ökonomischer Hinsicht. Leider aber sind Forschung und Risikoabschätzung in diesem Bereich weitgehend auf die Bedürfnisse der Industrie und die Förderung der Wirtschaft ausgerichtet.« Gentechnisch veränderte Organismen sollen im Interesse der Industrie als Saatgut, Lebens- und Futtermittel oder Biomasse eine weltweite Verbreitung finden. Then:»Das erfordert ein hohes Schutzbedürfnis von Umwelt und Verbrauchern.« Und dafür macht er sich stark.

Als Gegner betrachtet oder gar gefürchtet zu werden ist auch eine Form von Anerkennung. Diesen Status hat Then mit seinen nicht zu widerlegenden wissenschaftlichen Ergebnissen und

Kommentaren erreicht. Seine Studien sind Zeugnisse höchst problematischer Auswirkungen einer Agrotechnologie, die von ihren Lobbyisten auch weiterhin ungerührt als großer Fortschritt gepriesen wird.

Thens Erkenntnisse belegen hingegen, dass die Positionen vieler Anhänger der grünen Gentechnik nicht auf belegbaren Erkenntnissen beruhen, sondern überwiegend interessengesteuert sind. Eine der stereotyp vorgebrachten, aber längst widerlegten Behauptungen lautet, dass gentechnisch verändertes Getreide den Einsatz von Herbiziden verringern helfe oder ihn sogar überflüssig mache.

Den Lobbyisten passt Thens Aufklärungsarbeit nicht ins Konzept, denn er verstärke mit seiner Argumentation die allgemeinen Vorbehalte gegenüber der neuen Technologie. Manche der mit zäher Verbissenheit kämpfenden Protagonisten, engagiert in Organisationen wie der industrienahen InnoPlanta, verhalten sich wie Mitglieder einer Tea-Party-Bewegung, die auf Biegen und Brechen die grüne Gentechnik durchdrücken wollen. Argumente von Kritikern dringen nicht durch, Auswirkungen auf die Umwelt werden ignoriert. Mögen sie noch so bedenkenswert sein.»Diese Leute«, sagt ein Wissenschaftler, der aus Sorge vor Anfeindungen an seiner Universität nicht genannt werden möchte,»lassen bei ihrem Eintreten für die grüne Gentechnik geradezu fanatisch nur ihre Überzeugung gelten. Ich habe unter ihnen ein bedenkliches Maß von Meinungstotalitarismus festgestellt.« Eine Art»Tea Party« eben.

Leute wie Then gelten in diesem Kreis als grüne Aktivisten, denen kein Forum zur Verbreitung ihrer Meinung eingeräumt werden darf – jedenfalls nicht das Forum, in dem er eigentlich dringend gehört werden sollte: in der Zentralen Kommission für die Biologische Sicherheit (ZKBS), die nach dem Gentechnikgesetz Bundesregierung und Länder zu Anträgen gentechnischer Forschung und Produktion, zu Freilandversuchen und zum Verkauf und dem Gebrauch von GV-Produkten berät. Hubert Weinzierl, Präsident des Deutschen Naturschutzrings (DNR), hatte Then im Frühjahr 2010 als Mitglied für die ZKBS vorgeschlagen, um dort die Interessen des Naturschutzrings zu vertreten. Mit der Personalie aber löste der oberste Naturschützer einen heftigen Protest in der FDP aus.

Durch die »vorgeschlagene Person«, schrieb am 26. April 2011 die FDP-Bundestagsabgeordnete Christel Happach-Kasan in einem Brief an Weinzierl, werde »der Stellenwert des Naturschutzes in der Gesellschaft insgesamt gemindert«.[1] Then sei beruflich damit nicht befasst und verfüge auch nicht über ein Grundlagenwissen in diesem Bereich. Eine Begründung, die seltsam anmutet. Schließlich dient Then mit seiner Aufklärung in erster Linie dem vorbeugenden Naturschutz.

Happach-Kasan sieht das anders, auch anders als Weinzierl. Sie teile nicht dessen kritische Haltung zu gentechnisch veränderten Organismen, schrieb sie dem DNR-Präsidenten. »Die mangelnde Akzeptanz für den Anbau gentechnisch veränderter Pflanzen ist keine gute Entscheidung für den Natur- und Umweltschutz in Deutschland und Europa«, verkündete die Liberale im Ton der Gewissheit, dass es sich so verhält und nicht anders. Allerdings bemüht sich Klientelpolitik der Parteien auch nicht sonderlich um Differenzierungen. Die Pflanzenbiotechnologie, argumentierte denn auch die Freidemokratin, habe verschiedene Potenziale, die den »Anforderungen des Naturschutzes an die Landbewirtschaftung entgegenkommen«. Als Beispiel erwähnte sie »Bt-Pflanzen, die beim Baumwollanbau zu deutlichen Einsparungen von Pflanzenschutzmitteln geführt haben«. Die FDP-Abgeordnete hat damit die wohlklingenden Argumente der Industrie übernommen, und die haben in Berlin ein höheres Gewicht als kritische Stimmen. Einer wie Then stört dort nur. Folgerichtig hat denn die Gentechnik-Lobby durchgesetzt, dass Then an den ZKBS-Sitzungen nicht teilnehmen darf.

# Bt-Toxine und ihre Folgen

Die von Happach-Kasan so gelobten Bt-Pflanzen stehen seit zwanzig Jahren im Mittelpunkt kritischer Diskussionen. Von ihnen gehen nach neueren wissenschaftlichen Erkenntnissen Risiken für Menschen und Tiere aus. Bt-Pflanzen tragen das Gift direkt in sich: Es sind Toxine, die von den Forschern der Multis vor allem in Mais und Baumwolle eingesetzt werden, um sie vor Schädlingen zu schützen. Benutzt werden Gene aus Bodenbakterien (Bacillus thuringiensis, abgekürzt Bt), die genetisch verändert in das Genom von Pflanzen übertragen werden. Die Gen-Manipulateure von Monsanto haben die Gifte aus dem Boden in einige Pflanzen transferiert. Bt-Toxine kommen mittlerweile überwiegend in Mais- und in Baumwoll-Pflanzen zum Einsatz. Bodenbakterien der Gruppe Bacillus thuringiensis enthalten etwa zweihundert verschiedene Toxine mit jeweils unterschiedlicher Wirkung auf Schädlinge. Die Toxine mit der Bezeichnung Cry1 und Cry2 wirken gegen Raupen von Schmetterlingen wie den Maiszünsler und den Baumwollkapselwurm. Mit Cry3-Toxinen werden Käferlarven wie die des Wurzelbohrers bekämpft. Cry1, Cry2 und Cry3 sind in Pflanzen allerdings nicht identisch mit den Toxinen der Bakterien. Sie sind in ihrer Struktur teilweise verändert. Experten wie Then und die Züricher Wissenschaftlerin Hilbeck, aber auch Mitarbeiter verschiedener EU-Länder weisen immer wieder darauf hin, dass diese Toxine in Nutzpflanzen eine andere Wirkung entfalten können als im Boden. Es bestehe daher noch viel Aufklärungsbedarf über den Einsatz von Bt-Giften in der Landwirtschaft.

Eine Reihe gefährlicher Krankheitserreger sind nach wissenschaftlichen Studien in der Wirkungsweise denen der Bodenbakterien ähnlich, und das bedingt intensive Untersuchungen zur Abschätzung der Risiken. Bislang gibt es aber noch kein ausreichendes Wissen darüber, wie hoch der Gehalt an Bt-Toxinen in GV-Nutzpflanzen unter verschiedenen Umweltbedingungen tatsächlich ist. Bereits kleine Veränderungen an der Struktur der Toxine genügen nach wissenschaftlichen Erkenntnissen, um deren Wirksamkeit extrem zu steigern. Bt-haltige Pflanzen bekämpfen nicht nur bestimmte Schädlinge, sie schaden auch, wie Hilbeck an Fütterungsversuchen mit nützlichen Insekten nachgewiesen hat, Florfliegen- und Marienkäferlarven.[2] Gerade Marienkäfer gelten als natürliche Feinde vieler Schädlinge. Weitere Untersuchungen haben zudem Hinweise darauf gebracht, dass Bienen durch Bt-Toxine geschädigt werden, wenn sie bereits durch Krankheitserreger geschwächt sind.

Die riesigen Agrarmonokulturen für Bt-Mais und Bt-Baumwolle in den USA und in Südamerika sind weit genug entfernt, dass deren Auswirkungen in Europa keinem großen Publikum, sondern nur einem kleinen Kreis von Fachleuten bekannt sind. Das macht es Lobbyisten wie Christel Happach-Kasan leicht, Vorzüge der grünen Gentechnik zu preisen, die Nachteile aber zu negieren – wie die Risiken der Bt-Pflanzen für die menschliche Gesundheit. So haben kanadische Wissenschaftler der Universität Sherbrooke in Quebec Bt-Belastungen auch an Menschen nachgewiesen.[3] Sie hatten das Blut von 39 gesunden, nicht schwangeren Frauen und von 30 kurz vor der Entbindung stehenden Frauen untersucht. Bei 63 Prozent der Nichtschwangeren und bei 93 Prozent der Schwangeren wurde das Toxin Cry1Ab nachgewiesen. Acht von zehn Neugeborenen hatten ebenfalls das Bt-Toxin im Blut. Warum Schwangere häufiger betroffen waren, konnte noch nicht geklärt werden.

Für Menschen seien über Nahrungsmittel aufgenommene Bt-Toxine nicht schädlich, hatte noch ein Jahr zuvor die US-Umweltbehörde EPA in Stellungnahmen behauptet. Denn die Toxine würden im Darm zersetzt, sie führten daher auch nicht zu einer körperlichen Belastung. Es bestehe daher auch keine Notwendigkeit, die chronische Toxizität zu testen. Eine typische Ignoranz amerikanischer Behörden gegenüber der Gefährdung durch Agrargifte, deren schädliche Wirkungen in Tierversuchen längst nachgewiesen wurden. Die Fütterung von Mäusen mit Gen-Mais und dem Bt-Toxin CryiAb ergab beispielsweise auffällige Immunreaktionen.[4] Versuche an Ratten mit dem Bt-Toxin CryiAb in genetisch verändertem Reis erbrachten ähnliche Wirkungen.[5] In dieser Studie wurde auch von verschiedenen Tests mit Menschen berichtet, die mit CryiAb in Kontakt gekommen waren und ebenfalls deutliche Reaktionen des Immunsystems zeigten. Eine Untersuchung französischer Forscher erbrachte an Versuchstieren Hinweise auf eine Schädigung von Leber und Nieren durch Bt-Gifte.[6]

Alarmierender noch sind neueste Erkenntnisse, nach denen Bt-Toxine sogar menschliche Zellen schädigen können. Das haben französische Wissenschaftler der Universität Caen in einer aktuellen Studie nachgewiesen.[7] Bei ihren Experimenten war Bt-Mais der Sorte MON810 verwendet worden. Das Ergebnis widerlegt Behauptungen von Monsanto und anderen Herstellern von GV-Pflanzen, wonach das Gift ausschließlich bei bestimmten Insekten, nicht aber bei Menschen wirksam sei. Fachleute bewerten die Untersuchung unter der Leitung von Gilles-Eric Seralini als weiteren Beleg dafür, dass von den GV-Pflanzen gesundheitliche Gefahren ausgehen. Eine weitere Bestätigung auch dafür, dass die Risikoprüfungen in der EU zu lasch sind.

Die Erkenntnisse aus Caen verlangen dringend nach Fütterungsversuchen, denn immerhin sind die Pflanzen nicht nur als Tierfutter, sondern auch zur Verwendung in Lebensmitteln zugelassen. Zwar fordern die Experten verschiedener EU-Mitgliedsländer schon seit Jahren regelmäßig weitergehende Untersuchungen, durchgesetzt aber wurden sie nicht. Eine fahrlässige Kumpanei mit der Industrie, der die Gewinne wichtiger sind als eine umfassende Gefahrenabschätzung für Mensch und Tier.

Konzerne und die Anhänger transgener Pflanzentechnik betonen bei jeder Gelegenheit, wie ungefährlich der Anbau von GV-Getreide und seine Verwertung als Lebens- und Futtermittel sind. Wenn dem wirklich so ist, müssten die Manager durch unabhängige wissenschaftliche Gutachten äußerst interessiert an dem Nachweis sein, dass von den Bt-Toxinen keine Gefahren für Mensch und Tier ausgehen. Damit könnten sie einen Teil der Vorbehalte gegenüber ihrem Getreide ausräumen. Doch die Industrie verweigert derartige Kontrollen. Ohne Genehmigung des Herstellers dürfen sich unabhängige Wissenschaftler nicht einmal die Proben eines GV-Saatgutes beschaffen, um an ihnen die Folgen für Mensch und Tier zu prüfen. In den USA begründen die Firmen diese restriktive Haltung mit dem Patentschutz. Auch in Europa haben Wissenschaftler und sogar Behörden immer wieder Probleme, an Proben zu kommen.

## Die Natur wehrt sich

Die EU-Kommission und die Mehrheit der nationalen Regierungen haben sich mehrfach für eine bessere Risikoprüfung unter Einbeziehung von Langzeitfolgen ausgesprochen. Bislang aber haben sie sich nicht gegen die europäische Behörde für Lebensmittelsicherheit EFSA und die Industrie durchsetzen können. Mit diesem Verhalten vermitteln die verantwortlichen Politiker den fatalen Eindruck, sich aus der Verantwortung gegenüber den Verbrauchern geschlichen zu haben. Wenn Minister und deren Kontrolleure die von der Agrogentechnik ausgehenden Gefahren einfach ignorieren, wie soll dann ausgerechnet von den Herstellern ein verantwortungsvoller Umgang mit Giften erwartet werden? Bei so vielen Freiräumen können sich die Konzerne nahezu alles erlauben – und das nutzen sie zur Expansion weidlich aus.

Die Industrie kann mit der gegenwärtigen Situation mehr als zufrieden sein. Das Geschäft hat nämlich einen für die Gentechnik-Multis äußerst nutzbringenden, für die Umwelt dagegen einen extrem fatalen Kreislauf in Gang gesetzt. Weil mit der Zeit Schädlinge gegenüber Bt-Toxinen ebenso wie Unkräuter gegen Spritzmittel resistent werden, kommen ständig mehr Gifte zum Einsatz. Resistente Schädlinge oder neue Schädlingspopulationen sind aus allen großen Anbauregionen in Afrika, China, Indien, Südamerika und den USA bekannt. Die Landwirte dort klagen immer häufiger über Ernteausfälle durch besonders aggressive und gegenüber Bt-Giften resistente Raupenarten. In den USA wurde im September 2011 erstmals auch über Resistenzen bei Käferlarven berichtet, die die Wurzeln von Maispflanzen befallen. Eine absurde Entwicklung, hatten doch die Konzerne ihren Kunden weltweit mit den Bt-Toxinen eine wirkungsvolle Waffe versprochen, eine Waffe auch gegen den gefürchteten Maiszünsler. Dieser Schädling hatte sich in den letzten Jahren auf den Maismonokulturen stark verbreitet.

Höchste Zeit für Gegenmaßnahmen. Die aber erwiesen sich als eine Verschlimmbesserung. Zwar wurde die gefürchtete Raupe vorübergehend mit Bt-Toxinen erfolgreich bekämpft, danach aber kam es auf den Maisfeldern zur Invasion eines neuen Vielfraßes. Der Western Bean Cutworm, der bis dahin fast hauptsächlich Bohnen befiel, machte sich nun verstärkt über die Maispflanzen her und verursachte teilweise erhebliche Schäden. Seit 2004 melden Farmer aus Iowa, Illinois, Minnesota, Indiana, Ohio und Missouri eine ihre Ernte bedrohende Ausbreitung des Western Bean Cutworms. Befallen sind hauptsächlich Gen-Maisfelder. Denn die Bt-Toxine im Mais sind nicht nur giftig für den Maiszünsler, sie vernichten auch die Raupe des Baumwollkapselbohrers (Corn Earworm). Diese Raupe ist ein natürlicher

Feind des Western Bean Cutworms, der gegen die Gifte der weltweit am häufigsten angebauten Bt-Maissorte MON810 weitgehend unempfindlich ist und nunmehr ungehindert über die Pflanzen herfallen kann.[8]

Ein Dilemma, das neben Monsanto auch Konzerne wie DuPont beklagen. Deren Tochterfirma Pioneer Hi-Bred spricht in ihrer Firmenzeitschrift das Problem offen an. Durch »den Anbau von Bt-Mais und die Verdrängung bestimmter Schädlinge ist eine Lücke entstanden, in der neue Insekten gedeihen.« Weitgehend ohne Fresskonkurrenten können sie sich besonders gut entfalten und verursachen größere Ernteausfälle als die anderen Raupenarten.[9] Selbst die Konzerne können das Drama nicht mehr schönreden. Fachleute in Nebraska sprechen mittlerweile von Schäden an den Maiskolben von bis zu 60 Prozent,[10] und Dow AgroSciences selbst warnte vor Ernteausfällen von bis zu 50 Prozent.[11]

Wieder einmal zeigte die Natur, dass sie nicht so einfach zu überlisten ist. Aber auch die Farmer machten eine Erfahrung, die für Monsanto und Co. gefährlich werden könnte. Von den großartigen Versprechungen der Industrie war nicht viel übrig geblieben, und damit drohte den Konzernen ein weiterer Verlust ihrer Glaubwürdigkeit. Um die Kunden zu halten, musste dringend etwas geschehen. Die Gentüftler in den Konzern-Laboren bestückten daraufhin die Gift-Kanonen mit neuen, weit stärkeren Kalibern. Sie kreuzten die verschiedenen Bt-Pflanzen und addierten damit die Gifte. Die Kreuzungen erhielten die Bezeichnung Stacked Events. Gemeinsam mit Dow AgroSciences und Pioneer hat Monsanto einen Stacked-Events-Mais entwickelt, der sechs verschiedene Bt-Toxine produziert und mehrere Resistenzgene für Herbizide enthält. Damit ist der Einsatz gleich mehrerer Spritzmittel möglich.

Mit den hochtoxischen Mischungen wird die Giftspirale weiter nach oben geschraubt, und damit erreichen zugleich auch die

Folgen neue Dimensionen. Ein Ende dieser Entwicklung ist nicht absehbar, im Gegenteil: Monsanto und die Konkurrenz expandieren ungebremst mit ständig neuen Pflanzentypen und neuen Giftmischungen, deren Schadenspotenzial gewaltig ist. Wie bei den Bt-Kreuzungen. Eine dieser bedenklichen Stacked-Events-Kreationen ist Monsantos Maissorte mit der Bezeichnung SmartStax, die seit 2009 in den USA angebaut wird. Die Ernten des SmartStax sollen demnächst auch in Europa verfüttert werden. Die Hersteller haben dafür in Brüssel die Zulassung für den Import und die Verarbeitung beantragt. Und wie nicht anders zu erwarten, hat die industriefreundliche EFSA bereits ein positives Votum für die Einführung von mehreren Maisvarianten mit Stacked Events abgegeben.[12] Die EU-Kommission hat bereits einige von ihnen zugelassen: im Juni 2011 einen Mais von Monsanto, der drei verschiedene Insektengifte produziert und gegenüber Glyphosat resistent ist, und wenige Monate später eine Maissorte von Syngenta, die ebenfalls verschiedene Toxine produziert.

Farmer in den USA und Kanada setzen große Hoffnungen auf Entwicklungen wie SmartStax. Der neue GV-Mais wurde ihnen als einzige Lösung gegen die Ausbreitung neuer Schädlinge wie des Western Bean Cutworm gepriesen. Große Versprechungen haben es jedoch häufig an sich, dass sie sich als große Enttäuschungen entpuppen. Pioneer-Eigentümer DuPont hat dagegen vorgesorgt und preist weitere Mittel gegen Schädlinge wie den Cutworm an: das Insektizid Asana. Es enthält Methyl-Parathion, das von der Weltgesundheitsorganisation als besonders giftig eingestuft wurde. Die Substanz steht wegen ihres hohen Gefährdungspotenzials sogar auf der Liste der Rotterdamer Konvention von 1998. Sie verpflichtet die Vertragsstaaten, andere Länder über den Erlass von Verboten oder Beschränkungen in der Anwendung bestimmter Chemikalien zum Schutz von Landwirten und Konsumenten zu informieren. Aber auch andere neuentwickelte Spritzmittel enthalten schwere Gifte wie

Zeta-Cypermethrin und Carbaryl. Beide Stoffe stehen im Verdacht, krebserregend zu sein.

Die Industrie bietet ein gewaltiges Instrumentarium von chemischen Keulen auf. Dazu gehören auch Bifenthrin und Lambda-Cyhalothrin, hormonell wirkende Substanzen, die wie alle diese Spritzmittel auch die Nervenzellen schädigen. Acht von insgesamt zehn aufgelisteten Insektiziden, die DuPont als zusätzliche Mittel gegen Schädlinge anbietet, gelten nach der EU-Klassifizierung als äußerst giftig für Wasserorganismen, neun Substanzen sind sehr giftig für Bienen, zwei hochgefährlich für Vögel, die meisten haben zudem auch eine hohe Halbwertzeit in der Umwelt.[13]

Ein lohnendes Geschäftsmodell: Konzerne wie Monsanto und DuPont treiben Landwirte mit ihrem GV-Saatgut und ihren Herbiziden und Insektengiften immer weiter in die Abhängigkeit und machen auf diese Weise doppelt und dreifach Kasse. Gerade bei Bt-Giften ist ein Ende des Wettrüstens nicht absehbar. So haben der Industrie nahestehende Gentech-Experten angekündigt, dass bereits im Jahre 2015 bis zu 24 verschiedene Bt-Events zugelassenen sein könnten. Nach der Stein-Studie[14] sind in den nächsten Jahren Hunderte von Bt-Events-Mischungen möglich. Und das bedeutet weitere Rückstände und Giftcocktails in der Nahrungsmittelkette.

Die negativen Erfahrungen mit Bt-Pflanzen nehmen weltweit zu. In Indien stand Monsanto mit seiner Tochterfirma Mahyco bereits kurz vor der Zulassung von transgenen Auberginen für den menschlichen Verzehr, dann setzte 2010 die Regierung die Zulassung aus. Denn Fütterungsversuche an Ratten mit dem lila Gemüse, dem das modifizierte Bt-Toxin Cry1Ac eingeschleust wurde, haben im Jahre 2010 bedenkliche Ergebnisse gebracht. Die Studie ergab Hinweise darauf, dass der Verzehr der Monsanto-Auberginen Schäden an Leber und Nieren zur Folge hatte.[15]

# Öko-Desaster Bt-Pappel

Auch China setzt auf Bt-Pflanzen. In der Küstenregion entlang des Jangtsekiang und in der nordwestlichen Provinz Xinjiang werden kommerziell transgene Bäume angebaut, hauptsächlich Pappeln, die besonders schnellwüchsig sind. Die Bäume produzieren und verbreiten während ihrer gesamten Lebensdauer ein Insektengift. Über eine Million genetisch veränderter Schwarzpappeln, die das Bt-Toxin vom Typ Cry1Ac produzieren, wurden seit Anfang der 1990er Jahre in China angepflanzt. »Hier wurde ein Experiment begonnen«, sagt Then, »das sich über Jahrtausende auf die Ökosysteme und die weitere Evolution auswirken kann.«[16]

Pappeln erreichen häufig ein Alter von einhundert Jahren, je nach Art können sie sogar bis zu vierhundert Jahre alt werden. Sie sind sehr widerstandsfähig und überstehen besser als andere Gehölzarten Überflutungen und andere Naturkatastrophen. Pappeln gelten als »windblütig«, ihre Pollen und Samen werden durch die Luft teilweise über große Distanzen verbreitet. Weibliche Pappeln können pro Jahr zwischen 25 und 50 Millionen Samen (Pappelwolle) erzeugen. Im Jahre 2007 wurden in einer atmosphärischen Staubwolke von der Ukraine bis ins 2000 Kilometer entfernte Mitteleuropa kleine Partikel transportiert, darunter auch Pappelpollen in relativ großer Anzahl. Pappelsamen werden auch durch Bäche und Flüsse über größere Entfernungen transportiert und bleiben danach noch fruchtbar. Sie vermehren sich zudem über Wurzelschösslinge, Stecklinge und sogar über Schwemmholz. Die Ausbreitung von Pappeln ist folglich nur schwer zu kontrollieren und beeinflusst nicht nur das Ökosystem der näheren Umgebung.

Wissenschaftler haben herausgefunden, dass Samen und Pollen mit steigenden Temperaturen durch verstärkte Luftturbulenzen in immer größere Höhen und über immer weitere Strecken transportiert werden. Damit ist die Gefahr von Auskreuzungen mit Wildpappeln sehr hoch. Noch gibt es keine Hinweise darauf, welche Wechselwirkungen auftreten können zwischen den zusätzlichen Transgenen und den natürlichen Genen der Wildpappeln. »Wird zum Beispiel der Stoffwechsel durch zusätzliche Trans-Gene, Eiweißstoffe und deren Metaboliten gestört«, warnt Then, »kann es zu einer Schwächung der Abwehr- und Schutzmechanismen innerhalb der natürlichen Pappelbestände kommen.«

Manche der Plantagen mit transgenen Pappeln haben in China mittlerweile das Alter von fünfzehn Jahren erreicht, Zeit für den Holzeinschlag. Aus den Wurzelschösslingen aber kann eine neue Generation transgener Pappeln heranwachsen, ihre Verbreitung ist kaum mehr zu stoppen. »Die Situation in China«, sagt Then, »muss als ökologische Zeitbombe angesehen werden.« Experten vergleichen die Lage mit der von genetisch verändertem Raps in Nordamerika, der in seiner Ausbreitung nicht mehr zu kontrollieren ist. Auch Rapspollen können viele Kilometer weit getragen werden. Transgener Raps hat sich in den USA und Kanada innerhalb weniger Jahre so stark verbreitet, dass konventionelle Arten nicht mehr ohne GV-Anteile auf den Markt kommen.

Bt-Pappeln richten im Ökosystem noch größere Schäden an. Deren Toxine können sich wie beim Mais über die Wurzeln und auch über die Zersetzung der Blätter und anderer pflanzlicher Bestandteile im Boden ausbreiten. Wissenschaftler warnen zudem vor der Gefahr genetischer Instabilitäten,[17] die bei GV-Bäumen wegen des hohen Alters, das sie erreichen, massiver auftreten können als bei Ackerpflanzen. Ihre Reaktion auf Umwelteinflüsse und wachsende klimatische Einflüsse während der unterschiedlichen Altersphasen sind bislang kaum erforscht, denn die implantierten künstlichen Gene können nach zehn, fünfzig oder hundert Jahren anders wirken als zu Beginn. Wegen der langen Lebensdauer von GV-Pappeln ist ferner mit einer zunehmenden Resistenz der Schädlinge zu rechnen.

Offiziell werden die Probleme in China nicht diskutiert. Experten vermuten jedoch, dass die nicht zu beherrschenden Gefahren, die von den transgenen Pappeln ausgehen, Pekings Planer veranlasst haben, die seit Jahren angekündigte Zulassung von Bt-Reis nicht zu erteilen. Schlechte Erfahrungen haben die Chinesen auch mit dem Anbau von Bt-Baumwolle gemacht. Die Regierung in Peking berichtete bereits 2006, dass nach anfänglichem Rückgang der Verbrauch von Insektiziden auf den Feldern mit GV-Baumwolle wieder stark angestiegen sei. Zudem breiteten sich neue, aggressive und gegenüber Giften resistente Schädlinge auf den Plantagen aus und verursachten immer höhere Ernteausfälle.

»Schädlinge können dort gedeihen«, zitiert die angesehene Fachzeitschrift *Nature* im Jahr 2008 einen Wissenschaftler des internationalen Reis-Forschungszentrums IRRI, »wo die biologische Vielfalt gefährdet ist. Warum versuchen wir nicht, die Umwelt so zu verändern, dass die Biodiversität gefördert wird, anstatt Pflanzen gentechnisch zu verändern?« Eine berechtigte Frage. Längst ist wissenschaftlich bewiesen, dass der Fruchtwechsel vor großem Schädlingsbefall schützt, während Monokulturen diese Gefahren geradezu potenzieren.

Das belegen auch Untersuchungen in den USA. Vor Einführung von genetisch verändertem Mais haben nur 5 Prozent der Farmer zur Bekämpfung des Maiszünslers Insektizide eingesetzt.[18] Das ist ein Hinweis darauf, dass durch den GV-Mais das Schädlingsproblem sogar noch zugenommen hat. Und bis heute ist nicht einmal ansatzweise geklärt, welche Langzeitfolgen der Anbau der Bt-Pflanzen hat. Die in den Pflanzen produzierten Gifte unterscheiden sich von den in der Natur vorkommenden Toxinen in ihrer Struktur zum Teil erheblich. Auch ist mit bedenklichen Wechselwirkungen zwischen den verschiedenen Toxinen zu rechnen. Wissenschaftler haben zudem herausgefunden, dass Enzyme, Antibiotika, Schwermetalle und Herbizide die Wirkung der Bt-Toxine erheblich verstärken können, das hat Thens Institut nach Auswertung Dutzender Publikationen dokumentiert.

Bt-Gifte werden in verschiedenen gentechnisch veränderten Pflanzen in Kombination mit Genen eingesetzt, die Pflanzen gegenüber Herbiziden unempfindlich machen. Die Rückstände dieser Spritzmittel und die Kombination verschiedener Bt-Toxine in den Pflanzen vergrößern jedoch die Risiken für die Umwelt und die menschliche Gesundheit erheblich. Die Gefahren sich potenzierender Effekte sind wissenschaftlich belegt. So wurde in einer Studie[19] nachgewiesen, dass die Wirkung der kombinierten Toxine Cry1Ab und Cry1Ac auf die Raupe von Schädlingen höher ist als ihr addiertes Giftpotenzial. Die Giftwirkung lässt sich demnach nicht allein durch die Untersuchung der einzelnen Stoffe vorhersagen. Die Risiken der kombinierten Wirkungen für Mensch, Tier und Umwelt müssten in Experimenten genau untersucht werden.

Die EFSA aber hat Effekte dieser Art bei der Bewertung beispielsweise von SmartStax ausgeschlossen. Sie ignoriert auch die Ergebnisse von Fütterungsversuchen an Ratten, die nach Aussagen einiger Experten aus den EU-Mitgliedsländern genauer untersucht werden müssen, schließlich haben sie Hinweise auf Nierenschäden ergeben. Weitere Studien haben außerdem Reaktionen des menschlichen Immunsystems auf Cry1Ac nachgewiesen: Das Toxin kann dadurch die allergene Wirkung anderer Stoffe erhöhen.[20]

# Monsanto manipuliert weiter

Sie prangern Betrügereien und Korruption an, geben Hinweise auf Politskandale und stürzen Prominente: Whistleblower. Mit ihren Hinweisen auf zerstörerische Prozesse leisten die Tippgeber aus dem Inneren des Systems wertvolle Dienste für eine demokratische Gesellschaft. Ohne Whistleblower wären die meisten Affären in der Wirtschaft nicht aufgedeckt geworden, aber auch nicht die vielen Missbrauchsfälle in kirchlichen Einrichtungen. Whistleblower waren es auch, die das durchgängig skrupellose Vorgehen von Monsanto einer schockierten Öffentlichkeit vor Augen führten. Adressat eines anonymen Hinweises von Anfang 2011 war das Münchner Testbiotech-Institut, wohlwissend, dass Then und seine Kollegen entschlossen genug sind, den Fall an den Pranger zu stellen. Zugespielt wurden den Gentechnik-Experten Ergebnisse von Untersuchungen, die Monsanto und Dow AgroSciences zu einem SmartStax-Mais in Auftrag gegeben hatten. Auf Basis dieser Ergebnisse hatten Monsanto und Dow die europäische Zulassung für ihre Bt-Maissorten als Lebens- und Futtermittel beantragt. Die internen Dokumente enthielten eine Menge brisanter Informationen, die Kritiker des Konzerns erneut darin bestätigten, dass dem US-Konzern nicht zu trauen ist. Denn Then und sein Koautor Andreas Bauer-Panskus entdeckten in den Unterlagen Hinweise auf getürkte Daten und eine Reihe von Merkwürdigkeiten. Die Unterlagen legen den Verdacht nahe, dass die Angaben über die Risiken von SmartStax geschönt worden waren. Für Testbiotech der Anlass, die von der Maissorte ausgehenden Gefahren neu zu bewerten.[21]

»Die Dossiers der Industrie«, stellten die Autoren fest, »zeigen gravierende Mängel beim Aufbau der für die EU-Zulassung erforderlichen Versuche und auch Fehler bei der Datenauswertung.« Und nicht nur das, sie fanden außerdem »Hinweise auf eine Manipulation der Daten«.²² So hatten Then und Bauer-Panskus einem Dokument entnehmen können, dass bei der Untersuchung der SmartStax-Risiken durch eine zusätzliche Kontrolle sichergestellt wurde, »dass die Daten den Erwartungen entsprachen«. Alle Versuche und Messungen wurden in Monsanto-Laboren durchgeführt, unabhängige Wissenschaftler und Institute waren nicht beteiligt.

Wie leicht es ist, eine EFSA-Genehmigung zu erhalten, ergibt sich aus den vorbereitenden Untersuchungen von Monsanto zu SmartStax. Fütterungsversuche wurden zwar veranlasst, sie galten allerdings nicht den möglichen gesundheitlichen Risiken, sondern ausschließlich der Untersuchung der Futterverwertung der neuen Maisvariante. So verabreichten Monsanto-Wissenschaftler in einem 42 Tage dauernden Versuch 900 Broilern Futtermittel von acht verschiedenen Maisvarianten. Hundert Tiere wurden mit SmartStax, die übrigen mit konventionellem Mais gemästet. Untersucht wurden lediglich Parameter wie Schlachtgewicht, Eiweiß- und Fettgehalt.²³

»Es liegt die Vermutung nahe«, folgern die beiden Experten nach der Analyse der internen Konzern-Dokumente, »dass die Industrie eine sorgfältige Risikoabschätzung zu SmartStax unterlaufen will.« Die von Then überprüften Unterlagen liegen auch der EFSA und den EU-Mitgliedsländern zur Risikobewertung vor. Wenn schon Then und seinem Kollegen die Manipulationen aufgefallen sind, dürften sie einer so großen Expertencrew wie der in der EFSA gewiss nicht entgangen sein. Die Behörde, die zudem noch für die Lebensmittelsicherheit zuständig ist, hätte sofort handeln müssen.

Die EU-Kontrolleure sahen keinen Grund, die vorgelegten geschönten Konzern-Berichte nicht zu akzeptieren. Sie fanden im Gegenteil die von Testbiotech kritisierten Unterlagen so überzeugend, dass von ihnen keine weiteren Untersuchungen verlangt wurden. Die EFSA-Experten begründeten ihre Entscheidung damit, dass es für die Risikoabschätzung von SmartStax genüge, die Daten der GV-Pflanzen zu bewerten, die als Ausgangssorte für die Entwicklung der neuen Bt-Maispflanze genutzt wurden – eine Einschätzung, die für Then nicht nachvollziehbar ist. Von unabhängigen Wissenschaftlern begleitete Fütterungsversuche hätten Hinweise auf Risiken erbracht. Then wirft denn auch der EU-Behörde vor, sich durch ihre Fahrlässigkeit und ihre falschen Schlussfolgerungen willfährig gegenüber der Branche zu verhalten. Und wie zur Bestätigung des Vorwurfs einer zu großen Industrienähe lehnte die Behörde Forderungen einiger Mitgliedsländer nach mehr Daten und Fütterungsversuchen zu SmartStax kategorisch ab.

Die Ignoranz der EU-Aufseher gegenüber den verständlichen Forderungen nach höheren Sicherheitsstandards weckt zunehmend Kritik in einigen Ländern. Dort wächst der Unmut darüber, dass viele mit der Nutzung gentechnisch veränderten Getreides auftretende Probleme von der EFSA im besten Falle unterbewertet werden. Bestes Beispiel: SmartStax. In den einzelnen Maispflanzen kann der Gehalt an Insektengiften um das Zehn- bis Zwanzigfache variieren, stellte Testbiotech fest. Das bedeutet, dass von den extrem schwankenden Giftpotenzialen unkalkulierbare Gefahren ausgehen können. Diese Risiken sind letztlich nicht, wie bei der EFSA-Prüfmethode oft üblich, aus theoretischen Überlegungen abschätzbar. Sie können letztlich nur durch eingehende Untersuchungen wie Fütterungsversuche ermittelt werden. Eine zum Schutz von Mensch und Tier unerlässliche Maßnahme. Schließlich gibt es bereits bei den Ausgangspflanzen von SmartStax nach Angaben des Instituts Hinweise auf gesundheitliche Gefahren.

Der Gentechnik-Experte weist zudem daraufhin, dass Umwelteinflüsse zu genetischen Instabilitäten und/oder zu einer Zunahme unerwünschter Inhaltsstoffe in den SmartStax-Pflanzen führen können. Bei verschiedenen genetisch veränderten Pflanzen seien diese unerwarteten Effekte bereits beobachtet worden. »Transgene Pflanzen«, sagt Professor Niggli, »verhalten sich im Gewächshaus völlig anders als im Feld.« Das haben auch wissenschaftliche Versuche an der Uni Zürich mit gentechnisch verändertem und gegen Mehltau resistenten Weizen ergeben. Im Gewächshaus hatten sich keine Auffälligkeiten ergeben, dagegen war der Ertrag im Freiland kräftig eingebrochen. Bei den Versuchen traten zudem völlig unerwartete Nebeneffekte auf wie ein verstärkter Befall mit Mutterkorn, einer giftigen Pilzkrankheit. Professor Niggli: »Das zeigt, dass von den Wissenschaftlern eine Sicherheit im Umgang mit der Gentechnik angenommen wird, die eigentlich nicht gegeben ist.«

Diese und ähnliche Erfahrungen und auch die wiederholten Hinweise auf die diversen Risiken haben die EU-Behörde nicht aus ihrer Prüflethargie aufscheuchen können. So gerät denn die EFSA bei kritischen Fachleuten zunehmend in den Verdacht, die Sicherheit der vielen Millionen EU-Bürger zugunsten der Expansionsziele der Industrie zu vernachlässigen.

# Die Herrschaft der Amigos

## Die Abnickerbehörde der EU

Monsanto ist nicht nur versiert darin, Ungemach von Regierungen abzuwenden, die Manager wissen auch, wie sie sich mit minimalem Aufwand durch die Zulassungsprüfung mogeln können. So reichen die konzerneigenen Untersuchungen zu SmartStax angeblich aus, um Risiken für Mensch, Tier und Umwelt auszuschließen. Während viele Fachleute diese Aussage bezweifeln, gab sich die EFSA damit zufrieden. In ihrer unkritischen Art plapperten die Kontrolleure ungeniert die Monsanto-Aussagen nach. SmartStax, erklärte die Behörde offiziell, sei im Hinblick auf seine Nahrungsmittelqualität und seine Sicherheit gleichwertig mit konventionellem Futtermais.

Es ist schon erschreckend, wie leicht es Konzerne haben, sich in der EU die Verwertung ihrer GV-Pflanzen genehmigen zu lassen. Einwände von Experten in den Mitgliedsländern Österreich, Belgien und Deutschland wurden schlichtweg ignoriert. Österreichische Fachleute hatten zuvor darauf aufmerksam gemacht, dass zur Beurteilung ihrer Risiken die in SmartStax enthaltenen »neuartigen Proteine« durch eine kombinierte Verabreichung in Tiermodellen untersucht werden müssten. »Sowohl die Insektengifte, die von den genetisch veränderten Pflanzen produziert werden«, hieß es in der Begründung aus Österreich,[1] »als auch die artfremden Proteine, die eine Toleranz gegenüber Unkrautvernichtungsmitteln verleihen, müssen in ihrer Gesamtheit als neue Eigenschaften der Pflanzen angesehen werden, die in den Lebewesen zu Wechselwirkungen führen können.« Arrogant ließen die Prüfer ihre österreichischen Kritiker abblitzen. »Die Gentechnik-Experten der EFSA«, teilte die Behörde mit, »halten es für unwahrscheinlich, dass irgendwelche Wechselwirkungen zwischen diesen Proteinen auftreten, die Anlass zu Bedenken geben könnten.«[2] Eine Behörde, deren Entscheidungen auf Annahmen beruhen, muss sich allerdings nicht wundern, dass sie zunehmend Misstrauen weckt.

Zunächst schien die EU-Kommission fest entschlossen, empirische Untersuchungen über die Effekte der vielen Giftmischungen auf dem Acker einzuführen. Sie wollte bereits im Jahre 2001, zu Beginn des Booms mit GV-Pflanzen, einen »Überwachungsplan«[3] aufstellen, um die Folgen durch gentechnisch veränderte Organismen (GVO) für die menschliche Gesundheit und die Umwelt zu ermitteln. Unerwartete schädliche Auswirkungen sollten durch regelmäßige Beobachtungen sofort aufgespürt werden. Ehrgeizige Pläne, aus denen aber nicht viel wurde.

Ein fahrlässiges Nichtstun. Wissenschaftler haben inzwischen nachgewiesen, dass Bt-Toxine von den Wurzeln der GV-Pflanzen ausgeschieden werden können und über Monate auf der Ackerfläche verbleiben. Zudem können Bt-Toxine sich im Nahrungsnetz anreichern und dabei eine höhere Konzentration erreichen als in der genetisch veränderten GV-Pflanze selbst.[4] Diese Wirkungsweisen wurden bislang nicht untersucht und somit auch nicht die möglichen gesundheitlichen Risiken, die mit dem Anbau dieser Pflanzen verbunden sind.

Noch im Jahr 2005 beklagte die Kommission, dass »überhaupt keine Informationen über den Konsum« gentechnisch veränderter Produkte vorhanden seien. In einer Stellungnahme gegenüber der Welthandelsorganisation WTO heißt es dazu: »Da keine Daten über die Exposition vorliegen, muss man im Hinblick auf häufige chronische Krankheiten wie Allergien und Krebs feststellen, dass keine Möglichkeiten der Abklärung darüber bestehen, ob die Einführung von gentechnisch veränderten Produkten irgendeinen Effekt auf die menschliche Gesundheit hat.«[5] Ein Versäumnis, das noch immer fortbesteht. Weder die EFSA noch die EU-Kommission haben dieses Defizit bisher beseitigt, die Behörde behielt unbeirrt ihren laschen Kurs bei. Eine genetisch veränderte Pflanze nach der anderen wurde zugelassen. 2008 forderte dann die Kommission die EFSA öffentlich auf, bei ihrer Bewertung von GV-Pflanzen mehr auf die Langzeitrisiken zu achten.[6] Auch dieser Appell führte zu keiner Kursänderung. Im Jahre 2008 forderte der Rat der EU-Umweltminister eine deutlich verbesserte Risikoprüfung. Die Zulassungsbehörde hat bis heute auch diese Empfehlung nicht umgesetzt. Die unverändert industriefreundliche Einstellung der EFSA schürt inzwischen den Verdacht, dass die EU-Kommission und einige nationale Regierungen das Verhalten der Behörde nicht nur tolerieren, sondern sogar gutheißen.

So müssen denn Monsanto, BASF, Dow und andere auch weiterhin nicht befürchten, dass ihnen die Behörde in den Zulassungsverfahren neuer Gen-Pflanzen mehr Hindernisse auftürmen könnte. Bisher wurden keine Anmeldungen zurückgewiesen. Auch offensichtlich unzureichende Unterlagen, die für neuere Anmeldungen wie die Bt-Maisvariante MON880934, die neuartige synthetische Toxine produziert, oder für SmartStax eingereicht wurden, hat die Behörde ohne Beanstandungen akzeptiert. Damit ist wieder einmal die EU vor dem Druck der Industrie, die ihre Produkte als alternativlos und unverzichtbar für die Landwirtschaft preist, eingeknickt. Eine Argumentation, die viele unabhängige Wissenschaftler nicht nachvollziehen können. »Die konventionellen Pflanzen«, sagt Christian Schüler, Agrarwissenschaftler der Uni Kassel, »sind in nahezu allen Belangen den transgenen Pflanzen überlegen.«

Von den Verheißungen der grünen Gentechnik, die seit etlichen Jahren von den Herstellern immer wieder angekündigt werden, ist nach Ansicht von Professor Niggli nichts eingetroffen. Die transgenen Getreidesorten seien weder widerstandsfähiger noch ertragreicher, und der durch sie zu erzielende Einspareffekt bei den Pestiziden habe sich ebenfalls als eine falsche Propaganda erwiesen. »Als Wunderpflanzen wurden sie angekündigt«, sagt der Schweizer Forscher, »doch das hat sich bis heute nur als großer Bluff herausgestellt.«

Es ist ein Geniestreich der Gentech-Manager, den zuvor vor allem die Pharmaindustrie zu einer erfolgreichen Geschäftsmethode entwickelt hat: den Markt mit teuren Produkten zu überschwemmen, die niemand braucht – Me-too-Präparate ohne therapeutischen Zusatznutzen. Auch Monsanto und Co. haben innerhalb nur weniger Jahre das Kunststück zuwege gebracht, mit Getreidesorten, deren Nutzen ebenfalls zweifelhaft ist, den Weltmarkt zu erobern.

Die Folgen sind dramatisch: Im Saatgutmarkt sind bei wichtigen Nutzpflanzen wie Mais und Soja Oligopole entstanden, die von der Agrochemie dominiert werden. Die Vielfalt auf dem Acker ist von der Agrogentechnik stark dezimiert worden, denn sie fördert die Ausbreitung von Monokulturen, zudem wird die Nahrungskette ständig einem Cocktail stärkerer Giftmischungen ausgesetzt.

Wissenschaftler vieler Länder, die tagtäglich die schlimmen Auswirkungen des Giftbooms in der Landwirtschaft erleben, sehen in einer Hinwendung zur bäuerlichen Landwirtschaft den wirkungsvollsten Schutz vor der Ausbreitung neuer, aggressiver Schädlinge und der zunehmenden Versteppung landwirtschaftlicher Flächen. Für viele Fachleute sind die angeblichen Segnungen der grünen Gentechnik inzwischen zu einem Fluch geworden. In bisher nicht gekannten Ausmaßen gelangen weltweit gefährliche Chemikalien in die Umwelt und bedrohen Menschen und Tiere. Und wieder ebnen Lobbyisten in Regierungen und auf den Lehrstühlen Monsanto und Co. den Weg zu Milliardengeschäften.

»Gegen die Interessen der großen Multis«, sagt der Münchner Gentechnik-Experte Then, »werden einzelne Länder auf Dauer wenig ausrichten können.« Denn die Biotech-Branche hat weltweit mächtige Verbündete in den Zulassungsbehörden. Das zeigt sich auch an den von der EFSA entwickelten Leitlinien, nach denen schon bald Lebensmittel von genetisch veränderten Tieren auf den europäischen Markt gelangen können. So sollen bei Milch, Fleisch, Fisch und Eiern ähnlich freizügige Maßstäbe bei der Genehmigung gelten wie bei genetisch veränderten Pflanzen.»Mögliche erste Produkte, für die in den nächsten Jahren eine Zulassung beantragt werden könnte«, schreiben Then und die Umweltorganisation Friends of die Earth Europe in einer Stellungnahme zu den EFSA-Plänen,[7] »sind genetisch veränderter Lachs, der schneller wächst, oder Produkte von Kühen, in die Gene vom Menschen übertragen wurden, damit ihre Milch der Muttermilch ähnlicher wird. Verbraucher, Lebensmittelhersteller, Landwirte und die Tiere werden zum Opfer einer Entwicklung, bei der vor allem das Profit-Interesse der Biotech-Industrie im Vordergrund steht.«

Risiken? Sie werden weitgehend negiert. Die EFSA hat zwar die Pflicht, die Produkte der neuen Technologie kritisch in Augenschein zu nehmen. Doch seit ihrer Gründung 2002 ist die Behörde zunehmend in den Verdacht geraten, von den Interessen der Gentech-Industrie geleitet zu sein. Denn die EFSA hat ihre Prüfstandards für genetisch veränderte Pflanzen weitgehend vom International Life Science Institute (ILSI) übernommen, das von den Gentech-Riesen BASF, Bayer und Monsanto und von Konzernen wie Nestlé, Coca-Cola, PepsiCo und McDonald's mitfinanziert wird. ILSI arbeitete auch eng mit der Tabakindustrie zusammen. Die Weltgesundheitsbehörde WHO hat das ILSI wegen seiner Einflussnahme für die Industrie von der Ausgestaltung von Sicherheitsstandards für Wasser und Lebensmittel ausgeschlossen.

# Wie die Industrie die Fäden zieht

Die Akteure genießen nicht den allerbesten Ruf, und das verdanken einige der führenden EFSA-Experten ihrer ungewöhnlichen beruflichen Flexibilität. Offiziell haben sie laut EU-Richtlinien den Auftrag, die Sicherheit der Lebensmittel zu überwachen, inoffiziell arbeiten einige von ihnen auch für das ILSI und damit für die Industrie. Die Umstellung macht keine Probleme. Die EFSA, meinen kritische Beobachter, werde in großen Teilen von ILSI-Interessen beherrscht. Die Kritiker liegen damit auf einer Linie mit den Verbrauchern. Über 40 Prozent der Konsumenten äußerten in einer Umfrage 2010 Zweifel an der Unabhängigkeit der EFSA und ihrer Wissenschaftler.[8] Beigetragen zu dem schlechten Ruf hat auch die EU-Kommission mit mancher Personalentscheidung, die eindeutig von den Interessen der Gentechnik-Industrie geleitet war. Wie auch ihr Vorschlag von Anfang März 2012, als bekannt wurde, dass sie die ehemalige Monsanto-Mitarbeiterin Mella Frewen, Cheflobbyistin der europäischen Lebensmittelindustrie, in den EFSA-Verwaltungsrat berufen will. Frewen ist ein ausgewiesener Fan der Gentechnik. Vor einigen Jahren hatte sie sich dafür eingesetzt, die Kontamination von Lebensmitteln mit transgenen Pflanzen auch dann zu tolerieren, wenn diese in der EU nicht zugelassen sind. Der europäischen Behörde mit Sitz im italienischen Parma wird schon seit Jahren vorgeworfen, zu viele industrieabhängige Fachleute zu beschäftigen. »Wir wissen«, sagt EFSA-Direktorin Catherine Geslain-Lanéelle, »dass unsere Experten mehr oder weniger mit der Industrie zusammenarbeiten.« Dagegen sei wenig zu machen. »Wenn wir alle ausschließen, die von der Industrie Geld bekommen«, rechtfertigte Geslain-Lanéelle die enge Zusammenarbeit vieler Mitarbeiter mit den Herstellern genetisch veränderter Organismen, »haben wir nicht mehr viele Experten.«[9] Ein Bekenntnis, das deutlich macht, wie abhängig mittlerweile Wissenschaftler von der Industrie geworden sind.

Die Behördenchefin spielte damit auf Vorwürfe gegen Diana Banati und Harry Kuiper an. Die Ungarin ist Vorsitzende des Verwaltungsrats der EFSA und saß jahrelang gleichzeitig auch im ILSI-Verwaltungsrat, hatte diese Position aber erst unter öffentlichem Druck niedergelegt. Als ihre Aktivität für die Industrieorganisation öffentlich bekannt wurde, gab sie den Sitz im ILSI auf, bei der EFSA aber blieb Banati in Amt und Würden. Auf die Frau, die sich für die Interessen der Industrie einspannen ließ, mochte die Behörde nicht verzichten. Das hat unter den EFSA-Kritikern für viel Unmut gesorgt. Nicht weniger angefeindet wird Gentechnik-Experte Kuiper, der jahrelang für eine Task Force des ILSI arbeitete, die von Monsanto-Manager Kevin Glenn geleitet wurde.

Kuiper und zwei seiner Kollegen waren 1998 für das Institut für Lebensmittelsicherheit an der holländischen Universität Wageningen beschäftigt, als sie von der kurz zuvor gegründeten Brüsseler Dependance des ILSI zur Mitarbeit gewonnen wurden. Dort arbeiteten die drei als Autoren für die ILSI-Task-Force, der die führenden Konzerne der Branche angehören – neben Monsanto auch Bayer CropScienes, Dow AgroSciences, Pioneer HiBred/DuPont und Syngenta.

Das ILSI bahnt nach Ansicht von Beobachtern den Weg für die Produkte der Agro-Gentechnik auf dem europäischen Markt. Und daran haben Kuiper und seine Truppe kräftig mitgewirkt. Ab 2003 diente Kuiper gleichzeitig zwei Dienstherren, als er Leiter der Gentechnik-Expertengruppe (GMO-Panel) bei der ein Jahr zuvor gegründeten EFSA wurde. Kuipers Aufgabe dort wurde die Risikobewertung von gentechnisch veränderten Pflanzen. Der Holländer ist seitdem einer der einflussreichsten europäischen Gentechnik-Experten.

Kuiper und seine Kollegen haben sich um die Gentechnik-Branche sehr verdient gemacht. Das EFSA-Team verneint regelmäßig Risiken für Mensch, Tier und Umwelt durch genetisch manipulierte Pflanzen. Die Rücksichtnahme der EU-Prüfer auf Konzern-Belange ist auch in anderen Bereichen aktenkundig. Ob es um bedenkliche Chemikalien wie den gefährlichen Plastikgrundstoff Bisphenol A (BPA) geht, um Fleisch von geklonten Tieren oder um die Zulassung gentechnisch veränderter Pflanzen – die Behörde entschied allzu oft im Sinne der Industrie. Während andere Länder den Grenzwert für das gesundheitsschädliche BPA herabsetzten, sprach sich die EFSA dagegen aus.

Die EFSA-Experten hielten es im Gegensatz zu vielen Wissenschaftlern bisher nicht für erforderlich, die Langzeitwirkung genetisch veränderter Pflanzen auf die Gesundheit von Menschen und Tieren zu untersuchen. Welche schwerwiegenden Folgen das haben kann, zeigen Untersuchungen in Australien. Mehrere Fütterungsversuche an Ratten, Schafen und Schweinen mit gentechnisch veränderten Erbsen ergaben keine Hinweise auf gesundheitliche Gefahren. Erst nach zehn Jahren wurden in weiteren Fütterungsversuchen an Mäusen gezielt die Auswirkungen auf das Immunsystem untersucht. Mit erschreckenden Ergebnissen: Das Immunsystem der Versuchstiere war stark geschwächt.[10] Die Studie ist umstritten, sie hätte dennoch die zuständigen Behörden zu weiteren Prüfungen veranlassen müssen. Doch von der EFSA werden derartige Untersuchungen noch immer nicht verlangt. In einem Beitrag für den Bund Ökologische Lebensmittelwirtschaft (BÖLW) verlangten Then[11] und Experten verschiedener EU-Länder, diese Untersuchungen vor allem für das Bt-Toxin Cry1Ac einzuführen, das für seine immunstimulierende Wirkung bekannt ist. Cry1Ac wird vor allem von Monsanto-Soja MON87701 gebildet. Then hält die Kombination des Insektengiftes mit Sojabohnen für besonders bedenklich, weil die Allergien auslösenden Wirkungen von Soja durch das Bt-Toxin noch verstärkt werden können.

Befunde wie die aus Australien sollten eigentlich zu einem Umdenken bei den Zulassungsverfahren führen. Doch der Einfluss der Gentech-Industrie und ihrer Lobbytruppe ist so groß, dass sie seit Jahren eine Verschärfung der Zulassungsbestimmungen erfolgreich verhindern kann. Denn auch viele der Bauernverbände in der EU unterstützen die Interessen der Branche. Das verleiht den Konzernen und ihrem wissenschaftlichen und politischen Anhang derart viel Macht, dass in der EU auf ihren Druck hin gentechnisch veränderte Lebensmittel weniger gründlich als Pestizide untersucht werden müssen – eine gegenüber den Verbrauchern nicht zu rechtfertigende Entscheidung. Sogar für Zusatzstoffe und Chemikalien in Lebensmitteln sind derartige Kontrollen vorgeschrieben.

Der Einfluss der Gentech-Industrie auf die EFSA geht sogar so weit, dass sich in einem 2004 publizierten Papier der Behörde ganze Passagen aus einem ILSI-Bericht wörtlich wiederfinden. Der Bericht trägt maßgeblich die Handschrift von Harry Kuiper und ist heute die Leitlinie der EFSA zur Risikobeurteilung transgener Pflanzen. Es handelt sich um das Konzept zur vergleichenden Prüfung (»Comparative Assessment«) zwischen genetisch veränderten Pflanzen und denen aus konventioneller Zucht. Diese vergleichende Prüfung geht davon aus, dass die Risiken der konventionellen Pflanzenzucht grundsätzlich mit denen der Gentechnik vergleichbar sind. Die Gentechnik beruht jedoch anders als die normale Züchtung auf einem tiefgreifenden technischen Eingriff in das Genom, bei dem die natürliche Genregulation und die Regeln der Vererbung ignoriert werden.

Wenn beide Pflanzengruppen bei der Überprüfung der Inhaltsstoffe keine wesentlichen Unterschiede aufweisen, gelten sie nach der Kuiper-Diktion als gleichwertig.[12] Bei offenkundig signifikanten Unterschieden werden weitere Daten zum Vergleich herangezogen, um mögliche Bedenken zu zerstreuen. Hierzu wird ausgerechnet eine Datenbank benutzt, die vom ILSI betrieben wird. Finden sich hier Pflanzen der gleichen Art, die eine ähnliche Konzentration an Inhaltsstoffen wie die GV-Pflanze aufweisen, wird auf eine umfassende Risikoprüfung verzichtet. Dieses Verfahren stößt sogar in der Behörde selbst auf Bedenken. »Wir können der ILSI-Datenbank nicht trauen«, warnte Joe Perry, einer der führenden Gentechnik-Sachverständigen der EFSA, auf einer öffentlichen Anhörung in Brüssel am 31. März 2011.[13] Geändert hat sich trotzdem nichts.

Eine Diktion ganz im Sinne der Industrie. Durch diesen Bewertungsgrundsatz wird eine umfassende Risikoprüfung von GV-Pflanzen generell umgangen. Das Prüfkonzept, dass offiziell für die EFSA-Rechtlinien übernommen wurde, war nicht seine letzte Tätigkeit in Zusammenarbeit mit dem ILSI. Laut Homepage der EFSA, nämlich in der »annual declaration of interests«, hat Kuiper über viele Jahre weiter mit dem Institut der Industrie gearbeitet, ebenso wie andere Kollegen.

Auch deutsche Gentechnik-Fans haben an den Prüfrichtlinien der EFSA mitgewirkt: die Behördenvertreter Detlef Bartsch, Hans-Jörg Buhk und Joachim Schiemann. Bartsch ist im Bundesamt für Verbraucherschutz und Lebensmittelsicherheit (BVL) der kommissarische Leiter der Abteilung Gentechnik. Ab 2003 war der Biologe in der EFSA als Mitarbeiter des Kuiper-Teams aktiv.

Einstiger Vorgesetzter von Bartsch beim BVL war Hans-Jörg Buhk, der Ende 2010 ins Bundesministerium für Ernährung, Landwirtschaft und Verbraucherschutz (BMELV) abberufen wurde. Er sei in seinen Entscheidungen zu eigenwillig gewesen, hieß es im Ministerium. Fachleute halten es für realistischer, dass den zahlreichern Kritikern seine Nähe zur Gentech-Branche nicht mehr zu vermitteln war. Buhk lebt den Zwiespalt: Als Mitarbeiter eines Komitees war er für die Abschaffung »unnötiger Hürden« bei der Zulassung von GVO eingetreten, während er selbst bei der BVL über die Einhaltung dieser Hürden zu wachen hatte.[14] Denn Buhk war verantwortlich für die Bewertung und Genehmigung von Freisetzungsversuchen von gentechnisch veränderten Pflanzen sowie für Stellungnahmen zu Importen und den Anbau von GVO. Es überrascht nicht: Das BVL hat jeden Antrag positiv beschieden. Buhk zog bald nicht nur die Kritik von Umweltverbänden auf sich. Bereits 2002 war Buhk vom damals zuständigen Bundesministerium für Gesundheit abgemahnt worden, weil er auf einer öffentlichen Veranstaltung als Vertreter der Industrie aufgetreten war. So sehr identifizierte sich Buhk mit den Interessen der Branche, dass er 2005 zusammen mit Bartsch in dem Monsanto-Werbefilm für Bt-Mais (»Das streitbare Korn«) zu sehen war.

Umstritten in den Reihen von BUND, Greenpeace und NABU ist auch Joachim Schiemann, Leiter des Instituts für biologische Sicherheit des Julius Kühn-Instituts (JKI), der Nachfolgebehörde der Biologischen Bundesanstalt für Land- und Forstwirtschaft (BBA) in Braunschweig. Das Julius Kühn-Institut ist bei der Zulassung von GVO stellungnehmende Behörde und berät das Bundesministerium für Ernährung, Landwirtschaft und Verbraucherschutz (BMELV) in Fragen biologischer Sicherheit. Im Jahre 2005 lehnte die damalige Bundeslandwirtschaftsministerin Renate Künast die staatliche finanzielle Unterstützung von Schiemanns eigenen Forschungsprojekten zur Entwicklung gentechnisch veränderter Pflanzen ab. Der Interessenkonflikt war denn doch zu deutlich.

Für Schiemann war die Vermengung seiner privaten Aktivitäten in der Biotechnologie mit seinen beruflichen Aufgaben offenbar kein Problem. Damals wurde bekannt, dass der Biochemiker 1999 Gründungsmitglied der Finab war, des Vereins zur Förderung innovativer und nachhaltiger AgroBiotechnologie in Mecklenburg-Vorpommern. Weil sein aktives Engagement für die grüne Gentechnik für heftige politische Diskussionen sorgte, ließ Schiemann seine Finab-Mitgliedschaft ruhen. Als besonders fragwürdig an Schiemanns Nebentätigkeit galt die besondere Nähe der Finab zu Firmen, die sich auf Freilandversuche mit GV-Pflanzen spezialisiert haben und gelegentlich auch für Konzerne wie Monsanto und BASF tätig waren.

Buhk, Bartsch und Schiemann haben es in Ämter geschafft, in denen sie ihre Vorliebe für die grüne Gentechnik voll ausleben konnten. Mit der Grenzziehung zwischen einer im Interesse der Verbraucher notwendigen kritischen Bewertung der Risiken von GV-Pflanzen und der sich aus diesem Auftrag ergebenden Distanz zur Industrie nahm es das Trio bislang nicht so genau. So ist beispielsweise Bartsch Mitglied in der Gesellschaft für Pflanzenzüchtung, die unter anderem von BASF und dem Bundesverband Deutscher Pflanzenzüchter gefördert wird. Wie sehr Bartsch dem GV-Bereich zugetan ist, ergibt sich aus einem von ihm im Jahre 1997 gestarteten Aufruf, in dem es heißt: »Nicht die ökologischen Vorteile der grünen Gentechnik vernachlässigen.«

## Die Tarnkappen-Strategie

Diese Sorge ist unbegründet. Für das Anliegen von Bartsch ist eines der einflussreichsten Lobbynetzwerke aktiv. Industriefreundliche Wissenschaftler gehören dazu, ebenfalls Mitarbeiter in deutschen und europäischen Behörden, Bundes- und Länderministerien und etliche Abgeordnete, vorwiegend aus der FDP und den Unionsparteien. Seit Jahren arbeitet die Gentechnik-Industrie daran, regelrechte Drückerkolonnen für ihre Interessen zu mobilisieren.

Längst sind, wie auch das Beispiel EFSA zeigt, die Grenzen zwischen Wissenschaft und Industrie fließend geworden. Wissenschaftler agieren offen als Gentechniklobbyisten. Sie stehen den Interessen der Industrie viel zu nahe und haben jede kritische Distanz verloren. Zu dieser Entwicklung hat auch die Bundesregierung mit ihrer großzügigen Vergabe von Steuergeldern im Bereich der Gentechnik beigetragen. Meist handelt es sich dabei um Projekte der Industrie, an deren Mitwirkung viele Wissenschaftler ein großes berufliches Interesse haben. Deren zunehmende Abhängigkeit von Agrarmultis scheint die Bundesregierung nicht zu stören – im Gegenteil: Gleich mehrere Ministerien unterstützten in den letzten Jahren Kungelrunden von Industrie, Wirtschaft und Behörden zur Förderung der Biotechnologie. Immer wieder haben Bundesministerien versucht, durch gezielte PR-Aktionen die Akzeptanz für GV-Pflanzen in der Bevölkerung erhöhen.

Im Mittelpunkt dieser Strategie stand oft die PR-Agentur Genius. Die Darmstädter Firma ist mit ihrer Geschäftsführerin Kristina Sinemus zu einer der wichtigsten Schaltstellen im Lobbynetz der grünen Gentechnik geworden. Genius vermeidet lautstarkes Trommeln für ihre Kunden, zurückhaltend und abwägend soll sie den überwiegend skeptischen Verbrauchern die Vorteile der Biotechnologie nahebringen. Die »Tarnkappen-Strategie«, wie die zurückhaltende Art der PR-Darstellung von Gentechnik-Experten genannt wird, basiert auf einem Konzept von Burson-Marsteller aus dem Jahr 1997: Die internationale PR-Agentur hatte Konzernen wie Monsanto, DuPont, BASF und Bayer eine Öffentlichkeitsarbeit der leisen Töne empfohlen. Sie sollten nicht als eigene Gentechnik-Fürsprecher auftreten, denn das hätte die Verbraucher nur noch misstrauischer werden lassen gegenüber den ohnehin mit Argwohn verfolgten Vorhaben der Industrie.

Allmählich und behutsam sollte die negative Einstellung der

Verbraucher gedreht werden. Dafür wurde nach dem Konzept von Burson-Marsteller ein Netz gebildet, das sich kontinuierlich für die Ziele der Branche einsetzt, systematisch und ohne provozierenden Lärm. Viele Fäden dieser Aktivitäten laufen bei Genius zusammen. Die Agentur koordinierte über Jahre die diversen Lobbytätigkeiten von Gentech-Organisationen, Arbeitskreisen, Consulting-Firmen, von Wissenschaftszirkeln und den staatlichen Forschungsinitiativen. Zwei Pfeiler in diesem System waren lange Zeit der Gesprächskreis Grüne Gentechnik (GGG) und der Wissenschaftlerkreis Grüne Gentechnik (WGG). Die Organisation GGG wurde 1997 von der Syngenta-Vorgängerfirma Novartis gegründet und agierte vorwiegend im Verborgenen. Von ihr gibt es keine Webseite, öffentliche Veranstaltungen sind nicht bekannt.[15]

Aber Forderungen. So propagierte die GGG ein Zulassungssystem für den Anbau von GV-Pflanzen, das streng nach wissenschaftlichen Kriterien ausgerichtet sein sollte – ein Plädoyer für mehr Mitsprache der Industrie.[16] Dahinter vermuteten Fachleute die Absicht, die staatlichen Stellen aus ihrer Überwachungsfunktion zu drängen. Um GGG und den Verein WGG, dem auch Behördenvertreter angehören, war es zwischendurch still geworden, nachdem Professor Klaus-Dieter Jany, einer ihrer bekanntesten Protagonisten, in den Ruhestand gegangen war. Die Runde war durch den einstigen Vertreter einer Bundesbehörde zunehmend ins Gerede gekommen, weil Jany allzu sehr seine amtlichen Aufgaben mit seinem privaten Engagement für die grüne Gentechnik vermischt hatte. Jany landete nach Beginn seines Ruhestands prompt als Experte bei der EFSA.

Dafür sprangen andere Organisationen ein. Der von Genius betreute Interessen- und Kundenkreis hat einen beachtlichen Umfang angenommen. Der Industrieverband Bio Deutschland, der europäische Lobbyverband EFB, die Konzerne Bayer, BASF, Monsanto, Syngenta und die Lobbyorganisationen DIB und

EuropaBio gehören dazu, aber auch die EU-Kommission, die EFSA und Schavans BMBF, für das die Agentur über Jahre hinweg die Homepage biosicherheit.de betreut hat. Deren Bearbeitung erfolgt nach Angaben der Genius-Redaktion unabhängig und ohne Weisungen des Schavan-Ministeriums. Wenn denn angeblich ohne Einfluss, ist das BMBF bei den Kosten umso stärker engagiert. Allein für die PR-Aktivitäten zum »BioSicherheitsprogramm« kassierte die Agentur aus den Berliner Staatstöpfen zwischen Mai 2005 und Oktober 2008 1,23 Millionen Euro.[17] Begründet wird die stattliche Summe damit, dass Genius »eine unabhängige Berichterstattung über die Ergebnisse der Biologischen Sicherheitsforschung« gewährleisten soll. Ziel sei es, »die Menschen unvoreingenommen über Chancen und Risiken der Gentechnik« zu informieren. Transportiert werden diese Nachrichten über »biosicherheit.de«, laut BMBF »das Informationsportal zur deutschen Biotechnologie«.[18]

Forschungsministerin Schavan setzt mit diesem und einer Reihe anderer Projekte auf die langfristige Akzeptanz der grünen Gentechnik durch eine ständige öffentliche Präsenz. Der Staat macht sich somit zum Klüngelkumpan von Industrie und Lobbyorganisationen, zu deren Geldgebern Bayer, Monsanto und Syngenta gehören. Nach Aussagen von Mitarbeitern des Ministeriums wurde 2011 ein Kurswechsel eingeleitet: In das Projekt »Biosicherheit« und Genius sollen keine weiteren Steuergelder investiert werden, stattdessen werden neue PR-Stützpunkte gegründet. Einer davon ist das Forum Grüne Vernunft (FGV), das von dem Gentechnik-Aktivisten Uwe Schrader geführt wird. Dem FDP-Landtagsabgeordneten in Sachsen-Anhalt hat die GV-Branche viel zu verdanken, denn der Vorsitzende des Lobbyvereins InnoPlanta ist ein unermüdlicher Vorkämpfer für den großflächigen Einsatz transgener Pflanzen.

Schrader ist keiner, der nur deklamiert, der Mann packt an.

Mit InnoPlanta und FGV hat er einige Freilandversuche ange-
schoben und dafür die BioTechFarm GmbH & Co. KG in Üplingen, westlich von Magdeburg, gegründet.[19] Auf ihrem Gelände
organisiert die BioTechFarm nach eigenen Angaben »Feldversuche für Unternehmen, wissenschaftliche Einrichtungen und
Institutionen, die neuartige Pflanzenschutz- und Düngemittel
im Feld erproben möchten. Die Gesellschaft stellt hierzu entsprechend geeignete Flächen bereit, bietet Dienstleistungen zu
deren agronomischer Betreuung, zu deren Schutz vor Zerstö-
rung und zur PR-Begleitung der Feldversuche an.« Auf dem
dazugehörenden Schaugarten Üplingen wurden von Pioneer,
BASF, Monsanto, der Uni Rostock und der KWS Versuchsflä-
chen für genetisch veränderte Sorten von Mais, Kartoffeln, Weizen und RR-(Roundup Ready-)Rüben angemeldet.

Der FDP-Mann ist ein Antreiber, dem die Expansion der
neuen Technologie zu langsam verläuft. Im Gegensatz zu vielen
anderen Organisationen und deren Vertretern bevorzugt Schrader die lautstarken Auftritte. Die Bevölkerung soll begreifen,
dass es in ihrem Interesse ist, für die neue Pflanzentechnologie
zu kämpfen. Seine Vereine InnoPlanta und FGV, betreut von der
Darmstädter Agentur, sind ständig um große Aufmerksamkeit
bemüht. Auch für das BioTechFarm-Projekt ist Genius mit der
Internet-Plattform transgen.de aktiv. Auf deren Website heißt es:
»Der insgesamt fünf Hektar große Schaugarten bildet gewisser-
maßen eine öffentliche Bühne ... Wer sich ein eigenes Bild von
Gentechnik und Pflanzenzüchtung machen möchte, wer inter-
essiert und neugierig ist, kann sich zu einem Besuch im
Schaugarten anmelden. Schulklassen und Gruppen sind beson-
ders willkommen.« Für transgen.de hat Genius einflussreiche
»Kooperationspartner« gefunden: die EU-Kommission, das
BMVEL und die Konzerne Bayer CropSience, BASF, Dow Agro-
Sciences, Monsanto Agrar, Du Pont/Pioneer Hi-Bred Interna-
tional und Syngenta Agro.

Auch Verbraucher- und Landwirtschaftsministerin Aigner und ihr Vorgänger Seehofer ließen bei Genius arbeiten. Ihr Ministerium finanziert eine von der Agentur betreute Internetplattform, den GMO-Kompass. In seinem Beirat saßen bis 2008 noch der Industrieverband EuropaBio und auch Joachim Schiemann. Nachdem Lorch und Then²⁰ im Jahre 2008 die vielen Fäden des Genius-Netzes nachgezeichnet haben, werden zum Beirat von GMO-Kompass keine Angaben mehr veröffentlicht.

## Ein Mangel an Ausgewogenheit

Matthias Kleiner war erfüllt von einer großen Sorge. Sie wirkte wie ein Druck, von dem er sich befreien musste, öffentlich und mit großem Echo. Der Präsident der Deutschen Forschungsgemeinschaft (DFG) hatte der Nation etwas mitzuteilen, von seinem Problem, das eigentlich auch das Problem der Deutschen sein sollte. Dafür wählte er die Bundespressekonferenz in Berlin, ein Forum, das eine hohe Reichweite garantiert. Politik, Wirtschaft und zig Millionen Konsumenten sollten erfahren, dass es um den Forschungsstandort Deutschland mal wieder nicht zum Besten stand. Als Grund dafür nannte Kleiner die »sich ständig verschlechternden Rahmenbedingungen für Wissenschaftlerinnen und Wissenschaftler, die im Bereich der grünen Gentechnik forschen«. Deutschland gehöre auf diesem Gebiet zur internationalen Spitze. Das dürfe nicht aufs Spiel gesetzt werden.

»Mehr als zwanzig Jahre Erfahrung mit der grünen Gentechnik und der Freisetzung genetisch veränderter Pflanzen«, so Kleiner am 13. Mai 2009, »haben keine konkreten und wissenschaftlich fassbaren Anhaltspunkte für eine Gefahr für Mensch und Umwelt ergeben.« Unermüdlich habe die Wissenschaft versucht, »der breiten Öffentlichkeit, aber auch der Politik ein differenziertes und wissenschaftlich ausgewogenes Bild von der grünen Gentechnik und ihren Potenzialen, aber auch möglichen Risiken zu vermitteln. Trotzdem sind wir in der Sache keinen Millimeter weitergekommen.«

Das sollte sich ändern. Während seines Auftritts kündigte der Präsident das Erscheinen der DFG-Broschüre »Grüne Gentechnik«[21] an. Mit ihr wollte die Deutsche Forschungsgesellschaft, der über einhundert wissenschaftliche Hochschulen, Akademien der Wissenschaften und Forschungseinrichtungen angehören, einen wichtigen Beitrag zur größeren Akzeptanz der neuen Technologie leisten. So war es jedenfalls gedacht, doch die Broschüre, die viel bewirken sollte, kam nicht gut an. Experten vermissten darin die von einer DFG-Veröffentlichung zu erwartende ausgewogene Darstellung.

Das aber bietet die Lektüre ganz und gar nicht. Die Broschüre ist überwiegend eine Jubelschrift, in der die Realität oftmals ausgeblendet wird, um den überwiegend positiven Tenor halten zu können. Typisch hierfür ist der Satz: »Die von Kritikern postulierten negativen Folgen für Umwelt, Tier und Mensch sind in keinem Fall eingetreten.« Solche und ähnliche Aussagen, die im Gegensatz zu den Erkenntnissen vieler wissenschaftlicher Studien stehen, sind von unabhängigen Forschern mit Verwunderung aufgenommen worden. Die Broschüre fällt auf durch die Überbetonung von Pro-Argumenten, die Nachteile der transgenen Pflanzen werden weitgehend ausgespart. Und das ist nicht die Folge von Nachlässigkeiten; die überaus positive Argumentation, die in vielen Details einer PR-Schrift entspricht, ist gewollt.

Die Autoren der Broschüre, angespornt offensichtlich von den unendlichen Forschungsmöglichkeiten der neuen Technologie, haben allerdings mit ihren beschönigenden Ausführungen das Gegenteil von dem erreicht, was eigentlich bezweckt war. Die Hurra-Schrift dürfte die Skepsis gegenüber der grünen

Gentechnik eher noch vergrößert haben. Darstellungen, die wie in der DFG-Veröffentlichung das aussparen, was nicht zur Argumentationslinie passt, schüren auf Dauer auch das generelle Misstrauen gegenüber wissenschaftlichen Aussagen.

Selbst unter den Mitgliedern einiger DFG-Gremien hat die Schönfärberei Ärger und Kritik ausgelöst. Im Gespräch mit dem Autor war von von starken Eigeninteressen geprägten Ausführungen die Rede und von einem Imageschaden für die Wissenschaft. Auch wird Unverständnis geäußert über das DFG-Präsidium, das diese Veröffentlichung so wohlwollend begleitet hat.

Überrascht hat manchen Wissenschaftler, wie lässig sich die Autoren durch die Passagen über die hinlänglich bekannten negativen Auswirkungen genetisch veränderter Pflanzen gemogelt haben. Diese Folgen werden zwar erwähnt, in ihrer Bedeutung aber durch die den gesamten Text durchziehende Begeisterung für die neue Agrotechnologie völlig in den Hintergrund gedrängt.

Im Vorwort der DFG-Broschüre wecken Kleinert und sein damaliger Vize Jörg Hacker beim Leser hohe ethische Erwartungen an den Inhalt. »Die Wissenschaft«, heißt es dort, »ist hier in einer besonderen Verantwortung, wenn es um die Aufklärung der interessierten Öffentlichkeit geht.« Bei der weiteren Lektüre fällt aber schnell auf, dass die Autoren dem Anspruch nicht gerecht werden.

Anstoß an dieser Aussage nahmen auch die vier Wissenschaftler Friedhelm Taube, Michael Krawinkel, Andreas Susenbeth und Werner Theobald.[22] In ihrer Stellungnahme heißt es, die Broschüre schade »dem Renommee der DFG wie auch der durch sie repräsentierten gesamten deutschen Wissenschaft, wenn diese zu einem gesellschafts- wie auch forschungspolitisch hoch brisanten Thema eine nicht den eigenen Anspruch erfüllende Informationsbroschüre vorlegt, die einerseits sachlich falsche Darstellungen enthält, wichtige verfügbare wissenschaftliche Erkenntnisse außer Acht lässt sowie einen Mangel an Ausgewogenheit und fachlicher Breite aufweist und andererseits präzise und wissenschaftlich fundierte Schlussfolgerungen und Standpunkte zu den gesellschaftlich diskutierten Streitfragen vermissen lässt.« Eine Ohrfeige für die Autoren und zugleich ein Rufschaden für die DFG, die von ihrer Aufgabenstellung her auf eine im Interesse der Wissenschaft ausgewogene und einer Parteinahme unverdächtige Stellungnahme Wert legen sollte. Teilweise sind die Darstellungen so einseitig, dass sie die Verfasser wie Lobbyisten erscheinen lassen, denn ihre Ausführungen entsprechen weitgehend den Interessen der Industrie. Sogar die eigene wissenschaftliche Reputation setzen die Gentechnik-Enthusiasten aufs Spiel, wenn sie behaupten, dass keine negativen Auswirkungen der grünen Gentechnik bekannt seien.

»Diese Aussage ist falsch«, schreiben Taube, Krawinkel, Susenbeth und Theobald. Tatsache sei vielmehr, »dass aus den letzten fünf Jahren eine Vielzahl von Publikationen vorliegt, die die Probleme des mittel- bzw. langfristigen Einsatzes von Roundup Ready adressiert.« Sie verweisen in diesem Zusammenhang auf ein internationales Symposium in Brasilien, das sich im Jahre 2007 vor allem mit den Folgen des Anbaus von genetisch veränderten Pflanzen, vor allem mit den enormen Auswirkungen des Glyphosat-Einsatzes auf die Umwelt befasst und eine Neubewertung des Risikopotenzials des Herbizides verlangt hatte.

Beschrieben und belegt werden diese Folgen in einer anderen Studie.[23] Dort haben Wissenschaftler dokumentiert, was durch den Glyphosat-Transfer über die Rhizosphäre (die Gesamtheit aller im Wurzelbereich der Pflanzen lebenden Mikroorganismen) passiert: Es gibt mehr Pflanzenkrankheiten und toxische Effekte auf Bodenbakterien und -pilze sowie weniger Mikronährstoffe. »Im Interesse der Gesundheit von Pflanzen und Böden (lässt dies) die Neubewertung des Risikopotenzials von Glyphosat-Anwendungen als dringend geboten erscheinen«.[24]

Dass die in vielen Fachpublikationen veröffentlichten Befunde zu den Auswirkungen des RR-Soja-Anbaus in der Broschüre nicht erwähnt werden, lässt für Taube und seine Kollegen »Zweifel an der Wertneutralität der Autoren aufkommen«.

Die Zweifel werden noch genährt durch die einseitige Darstellung der »Potenziale transgener Pflanzen für Kleinbauern in Entwicklungs- und Schwellenländern«. So ist in der DFG-Broschüre zu lesen: »Insbesondere in den öffentlichen Medien wird teilweise berichtet, dass Kleinbauern bisher nicht von der Gentechnik profitieren oder sogar in den Ruin getrieben werden. Allerdings beruhen solche Berichte nicht auf repräsentativen Daten. Zwar gibt es bei jeder neuen Technologie auch Bauern, die anfangs aufgrund ungünstiger Umstände negative Erfahrungen gemacht haben, jedoch zeigen objektive wissenschaftliche Untersuchungen, dass die Mehrheit der bisherigen Technologieanwender in Entwicklungs- und Schwellenländern erheblich profitiert.«

Die Tendenz ist unverkennbar: Von der grünen Gentechnik darf kein Ungemach ausgehen, obwohl die dramatischen Auswirkungen des RR-Soja-Anbaus längst weltweit bekannt sind. In Ländern wie Brasilien, Paraguay und Uruguay wurden viele Kleinbauern vertrieben, weil ihre Hütten und kleinen Äcker den großflächigen Anbau von RR-Soja behinderten. Diese Fälle sind auch in der Literatur hinreichend dokumentiert. In der Broschüre werden daraus Veröffentlichungen, die nicht repräsentativ sind, während die Großagrarier, die es in Lateinamerika mit dem Umweltschutz nicht so genau nehmen, als zufriedene Mehrheit bezeichnet werden. Gezielt wurden so manche Aussagen der Broschüre passend gemacht.

Taube und Kollegen haben mit ihrer Stellungnahme in Wissenschaftskreisen ein großes Echo gefunden. Viele Kritiker der Broschüre nahmen Anstoß daran, dass unter dem Herausgeber DFG sich die Autoren so undifferenziert zu diesem Thema äußern durften. Die Replik auf die Broschüre aber ließ Broer und Kollegen nicht ruhen, zu groß schien der Imageschaden. Die GVO-Enthusiasten verfassten eine Kritik zur Kritik,[25] aber auch in der Entgegnung diktiert die Absicht den Inhalt. Wenn die DFG-Autoren sich über die geringen Risiken transgener Pflanzen und die amtlichen Prüfverfahren verbreiten, verfallen sie erneut in einen Ton der Schönfärberei:»Bevor überhaupt mit einem Züchtungsverfahren begonnen werden kann, müssen die GVO-Sorten mehrere behördliche Zulassungsverfahren bestehen, die in Art und Umfang unvergleichlich sind. Erst Pflanzen, die für Mensch, Tier und Umwelt ebenso sicher sind wie ihre konventionellen Ausgangssorten, dürfen im Freiland angebaut werden.« Das ist die schöne neue Welt der grünen Gentechnik aus der Sicht der Gentechnik-Befürworter. Kein Wort über die umstrittene EFSA mit ihren industriefreundlichen Praktiken. Wer sich fragt, warum das so ist, muss wissen: Inge Broer ist nach eigenen Angaben»Ad-hoc-Expertin« der EU-Behörde.

## Seilschaften

Hindernisse, überall nur Hindernisse. Die Frau mit dem dunkelbraunen Kraushaar habe sie selber aufgetürmt, sagen ihre Gegner. Sie werde systematisch in ihrer Arbeit behindert, sagen ihre Anhänger. Ob sie Texte verfasst, Reden hält oder im Labor GV-Pflanzen züchtet: Inge Broer polarisiert. Die Wissenschaftlerin ist im Pro und Contra der transgenen Pflanzenwelt eine Symbolfigur geworden – von ihren Fans bewundert für ihre Zielstrebigkeit, mit der sie wissenschaftliche und geschäftliche Interessen verbindet, von den Kritikern gescholten wegen ihres Eiferertums, mit dem sie sich ohne Scheu vor Einseitigkeit für die grüne Gentechnik ins Zeug legt.

Als Studentin der Biologie in Bielefeld waren Broer nach eigener Aussage die gentechnischen Freisetzungsversuche noch »unheimlich«. Das war Anfang der neunziger Jahre. Mit dem beruflichen Erfolg ändern sich jedoch schnell die Ansichten. Und erfolgreich ist Inge Broer. Die Professorin für Agrobiotechnologie an der Uni Rostock ist mittlerweile mit eigenen Forschungen an gentechnisch veränderten Pflanzen hervorgetreten. Bayer und andere Konzerne halten Patente auf Gen-Pflanzen, die sie kreiert hat. Das schafft Ansehen, aber auch Gegner. An die vielen Widerstände und Anfeindungen hat sich Broer gewöhnt, nicht aber an die Haltung mancher Politiker. Einige von ihnen, beklagte sie, hätten die Forschungen in der grünen Gentechnik forciert, nun aber »nicht mal Vertrauen in das, was sie selber angefordert haben. Dann kann natürlich auch die Öffentlichkeit kein Vertrauen darin haben.«[26]

Hohe Erwartungen an die Politik hegt ausgerechnet eine Frau, die nach Ansicht von Kritikern ihre beruflichen Neigungen und die eigenen Züchtungserfolge zum Maßstab für die Beurteilung der neuen Agrartechnologie gemacht und damit erwartungsgemäß viele Vorbehalte geschürt hat. Es ist die von einer großen Begeisterung geprägte Nähe zu diesem Forschungsgebiet, wodurch sie nach Meinung ihrer Gegner die Fähigkeit zu einer distanzierten Beurteilung verloren hat. Die Anfeindungen vornehmlich aus dem Lager der Grünen und der Umweltorganisationen haben die Gescholtene aus Sicht der Regierenden in Berlin eher noch geadelt. Die Protagonistin der grünen Gentechnik zählt heute zur obersten Ratgebergarde des BMBF.

Schavan und Broer, das passt. Die Ministerin sucht nach Meinungsverstärkung in Richtung besserer Nutzung der Biotechnologie. Das Ministerium hat einen Kreis mit ausgewiesenen

Interessenvertretern gebildet, die den Ministerialen die Marschrichtung für eine verstärkte Anwendung aufzeigen soll. Renommiergremium ist der BioÖkonomieRat, dem fast ausschließlich Anhänger der grünen Gentechnik angehören. Kritische Meinungen sind dort nicht übermäßig gefragt. Folgerichtig wurde auch die Rostocker Forscherin berufen: Sie gehört der »Future Fokusgruppe Agrarproduktion« des BMBF an. Ihre exponierten Ansichten kann sie zudem als Mitglied am »Runden Tisch der Ministerinnen Schavan und Aigner« loswerden. Und selbst in der Provinz ist das Wissen der Frau gefragt. Die Landesregierung von Mecklenburg-Vorpommern hat sie zur Leiterin der »Ad-hoc-Arbeitsgruppe Gentechnik des Umweltministeriums« ernannt. Die vielen Aktivitäten der umtriebigen Wissenschaftlerin sind kaum noch zu überschauen. Knapp zwanzig Positionen bekleidet sie in Kommissionen, Beiräten und sonstigen Gremien staatlicher Einrichtungen, Vereinen und Unternehmen. Ihre Verbindungen reichen von der Wissenschaft über private Firmen bis hin zu Dienstleistungen für Konzerne. Kritiker wie Then werfen Broer eine nicht vertretbare »intransparente Verquickung von öffentlichen und privatwirtschaftlichen« Aktivitäten vor.[27]

Der Grundstein für das kleine Broer-Imperium wurde 1999 mit der Gründung der Finab gelegt, eines Vereins zur »Förderung innovativer und nachhaltiger AgroBiotechnologie«. Gleich vom Start an dabei war die Diplom-Mathematikerin Kerstin Schmidt, die seither als Schatzmeisterin fungiert; Broer ist Vorstandsvorsitzende der Finab. Um sich als Vereinsmitglieder hat Broer Vertreter aus Wissenschaft, staatlichen Einrichtungen und Industrie versammelt. Neben dem Bundesamt für Züchtungsforschung an Kulturpflanzen und den Universitäten Rostock, Chemnitz und Greifswald wirken auch Saatgutfirmen wie Nordsaat Saatzucht GmbH, NORIKA GmbH und KWS Saat AG in der Finab mit.

Der Name Broer steht für ein Programm. Die vielseitige Professorin verlautbart mit ihrer prononcierten Haltung zur Gentechnik neben den eigenen auch industrielle Interessen. Das macht sie für die Großen der Branche zu einer wichtigen Partnerin. Zu einigen der Konzerne pflegt sie seit Jahren enge Verbindungen. Sie ist Mitglied im Kuratorium der KWS Saat AG und zudem an Firmen beteiligt, die vom expandieren Geschäft mit transgenen Pflanzen profitieren und mit Gentechnik-Konzernen wie Monsanto und BASF geschäftlich eng verbunden sind. Die unternehmerischen Belange dieser Aktivitäten besorgt die Managerin Schmidt: Sie ist Geschäftsführerin der Finab-Gründungen BioOK GmbH und Biovativ GmbH – Firmen, an denen auch Broer beteiligt ist. Die Professorin und die Managerin sind ein enges und vielseitiges Gespann, das die verschachtelten kommerziellen Interessen um den Lobbyverein so gebündelt hat, dass sie nicht leicht zu durchschauen sind. Die BioOK GmbH ist laut Selbstdarstellung ein »Dienstleister für die Prüfung und Zulassung von genetisch veränderten Nutzpflanzen«, die Biovativ GmbH bietet Labor-, Gewächshaus- und Feldversuche mit transgenen Pflanzen und »Analysen, Versuche und Beratungen für biotechnologische Produkte und Methoden« an. Die BioMath GmbH, eine ebenfalls zur Finab-Gruppe gehörende Firma, erstellt für Institute, Firmen und Universitäten sogenannte Monitoringpläne zur Risikoabschätzung von GV-Pflanzen beim Versuchsanbau. Auch sie wird von Schmidt gemanagt.

Alle Aktivitäten der Finab und ihrer Firmen sind gebündelt im AgroBioTechnikum in Groß Lüsewitz östlich von Rostock, das vom Land Mecklenburg-Vorpommern, der EU und dem Schavan-Ministerium zwischen 2004 und 2011 mit 10 Millionen Euro[28] alimentiert wurde. Zweck dieser Einrichtung ist die Förderung der Gentechnik durch Freilandversuche auf einer Fläche von 260 Hektar, dem größten Gelände für den Probeanbau von

GV-Pflanzen in Deutschland. Die Felder des Technikums nutzen Finab und Biovativ seit einigen Jahren laut Selbstdarstellung des Vereins für ihre »Forschungs- und Dienstleistungstätigkeiten«. Gemeint sind damit vorbereitende Arbeiten für Anbauversuche der Uni Rostock und diverser Konzerne.

Diese Aktivitäten waren der Bundesregierung jahrelang so wichtig, dass sie die Projekte großzügig förderte. Im Jahr 2005 entstand in Groß Lüsewitz aus einem Zusammenschluss von BioOK GmbH, BioMath GmbH und weiteren Firmen und Instituten der Projektverbund BioOK, den allein das BMBF bislang mit 6 Millionen Euro unterstützt hat. »Die gemeinsame BioOK GmbH«, verkündete das Ministerium zu diesem Projekt, »bildet das einheitliche Portal des Bündnisses und vertritt die Dachmarke bei der erfolgreichen Etablierung auf dem Markt der Zulassung und Überwachung von gentechnisch veränderten Pflanzen.«

Hohe Anerkennung für die diversen Projekte von Broer und Schmidt. Das Ministerium lässt sich das einiges kosten. Zwischen 2005 und 2008 flossen in den BioOK-Verbund knapp 4,39 Millionen Euro an Fördergeldern. Sie wurden hauptsächlich verwendet für Aktivitäten der Finab-Firmen und der Uni Rostock für die »Entwicklung von Zulassungs- und Überwachungsverfahren« von GV-Pflanzen. Die Erwartungen sind hochgesteckt: Die Risikobewertung transgener Züchtungen, heißt es aus dem Schavan-Ministerium, »ist ein Wachstumsmarkt mit enormen wirtschaftlichen Chancen. Bis 2014 will BioOK der führende Dienstleister in diesem Feld in Europa werden.«

Der Ehrgeiz, mit dem die Ministerin und ihre Beamten die Expansion der grünen Gentechnik vorantreiben, lässt nicht erwarten, dass Bedenken selbst angesehener Wissenschaftler die Euphorie zu dämpfen vermögen. Die Aussichten, in diesem Bereich des Risikomanagements eine führende Rolle in der EU zu spielen, dominieren die Pläne im BMBF. Nach dortigen Schätzungen wird das Marktvolumen für die Zulassung und Überwachung in den nächsten fünf bis zehn Jahren von derzeit vier auf 30 Millionen Euro steigen. Famose Aussichten für Broer und Schmidt mit ihren GVO-Aktivitäten. Bei derart ehrgeizigen Zielen haben die beiden Rostocker Frauen noch mehr finanzielle Unterstützung aus Berlin zu erwarten. Schließlich gilt der Verbund BioOK für die schwarz-gelbe Koalition als ein deutscher Forschungsschwerpunkt der Biotechnologie und Broer damit aus Sicht Schavans als eine Schlüsselfigur des Projekts.

## Impfgemüse

Groß Lüsewitz klingt nach tiefster Provinz, doch für die Gen-Manipulateure ist das Dorf inzwischen zu einer Pilgerstätte geworden. Über einen der dortigen Versuche mit transgenem Raps, überwacht von der Finab, gab der Verein bekannt: »Diese Freisetzung dient einerseits der Etablierung von notwendigem Knowhow für die Beantragung und Durchführung von Freisetzungen am Standort Groß Lüsewitz, andererseits als politisches Signal und Präsentation des Dienstleistungsangebotes im AgroBio-Technikum. Gemeinsam mit der Universität Rostock wird an der Etablierung von Analyseverfahren zur Identifizierung und Quantifizierung von gentechnisch veränderten Pflanzen gearbeitet. Diese Verfahren sollen als Standarddienstleistungen im Zentrum angeboten werden.« Rund 80 Prozent der Kosten für den Feldversuch mit GV-Raps in Höhe von 628 198 Euro wurden vom Land Mecklenburg-Vorpommern getragen, weitere Gelder für das Projekt flossen aus dem Biosicherheitsprogramm der Bundesregierung.

Rund um den Versuchsacker herrscht inzwischen ein dichtes Gedränge. Und bei vielen Projekten ist auch die Professorin mit ihrem Uni-Stab vertreten. Das Team baute dort eine GV-Kartoffel an, aus der später mal Biokunststoffe hergestellt werden sollen, hoffen die Forscher. Einer weiteren transgenen Sorte der Knolle wurde ein Cholera-Bakterium eingepflanzt. In einem anderen Versuch wurde eine Kartoffel genetisch so verändert, dass sie ein Mittel gegen eine tödliche Viruserkrankung bei Kaninchen produziert. Therapie per Essen oder Futter, so haben es sich Broer und ihre Kollegen gedacht. In der Pharma-Industrie stoßen Broers Experimente auf ein geteiltes Echo. Siegfried Throm, Geschäftsführer für den Bereich Forschung beim Verband der forschenden Pharma-Unternehmen, beurteilte die Versuche skeptisch. Throm hält mehr von der Entwicklung von Biopharmazeutika, dagegen weniger von essbarem oder verwechselbarem »Impfgemüse oder -obst«. Die Natur produziere »nicht so einheitlich wie Fließbänder«.[29]

Ob Cholera- oder Plastik-Kartoffeln: Im kleinen Groß Lüsewitz kommt manches auf den Acker. Im Auftrag von Gentechnik-Multis und organisiert vom Finab-Ableger BioMath wurde dort die Gen-Kartoffel Amflora der BASF, die eines Tages Lieferant von Papier und Einweg-Geschirr sein soll, in die Erde gebracht. Abgeschirmt und streng bewacht wuchsen die Amflora-Knollen hinter Elektro- und Holzzäunen. Die BioMath GmbH renommierte mit einem ansehnlichen Kundenstamm, zu dem Großkonzerne wie Pioneer HiBred, Syngenta Seeds, Monsanto Europe S.A. und KWS Saat zählen. Kritiker fragen sich allerdings, warum die Bundesregierung reichen Konzernen bei ihren Anbauversuchen finanzielle Hilfen gewähren muss. Zwischen 2005 und 2008 kassierte BioMath für die Betreuungsaktivitäten auf den Versuchsäckern über 308 000 Euro an Fördergeldern aus dem BMBF.

BioMath begleitete auch einen der umstrittensten Anbauversuche – den für Monsantos Genmais MON810. Der Dienstleister erstellte für den US-Konzern Freisetzungsanträge, kümmerte sich um die Prüfung und Zulassung des Versuchs und entwickelte Monitoring-Pläne. Federführend für die Erstellung von Leitlinien für das Monitoring zur Überwachung des Mon810-Anbaus war eine gemeinsame Arbeitsgruppe mit Vertretern von Monsanto, Bayer, der BioMath und Experten vom Bundesamt für Verbraucherschutz (BVL) und der Biologischen Bundesforschungsanstalt (BBA), heute Julius Kühn-Institut. Diese Gruppe arbeitete einen Fragebogen aus, der Bestandteil des Monitoring-Verfahrens werden sollte. Autoren des Fragebogens waren laut Monsanto »BBA-Vertreter, Maiszüchter und Statistiker«, unter ihnen auch Schiemann, Leiter der Abteilung Gentechnik beim BBA, und BioMath-Geschäftsführerin Schmidt.

Ende 2005 hatte Horst Seehofer, damals noch Landwirtschaftsminister der Großen Koalition, die Genehmigung zum Anbau von Mon810 erteilt. Danach formierte sich unter den Bauern in Bayern und in den Umweltorganisationen der Widerstand gegen die Versuche mit High-Tech-Gemüse und -Getreide. Die CSU fürchtete Stimmenverluste. Seehofer entschloss sich zum Rückzug. Ende April 2007 verkündete das BVL den Stopp des kommerziellen Anbaus. Die Risiken, hieß es in der Begründung, seien zu groß. Ein Kritikpunkt war auch der Fragebogen, der keine statistisch auswertbaren Daten zu Umweltgefahren liefere.[30]

Zufall oder Absicht? Der BVL-Bescheid wurde erst verschickt, als Monsanto bereits seine Mon810-Saat für den Anbauversuch in der Pflanzperiode 2007 geliefert hatte. Der Grund für die Panne: Hans-Jörg Buhk, Referatsleiter für Gentechnik im BVL und bekennender Gentechnikfreund, hatte intern Widerstand gegen die Untersagung geleistet. Er könne die ergangene Weisung gegen den Anbau von Mon810 »aus fachlichen Gründen nicht als richtig erachten«, schrieb Buhk an die BVL-Leitung.[31]

Buhk war nicht der einzige Opponent. Die Lobbyisten machten mächtig Druck in Berlin – mit Erfolg: Ende 2007 wurde der BVL-Bescheid wieder zurückgenommen, und Mon810-Saatgut konnte wieder rechtzeitig vor der Saison 2008 geliefert werden. Auch die Monitoring-Pläne wurden nicht mehr beanstandet. Sie erfüllten »die gestellten Anforderungen in vollem Umfang«, teilte das BVL mit.

Dieses Beispiel zeigt, dass die Konzerne und ihre Gefolgsleute aus der Wissenschaft inzwischen einen dominierenden Einfluss auf das politische Handeln haben. Über gravierende Einwände hinweg. Und die gab es. Das Bundesamt für Naturschutz (BfN) hatte massive Bedenken gegen die Freilandversuche mit Mon810 vorgebracht. Sie richteten sich vor allem gegen die einseitigen Monitoring-Pläne. Der Fragebogen, schrieben die BfN-Experten, enthalte überwiegend agronomische Aspekte wie Aussagen zu Pestizideinsatz, Schädlingsbefall und Aufkommen von Unkräutern; systematische Erhebungen zu den ökologischen Effekten seien dagegen nicht eingeplant.

Gegen die Macht der Gentechnik-Aktivisten kamen selbst die BfN-Experten nicht an. Die Befürworter in den Bundesbehörden und den Ministerien setzten sich über die Meinung der obersten deutschen Naturschutzbehörde hinweg. Für kritische Wissenschaftler und Umweltschützer eine bedenkliche Entwicklung: Die Manager von Monsanto bestimmen, wie Monitoring-Verfahren abzulaufen haben, und die deutschen Genehmigungsbehörden schließen sich unkritisch deren unzureichenden Risikoabschätzungen an. So wurden der Industrie mit ihrer umstrittenen Technologie alle nur erdenklichen Freiräume verschafft.

Unermüdlich dafür im Einsatz ist die Biologin aus Rostock. Auf Veranstaltungen beklagt Broer schon mal die Schärfe der Anfeindungen gegen sich. Ausgeprägte Gegnerschaften erhöhen das Ansehen unter Gesinnungsfreunden. Für die Gentechnik-Expertin Heike Moldenhauer des BUND zählt die nord-deutsche Wissenschaftlerin zum Kreis der bedeutendsten Protagonisten im Netzwerk der neuen Technologie.[32] Für die Broer-Kritiker in den Umweltorganisationen sind es vor allem die Interessenkonflikte, mit denen sich die Frau so angreifbar macht. Ihre diversen Tätigkeitsbereiche sind in der Tat auch schwer gegeneinander abgrenzbar. Broers beratende Funktio-nen in Regierungsbehörden verlangen einen distanzierten und neutralen Standpunkt zu den gestellten Aufgaben. Denen ste-hen allerdings die Interessen der Finab, die Geschäfte der Ver-einsfirmen und ihre Verbindungen zu Gen-Konzernen wie Monsanto und BASF entgegen. Broer selbst sieht in ihren diver-sen Aktivitäten hingegen kein Problem. Die entstandenen Netz-werke, erklärte die Forscherin im *Spiegel*,[33] seien notwendig und nicht als »Filz« anzusehen. Schließlich gebe es vom BMBF nur Geld, wenn auch die Industrie beteiligt sei.

Die ausgeprägten Eigeninteressen der Professorin und ihre unkritischen Äußerungen zur grünen Gentechnik waren für die EU-Aufsichtsbehörde EFSA und ihr deutsches Pendant, das Bundesinstitut für Risikobewertung (BfR), kein Grund, auf ihre Beratungsdienste zu verzichten. Gleich in zwei BfR-Gremien ist Broer aktiv, darunter als Vorsitzende in der »Kommission für genetisch veränderte Lebens- und Futtermittel«. Dort stört es auch nicht, dass die Professorin selbst an Freisetzungen von GV-Pflanzen beteiligt ist und damit ein ausgeprägtes Interesse am Anbau von GV-Pflanzen bewiesen hat.

Der Münchner Agrarwissenschaftler Andreas Bauer-Panskus versteht denn auch nicht, dass ausgerechnet der Rostocker Wis-senschaftlerin ein ausgewogenes Urteil zugetraut wird: »Frau Broer ist so stark eingebunden in Gentechnik-Netzwerke, dass ihr eine distanzierte und unvoreingenommene Beurteilung von Vorgängen in der grünen Gentechnik nicht zuzutrauen ist.« Und Gentechnik-Experte Peter Röhrig von BUND und Ökologische

Lebensmittelwirtschaft (BÖLW) sagt:»Eine solche Personalwahl ist pure Absicht. In diese Gremien werden bewusst nur die Fähnchenschwinger der Gentechnik berufen.«

Als die Wissenschaftlerin im August 2008 zum Mitglied einer BfR-Kommission ernannt wurde, musste sie einen Fragebogen ausfüllen. Darin verlangte die Behörde»Informationen über direkte oder indirekte Interessen, die im Zusammenhang mit dem Aufgabenbereich des Bundesinstituts relevant sind«. Interessenprobleme? Nicht aus Sicht von Inge Broer. Ihre Antworten lassen nicht die geringsten Zweifel erkennen.

– Direkte Interessen (Einkünfte zum Beispiel aus Beschäftigung, übernommenen Aufträgen, Investitionen, Gebühren usw.):»Keine«.
– Indirekte Interessen (indirekte Einkünfte, zum Beispiel Zuschüsse oder Sponsorengelder, oder sonstige Vergünstigungen usw.):»Keine«.
– Interessen, die sich aus der beruflichen Tätigkeit der Bewerberin und des Bewerbers oder dessen engen Familienangehörigen ergeben:»Keine«.
– Mitgliedschaft oder Ämter in Organisationen, Gremien oder Vereinigungen, die ein Interesse an der Arbeit des Bundesinstituts haben:»Keine«
– Sonstige Interessen oder Umstände, die die Bewerberin oder der Bewerber für relevant hält:»Keine«.

Am 13. August 2008 bestätigte sie mit ihrer Unterschrift,»dass die vorstehenden Angaben wahrheitsgetreu und vollständig sind«. Mancher Wissenschaftler wird nicht wenig staunen über Broers Selbstauskunft.

# Der patentierte Volksstamm

## Besitzrechte auf alles, was wächst

Die US-Forscher planten eine hinterhältige Attacke und scheuten dafür keine Strapazen. Sie kamen auf den Geröllpisten nur mühsam voran. Das teilweise unwegsame Gelände wechselte zwischen Steppe, Dschungel, breiten Tälern und schwer zugänglichen Bergregionen. Das Ziel der Forscher war das Hochland von Papua-Neuguinea, sie waren auf der Suche nach dem nur 300 Personen zählenden Stamm der Hagahai, ein Jäger- und Sammlervolk, das räumlich auf fünf Gruppen aufgeteilt ist. Die Hagahai werden von Ethnologen als dunkelhäutig beschrieben, meist kraushaarig und eher klein gewachsen. Es war im Jahre 1995, als die Forschertruppe in das abgelegene Hochland vordrang; der Volksstamm war erst einige Jahre zuvor entdeckt worden. Die US-Expedition war mit einem sonderbaren Auftrag unterwegs. Ihr Einsatz stellte milliardenschwere Geschäfte in Aussicht. Das Team suchte nicht nach Bodenschätzen, das Interesse galt einem anderen wertvollen Stoff, dem Blut der Hagahai.

Der arglose Volksstamm empfing die Forscher freundlich. Einige von ihnen überließen den Besuchern, Mitarbeitern des National Institute of Health (NIH), ihre Blutproben. Und das hatte gravierende Folgen: Unter der Patentnummer 5 397 696 beansprucht seither das Gesundheitsministerium in Washington den genetischen Code der Hagahai als US-Eigentum. Die Wissenschaftler fanden in dem Blut ein »humanes T-lymphotropes Virus«. Das Virus verursacht Leukämie, die Hagahai-Variante erwies sich jedoch als gutartig. Gerade hierauf konzentrierte sich das Interesse der Amerikaner.

Im Blut der Hagahai hofften die Gen-Manipulateure den entscheidenden Hinweis zur Entwicklung eines Impfstoffs gegen den krebserregenden Virustyp zu finden.

Es dauerte eine Weile, bis die Hagahai den Hintergrund der beschwerlichen Reise ihrer Besucher aus den USA erfuhren. Diese Kenntnisse brachten sie gewaltig in Rage. Die Bewohner aus dem Hochland der nach Grönland zweitgrößten Insel der Welt mochten nicht einsehen, dass Firmen oder Institute ein Recht auf ihren genetischen Code und damit auf Teile ihrer Identität besitzen dürfen. Inzwischen haben die Hagahai mit anderen Stämmen eine Notgemeinschaft gegründet, die patentfreie Lebensformen im pazifischen Raum fordert. Denn allein in Papua-Neuguinea stehen 41 Volksgruppen auf der Wunschliste der Genfahnder. Ob Menschen, Tiere oder Pflanzen: Nichts ist vor ihnen sicher.

Der menschliche Körper ist mittlerweile zu einem begehrten Sezierobjekt patentgieriger Wissenschaftler und Konzerne geworden. Vergleichbar dem Goldrausch in Kalifornien erleben wir seit Jahren eine Hatz auf Patentierung aller Formen des Lebens. Sie werden zum Eigentum jener erklärt, die beim Run auf Patente die Nase vorn haben, wie absurd inhaltlich die Besitzansprüche auch sein mögen. Ob menschliches Sperma, Eizellen oder die Gene von Spitzensportlern, ob griechischer Bergtee oder wilder Brokkoli: Alles, was wächst und atmet, zählt zu den lohnenden Objekten der Geschäftemacher. Und das Europäische Patentamt (EPA) in München nickt nahezu alle Arten von Anträgen ab – verantwortungslos und ohne Rücksicht auf die teilweise gravierenden Folgen.

Wie beim Patent EP 1090117 von Novartis: Der schweizerische Pharma-Riese hat Blut und Gewebe einer Familie unter-

sucht, die häufig von Krebserkrankungen der Bauchspeicheldrüse (Pankreas) betroffen ist, und dabei eine veränderte
Genaktivität entdeckt, die ebenso patentiert wurde wie die Verfahren zur Diagnose und die Behandlung von Krebserkrankungen der Bauchspeicheldrüse. Das Novartis-Patent könnte auf
Dauer jedoch mehr schaden als nutzen, denn die Monopolisierung des Diagnose- und Behandlungsverfahrens dieser Krebs-
art durch Novartis behindert andere Forschungen.

Wie abwegig und wie nachteilig für die Gesellschaft die Besitzansprüche auf Gene von Menschen sind, zeigt das Patent
EP 0705902 des US-Konzerns Myriad Genetics: Die Diagnostik-
Firma hatte Patente auf Gene von Frauen angemeldet, die an einem erblich bedingten Brustkrebs erkrankt waren. Bei den Patientinnen wurde ein Defekt der beiden Gene BRCA 1 oder BRCA 2
nachgewiesen. Auf die Tests zur Diagnose eines oder beider
Gendefekte hatte Myriad in den 1990er Jahren Patente angemeldet und damit andere Forscher daran gehindert, genauere und
preiswertere Verfahren zu entwickeln. Das Patent von Myriad
beinhaltete neben den Diagnoseverfahren auch die Rechte zur
Verwendung des Gens in der Therapie und zur Herstellung von
Arzneimitteln.[1]

Während somit für Millionen betroffener Frauen durch das
Patent die Hoffnung auf Forschungsfortschritte gedämpft
wurde, war es für den Konzern die Chance zur Geldschneiderei.
Die Myriad-Manager setzten nicht nur die Kosten für die Tests
höher an, sie untersagten gleichzeitig anderen Labors, ihre eigenen Tests anzubieten. Humangenetiker und Forschungseinrichtungen in vielen Ländern, einige EU-Regierungen und auch
das Brüsseler Parlament meldeten Einsprüche gegen das Patent
an. Die Organisation Europa Donna, die Patientinnen mit Brust-
krebserkrankungen vertritt, forderte ein generelles Verbot der
Patentierung menschlicher Gene. Die kanadische Regierung
klagte gar gegen das Patent und ließ ein eigenes Verfahren auf

den Markt bringen. Inzwischen ist das Patent von Myriad stark eingeschränkt worden – nach massiven Protesten und vielen Verhandlungsrunden im Patentamt.

Bei den Auseinandersetzungen um EP 0705902 wurde bekannt, dass die Patientinnen ihre Blut- und Gewebeproben der Firma Myriad nur unter der Bedingung überlassen hatten, sie ausschließlich für Forschungszwecke zu nutzen, eine Patentierung hatten sie jedoch ausdrücklich abgelehnt. Das US-Patentamt interessierte sich ebenso wenig wie das Europäische Patentamt für die Interessen der betroffenen Patientinnen. »Firmen wie Myriad und Novartis«, schreibt das Autorenteam Then und Tippe, »stellen ihre Interessen über die der Patienten. Ein Verbot der Patentierung menschlicher Gene ist nicht zuletzt aus diesen Gründen längst überfällig.«[2]

Die Patentwut der Industrie zeigt sich auch am Beispiel der Firma Genetic Technologies. Das australische Unternehmen hat als neues Geschäftsfeld ein Verfahren zur Entdeckung und Auswahl von Spitzensportlern ertüftelt und dafür die Blutproben von über hundert Elite-Sportlern, darunter fünfzig Olympia-Teilnehmer, ausgewertet. Entwickelt wurde daraus das Patent EP 1546403 auf Verfahren zur Erkennung einer speziellen genetischen Veranlagung für Ausdauer- und Hochleistungssportarten. Das Testverfahren soll schon bei Kindern und Jugendlichen zur Anwendung kommen, damit wie bei einem Rennpferd schon frühzeitig mit der Sportlerdressur begonnen werden kann.

Die Aktivitäten der australischen Genforscher sind Vorboten einer gefährlichen gesellschaftlichen Entwicklung, die schon bald Realität werden könnte – die einer menschlichen Selektion. Bei Pferden, Kühen und Schweinen ist die Zuchtauswahl bereits gängige Praxis zur Leistungssteigerung. Bis zu einer genetischen Kontrolle vor der Partnerwahl mit dem Ziel bestimmter »Zuchtziele« scheint es nicht mehr weit zu sein – eine fatale Perspektive, die der Phantasie eines Science-Fiction-Autors entsprungen zu sein scheint, aber schon bald Realität werden könnte.

Beschleunigt wird diese Entwicklung auch durch das Patent EP 1263521 der Forschungsfirma Oversort Ltd. aus Cardiff. Sie entwickelte Verfahren, bei denen für eine künstliche Befruchtung jene Spermien herausgefiltert werden, die ein weibliches Chromosom tragen. In einem elektrischen Feld können diese Spermien von den übrigen separiert werden. Patentiert wurde nicht nur das Verfahren zur Selektion, sondern auch das Sperma von Menschen und Tieren sowie das Verfahren zur Produktion von weiblichen Tieren mit Hilfe des patentierten Spermas. Noch ist diese Art der Selektion von Menschen in Europa nicht erlaubt. Es ist jedoch fraglich, ob die Regierungen auf Dauer den Begehrlichkeiten der Biotech-Branche zu widerstehen vermögen und Elternpaare eines Tages dann nicht nur die Wahl haben zwischen einem Jungen und einem Mädchen, sondern wie in einem Katalog auch noch die Haar- und Augenfarbe bestimmen können. Ethische Bedenken werden dann wohl kaum Gehör finden. Sie spielten bislang bei den meisten Patenterteilungen keine Rolle. Unter diesem Blickwinkel hätten vom Europäischen Patentamt die Patente zur Sportlerauswahl und das zur Spermienselektion nicht erteilt werden dürfen.

Doch das Europäische Patentamt scheint sich nicht viel daraus zu machen, welche Bedenken die einzelnen EU-Länder und die Brüsseler Kommission anmelden; selbst gesetzliche Regelungen werden ignoriert. Nach der EU-Richtlinie 98/44/EG darf der »menschliche Körper in allen Phasen seiner Entstehung und Entwicklung« nicht patentiert werden. Dieses Verbot gilt auch für menschliche Keimzellen. Gleichwohl ist das EPA recht freigiebig bei der Erteilung solcher Patente. So erhielt die schwedische Firma Vitrolife 2003 ein Patent auf tiefgekühlte Embryonen und Eizellen (EP 1121015) und der Darmstädter Pharma-

Konzern Merck für seine Tochterfirma Merck-Serono ein Patent (EP 1196153) auf Verwendung menschlicher Eizellen.[3] Umstritten ist ebenfalls das Epilepsie-Patent EP 1852505 von Bionomics. Die Wissenschaftler der australischen Firma hatten an Epilepsie leidende Patienten auf genetische Auffälligkeiten untersucht und die ursächlich für die Krankheit entscheidenden Genabschnitte auf Schimpansen übertragen, um an ihnen die Wirksamkeit von Medikamenten zu erproben. Vorsorglich wurde bei dem Patent der Anspruch auf Versuche mit mehreren Tierarten angemeldet, darunter Ratten, Hamster, Hunde, Katzen, Ziegen, Schafe und mehrere Affenarten. Tierversuche unterliegen in der EU jedoch strengen Auflagen.[4] Patente auf Tiere sind danach nur zugelassen, wenn die Versuche mit ihnen einen wesentlichen Nutzen versprechen, der allerdings zum Zeitpunkt der Patenterteilung nicht erkennbar ist. Auch dieser Vorgang verdeutlicht die Eigenständigkeit der Münchner Patenterteiler, die systematisch Lücken im Patentrecht für ihre Entscheidungen nutzen.

Bis Ende 2010 hatte das Europäische Patentamt Patente auf 3700 Gensequenzen von Menschen und Tieren erteilt – ohne in Frage zu stellen, ob man Entdeckungen überhaupt patentieren kann. Eine merkwürdige Rechtslage erlaubt dem Europäischen Patentamt ein sonderbares Eigenleben. Das Europäische Patentamt mit rund 800 Beschäftigten an fünf Standorten in Europa ist keine EU-Behörde, es ist vielmehr eine eigenständige Organisation, die sich ausschließlich über die Gebühren für die angemeldeten und erteilten Patente finanziert. Das verschaffte dem Amt 2009 Einnahmen von rund 1,44 Milliarden Euro. Die Abhängigkeit von diesen Geldern ist für Kritiker ein Schwachpunkt: Sie sehen darin einen Anreiz, Patente weniger nach Qualität als nach Quantität zu vergeben.

Vor allem im Bereich der Gentechnik verwundert das Amt immer wieder mit Patenterteilungen, die als äußerst fragwürdig gelten, beispielsweise beim »Schweine-Patent« von Monsanto. 2005 hatte der US-Multi zunächst bei der Weltpatentbehörde in Genf zwei für 160 Länder geltende Patente auf Schweine angemeldet, die auch in 27 europäischen Ländern gelten sollten. Das Patent WO 2005/015989 beschreibt längst praktizierte Methoden wie Kreuzung, Selektion und künstliche Besamung. Bestimmte Kombinationen dieser Methoden wollte sich Monsanto als eigene Erfindung patentieren lassen. Der Konzern meldete aber nicht allein den Anspruch auf dieses Verfahren an, sondern beanspruchte auch die damit gezüchteten Tiere und sogar die gesamte Herde. Eine weitere Patentanmeldung (WO 2005/017204) bezog sich auf die Gen-Diagnose an Schweinen. Damit sollen Schweine identifiziert werden, die aufgrund ihres natürlichen Genoms besonders schnell wachsen. Auch bei diesem Patent beansprucht die US-Firma nicht allein das Diagnoseverfahren, sondern auch die Tiere selbst. Das käme einem weltweiten Monopol auf Ferkel, Mastschweine und Sauen gleich. Mit den beiden Schweinepatenten wollte der Konzern die Kontrolle über weite Bereiche der Landwirtschaft und der Lebensmittelproduktion erlangen. Über die verlockenden Geschäftsaussichten heißt es in der Patentschrift WO 2005/017204: »Der ökonomische Einfluss dieser Industrie auf die ländlichen Regionen der USA ist enorm. Normalerweise setzen die Landwirte pro Jahr mehr als 11 Milliarden US-Dollar um, während der Wert der Ware, die im Einzelhandel an die Verbraucher verkauft wird, 38 Milliarden US-Dollar erreicht.«

Das sind Geschäftsperspektiven, die sich auf nahezu alle Märkte der Welt ausdehnen lassen. Und wer die Nahrungsmittelproduktion kontrolliert, hat noch mehr Macht als die Ölmultis, die immerhin noch von den Förderländern abhängig sind. Die weltweite Nahrungsmittelversorgung würde dann weitgehend beherrscht von Monsanto und einigen anderen Konzernen wie BASF, Bayer, DuPont, Syngenta und Dow. Die wenigen Multis könnten dann ihre Macht ausspielen und die Preise diktieren. In vielen Regionen der Welt würde dann der Hunger gewaltig zunehmen. Wegen fehlender Nahrung, prophezeien Zukunftsforscher, würden in den nächsten Jahrzehnten sogar Kriege geführt.

Die in Genf ansässige Weltpatentbehörde kann die Anmeldung solcher »Erfindungen« nur entgegennehmen, aber selbst keine Patente erteilen. Die Anträge müssen an die jeweiligen Patentämter, in der EU an das Europäische Patentamt in München, weitergeleitet werden. Immer häufiger und vehementer wird die Kritik an der leichtfertigen Patenterteilung des Münchner Amts. Greenpeace, rund dreihundert weitere Umwelt- und Landwirtschaftsorganisationen und die hessische Landesregierung hatten in einem Sammeleinspruch ein Verbot des Schweinepatents gefordert. Der massive Widerstand hatte Erfolg: Das Europäische Patentamt erklärte das Monsanto-Patent für ungültig.

Monsanto hält dennoch am Kurs fest, auf alle möglichen Formen des Lebens Besitzansprüche anzumelden. 2009 reichte der Konzern ein Patent auf Schinken und Schnitzel (WO 2009/097403) ein.[5] Landwirte und Verbraucher sollten für Schweine, die mit Gen-Soja des Konzerns gefüttert wurden, extra Gebühren an den Konzern entrichten. Die Begründung mutet reichlich absurd an: Dieses Fleisch, so die Argumentation von Monsanto, weise eine höhere Konzentration von ungesättigten Fettsäuren auf. Produkte dieser Schweine wie Würste und Schnitzel basierten somit auf einer Erfindung von Monsanto. Eine völlig verquere Begründung. Vergleichbar wäre der Versuch der Mineralöl-Konzerne, Besitzansprüche auf die mit ihrem Sprit betriebenen Autos anzumelden.

Während die Patentämter noch über dem Schnitzelpatent und anderen Anträgen brüten, hat Monsanto bereits weitere

Eigentümerrechte eingefordert: Im März 2010 erhob die US-Firma Besitzansprüche (WO 2010/027788) auf alle Fische, die mit Gen-Pflanzen von Monsanto gefüttert werden. Und die Firma DuPont beantragte und erhielt ein Patent (EP 744888) auf alle Maispflanzen mit einer bestimmten Ölqualität. Dafür reichte aus, dass der Konzern eine Methode herausfand, den Ölgehalt in Maiskörnern zu analysieren. Die Ansprüche von DuPont aus diesem Patent reichen bis zu den Nahrungsmitteln. Von Margarine, Salatdressings bis hin zu Tierfutter sind alle Produkte betroffen, die dieses Öl enthalten.[6] Ähnlich verhält es sich auch mit der Patentanmeldung (WO/0018963) von Monsanto, bei der es sich um Verwertung einer Genanalyse bestimmter Sojasorten in China handelt. Nach heftigen Protesten in den chinesischen Medien wurde das Patent, mit dem der Konzern Ansprüche auf alle Pflanzen mit diesen Genen angemeldet hatte, nicht erteilt.

Besonders einträgliche Geschäfte darf Monsanto von dem Verkauf einer neuen Brokkolisorte erwarten. Vergeblich hatten über dreihundert Organisationen wie Greenpeace, Misereor, der BUND, Bauernverbände und Pflanzenzüchter im Oktober 2011 gegen eine EPA-Entscheidung zum Pflanzenpatent EP 1069819 protestiert. Eingereicht hatte es die britische Firma Plant Bioscience. Das Patent betrifft nicht die gentechnische Veränderung einer Pflanze, was die Entscheidung möglicherweise noch gerechtfertigt hätte. Plant Bioscience hatte lediglich eine herkömmliche Brokkolisorte mit einem in südlichen Ländern vorkommenden Wildbrokkoli gekreuzt – ein Verfahren, das jeder erfahrene Züchter beherrscht. Die wildwachsende Pflanze enthält gegenüber dem konventionellen Brokkoli mehr vor Krebserkrankungen schützende Bitterstoffe, die nunmehr auf die neue Kreuzungsvariante übertragen wurden. In Erwartung hoher Umsätze hat Monsanto von der britischen Firma die Lizenzrechte an dem Patent erworben und lässt nun den neuen Brokkoli über Supermarktketten in den USA und Großbritannien mit einem satten Aufschlag anbieten.

Die neue Züchtung hat Monsanto dem Ziel, im Bereich der Nahrungsmittel eine dominierende Weltmarktposition zu erreichen, einen entscheidenden Schritt näher gebracht. Wird das Patent endgültig erteilt, bietet es dem US-Multi die Chance, auch andere Pflanzenpatente erfolgreich vermarkten zu können. Denn das Brokkolipatent gilt nach Ansicht von Experten als wegweisend für die Patentierbarkeit von Pflanzen und Tieren. Das Europäische Patentamt muss nun mit einer Flut neuer Anträge zu rechnen. So hat denn eine australische Forschungseinrichtung bereits ein Patent auf eine gut verdauliche und zur Herstellung von Brot geeignete Gerste erhalten (EP1331845). Von diesem Patent betroffen wären nach Ansicht von Greenpeace auch Folgeprodukte wie Brot, Nudeln und Bier.

Seit Jahren schon fordern Umweltfachleute und Politiker ein Verbot der Patentierung von Leben. Das treibt Landwirte auf der gesamten Welt in die Abhängigkeit einiger weniger Konzerne, die aus Nahrungsmitteln Spekulationsobjekte machen.»In Zeiten, in denen eine Milliarde Menschen hungern«, sagt Kerstin Lanje von Misereor über den Brokkoli-Fall,»ist es unmoralisch, Lebensmittel durch Patentmonopole künstlich zu verknappen und zu verteuern.«

Die Bundesregierung hat sich im Koalitionsvertrag eindeutig gegen Patente auf Tiere und Pflanzen ausgesprochen. Bei diesen Absichtserklärungen ist es bislang geblieben, obwohl im Februar 2012 Abgeordnete aller im Bundestag vertretenen Parteien einen Antrag verabschiedet haben, nach dem zumindest Patente auf Pflanzen und Tiere aus der konventionellen Züchtung verboten werden sollen. Um die EPA-Praxis zu ändern, müssten aber die europäischen Patentrechte geändert werden. In Brüssel sind dazu allerdings keine konkreten Pläne erkennbar.

Es ist eine alarmierende Entwicklung, dass Regierungen

weltweit die Handlungsweisen von Konzernen unterstützen, die an Methoden mittelalterlicher Wegelagerei erinnern. Bis vor wenigen Jahren noch war der freie Zugang zu den genetischen Ressourcen ein Grundrecht. Auch der sogenannte Sortenschutz bei Pflanzen garantierte die uneingeschränkte Arbeit von Forschung und Entwicklung: Jeder, der eine neue Pflanzensorte züchten will, hat freien Zugang zu dem durch Sortenschutz gesicherten Saatgut. Wenn dessen neue Sorte neue Eigenschaften besitzt, erlischt das Recht des vorherigen Züchters.

Beim Patentschutz ist hingegen der freie Zugang zur Pflanzenforschung blockiert. Zudem umfassen Patente alle Stufen der Wertschöpfung. Es schließt mithin auch das Lebensmittel ein. Vor den Folgen der Patentierungswut für die ärmsten Länder hat bereits vor vielen Jahren die Rockefeller-Stiftung in New York gewarnt. In der angesehenen Fachzeitschrift *Nature* wird zu den Folgen Gary Toenniessen zitiert, Direktor für Nahrungsmittelsicherheit bei der Stiftung: »Wir befinden uns auf demselben Weg, den vor einigen Jahrzehnten bereits die öffentliche Forschung zu Impfstoffen und Medikamenten eingeschlagen hat.« Das heißt: Nur wer über genügend Mittel verfügt, kann sich die Medikamente leisten. Auch die Genprodukte werden in wenigen Jahren nur der zahlungsfähigen Kundschaft zur Verfügung stehen.

## Genpatente: Kanonenkugeln von heute

Kritisch betrachten auch die Vereinten Nationen (United Nations Environment Programme, UNEP) die Entwicklung: »Neue Patentgesetze berücksichtigen kaum die Kenntnisse der indigenen Bevölkerung, die damit den Ansprüchen von außen schutzlos ausgesetzt ist. ... Das Ergebnis ist ein stillschweigender Diebstahl von über Jahrhunderte erworbenem Wissen, der von den entwickelten Ländern an den Entwicklungsländern begangen wird.«[7]

Drastischer noch formuliert es die Wissenschaftstheoretikerin Vandana Shiva, Trägerin des alternativen Nobelpreises:»Die Gentechnik und die Patentierung von Leben stellen jede Form des Kolonialismus, die wir bislang kannten, in den Schatten. Es werden heutzutage Räume kolonialisiert, von denen man früher nie zu träumen wagte. Lebensgrundlagen, Zellen, Tiere, Pflanzen. Alles aufgrund der neuen technischen Möglichkeiten. Die Genpatente sind die Kanonenkugeln von heute.«[8]

Vor allem für die dritte Welt wird die Patentinflation fatale Folgen haben. Die Ausbeutung von Lebensressourcen wird sich auf diese Länder noch katastrophaler auswirken als die Plünderung ihrer Bodenschätze durch die westlichen Konzerne. Noch verwenden rund 70 bis 80 Prozent der Landwirte auf der Welt lokale und freie Pflanzensorten. Das dürfte sich bald ändern.

Ein wahrer Patent-Run hat eingesetzt, der zunehmend auch die biologische Vielfalt einschränkt. Er weckt Erinnerungen an den Goldrausch in Kalifornien, als ein verbitterter Kampf um die letzten Claims einsetzte. Die großen Konzerne überbieten sich seit Jahren mit Patentanträgen. Häufig ist noch nicht einmal der kommerzielle Nutzen geklärt, da sichern sich die Firmen bereits mit neuen Anmeldungen lukrative Geschäftsmöglichkeiten. Bis Ende 2010 wurden allein beim Europäischen Patentamt 1100 Patente auf Tiere und rund 1800 Patente auf Pflanzen erteilt.

Dahinter vermuten Fachleute eine massive Intervention der Lobbyisten aus der Gentechnik- und Pharmaindustrie. Denn beide Branchen haben ein starkes Interesse daran, ihre ehrgeizigen Expansionsziele, wie abseitig sie auch anmuten, gesetzlich schützen zu lassen. Vor allem die Regierung in den USA fördert die Patentexpansion, sichert sie doch damit den amerikanischen Konzernen in Bereichen wie der Gentechnik und der Pharmaforschung einen weltweiten Vorsprung. In dieser Zielsetzung waren sich von Ronald Reagan bis Barack Obama bislang alle US-Präsidenten einig. Die Folgen für die Menschheit und die Natur spielten so gut wie keine Rolle.

Das europäische Patentamt hat zu dieser Entwicklung erheblich beigetragen. Bereits im Jahr 2000 erhielt DuPont vom EPA ein Schutzrecht auf Maispflanzen, deren Körner einen besonders hohen Ölgehalt aufweisen (EP 744888). Diese Körner waren durch Kreuzungen mehrerer Maissorten gezüchtet worden. Maiszüchtungen mit derart hohen Ölgehalten sind in Mexiko, einem klassischen Maisland, seit Jahrhunderten üblich. DuPont wollte mit der Patentanmeldung ein Monopol für die Vermarktung dieser Sorten in den USA und Europa durchsetzen. Zum Glück für die Mexikaner formierte sich viel Widerstand von Entwicklungshilfe- und Umweltorganisationen gegen das Patent. Schließlich erklärte das Europäische Patentamt das Schutzrecht für ungültig, mit dem DuPont auch Eigentumsrechte an den traditionellen Maissorten hätte geltend machen können. Bei der EPA-Beschwerdekammer häuften sich die Widersprüche, schließlich erklärte sie das Schutzrecht für ungültig.[9]

Ähnliche Rechte wollte Monsanto 2003 beim EPA mit einem Patent auf eine indische Weizensorte durchsetzen, der eine besondere Backqualität nachgesagt wird (EP 445929). Der Konzern strebte ein Monopol auf die Pflanze selbst und auf das aus ihr gewonnene Mehl und die damit erzeugten Backprodukte an. Nach Einsprüchen von Greenpeace, indischen Bauern und der bekannten indischen Umweltaktivistin Vandana Shiva wurde das Patent in Europa widerrufen. In den USA ist dieses Patent bereits seit 1999 gültig. Seither dürfen dort keine anderen Züchter mehr mit diesem Saatgut arbeiten.

Auf der Wunschliste der Biopiraten stehen Heilkräuter obenan. Bereits 1986 ließ sich der amerikanische Pharmaunternehmer Loren Müller das Patent US5751P auf die Ayahuasca-

Liane aus dem Amazonasgebiet erteilen. Die Liane gilt den Eingeborenen als heilig und wird mit ihren halluzinogenen Eigenschaften als Arzneipflanze genutzt. Nach einer weltweiten Kampagne wurde das Patent 1999 außer Kraft gesetzt, aber bereits 2001 wieder für gültig erklärt.

Heilende und desinfizierende Wirkungen werden auch dem indischen Neembaum nachgesagt. Die Biopiraten haben diesen Baum nun komplett geplündert und in über tausend Patente zerlegt. Extrakte des Hoodia-Kaktus aus dem südlichen Afrika gelten als natürliche Appetithemmer. An der stacheligen Pflanze hat ein Unternehmen ebenfalls Besitzrechte erworben. Die Liste der patentierten Pflanzen ist kaum noch überschaubar, auch bekannte Knollen und Früchte gehören dazu. Zu ihnen zählen auch Varianten von Ingwer, Basmatireis, schwarzem Pfeffer und griechischen Bergtees.

Bis 1995 lag das Patentrecht weitgehend in der nationalstaatlichen Entscheidungsgewalt. Die Welthandelsorganisation WTO hat die Souveränität der Mitgliedstaaten teilweise eingeschränkt. Jedes WTO-Land muss seither bestimmte Mindestnormen des Patentrechts und anderer Schutzrechte auf immaterielle Güter, hinter denen in der Regel allerdings auch wirtschaftliche Interessen stehen, akzeptieren. Nach intensiver Lobbyarbeit hatten es die Pharma-, Gentechnik- und Softwarekonzerne geschafft, in den Industrieländern die Patentrechte entsprechend ihren Interessen zu erweitern und in den Entwicklungsländern neu einzuführen. Vor allem die G-8-Staaten haben es zu einem vorrangigen Programm erhoben, geistige Eigentumsrechte stärker zu schützen.

In den Entwicklungsländern regt sich jedoch Widerstand gegen die zunehmenden gesetzlichen Reglementierungen, die ihrer Meinung nach die Ausbeutung ihrer Pflanzen- und Tierwelt auch noch gesetzlich absichern. In vielen dieser Länder, stellte die BUKO-Kampagne gegen Biopiraterie fest, »arbeiten

Menschen an der Erhaltung der Vielfalt von Nutzpflanzen und
-tieren. Örtliche Initiativen zur Saatguterhaltung vermehren
lokale Sorten und Rassen, tauschen freies Saatgut untereinander
und bemühen sich um das Wiedererlernen und das Weiterent-
wickeln von traditionellen Anbau-, Züchtungs- und Verarbei-
tungsmethoden. Sie behaupten so ihre Unabhängigkeit und
Kontrolle über ihre Produktionsmittel und widersetzen sich zudem den Monopolisierungsbestrebungen der profitorientierten
Konzerne.«[10]

Es regt sich in der Tat weltweit der Widerstand gegen die zunehmende Monopolisierung der Kontrolle über biologisches
Material. So hatte sich beispielsweise ein japanisches Unternehmen die brasilianische Cupuacu-Frucht als Marke schützen lassen. Brasilianische Konfitüre-Hersteller hätten somit ihr Cupu-
acu-Gelee nicht in Europa vertreiben dürfen. Durch gemeinsame
Proteste in Brasilien und Deutschland gelang es, die Registrie-
rung von Cupuacu als Markenname aufzuheben. Verhindert
wurde auch der Patentantrag der japanischen Firma auf eine in
Brasilien längst bekannte Verarbeitungsmethode der Cupuacu-
Fruchtkerne. Auch die indische Regierung hat erste Konsequenzen aus der Ausbeutung der Natur gezogen und sich gegen eine
Piraterie von Ayurveda-Produkten abgesichert. Sie ließ eine öffentlich zugängliche Datenbank mit Ayurveda-Rezepten anle-
gen. Auf diese Weise soll verhindert werden, dass sich Pharma-
konzerne mündlich überlieferte Rezepte patentieren lassen.

Verschiedene internationale Abkommen wie die 1993 in
Kraft getretene Konvention über biologische Vielfalt (Conven-
tion on Biological Diversity) bemühen sich um einen Ausgleich
zwischen kommerziellen Interessen westlicher Konzerne und
dem Erhalt der Biodiversität in den Entwicklungsländern. Nach
den Erfahrungen der letzten Jahre lässt sich Naturschutz auf
Dauer nur realisieren, wenn die Vielfalt ökonomisch verwertbar
ist.[11] Diese Handlungsweise ignoriert die Interessen der Bewoh-

ner dieser Länder und Regionen, die über Jahrhunderte hinweg diese Vielfalt entwickelt und auch erhalten haben. Einige dieser Länder wehren sich auch gegen Kompromisse, nach denen für die Nutzung biologischer Ressourcen Ausgleichszahlungen angeboten werden. Sie befürchten, dass sie dann keine wirksame Kritik mehr gegen die verschiedenen Formen der Ausbeutung vorbringen können. Vor allem wehren sie sich laut BUKO-Kampagne »gegen eine Legitimierung von Patenten auf Leben«.

# Die Frankenstein-Industrie

## Rechtlose Wesen

Schweine zählen zu den intelligenten Tieren. Wie bei den Menschen gibt es auch hier Unterschiede. Schon 1789 berichtete der britische Naturkundler Gilbert White von einer besonders klugen Sau: Das Tier öffnete zunächst den Riegel des Gattertores im Stall, dann einige weitere Tore und marschierte zu einem entfernt liegenden Hof, um dort einen Eber zu besuchen; nach einer Weile kehrte es gemächlich auf dem gleichen Weg zum Hof zurück. Die streunende Sau ist kein Einzelphänomen. Immer wieder wissen Bauern über die Cleverness von Schweinen zu berichten: über raffinierte Stallausbrüche, oft in Teamarbeit, über ihre Fähigkeit, instinktiv und auf Anhieb Menschen zu erkennen, die ihnen gefährlich werden können, beispielsweise Schlachter, die sie nie zuvor gesehen haben. Erlebnisse dieser Art mit Schweinen sind lange her. Das Borstenvieh von heute liefert keine Anekdoten mehr, sein Dasein ist so kümmerlich wie zu keiner anderen Zeit. Das Schwein ist wie auch das Geflügel zu einem Synonym für Tierleid geworden – gemästet für den schnellen Gewinn, geschunden für die Sonderangebote beim Discounter.

Die sogenannte Zivilisation leistet sich in vielen Tierfabriken einen Rückfall in die schlimmsten Zeiten menschlicher Barbarei. Der Umgang mit den Nutztieren in den Mastställen der Agrarindustrie ist ein Akt beispielloser Grausamkeit. Vor den Augen der Öffentlichkeit verborgen vegetieren Schweine, Hühner und Puten in hermetisch verriegelten Ställen auf eine qualvolle

Weise ihrem Ende entgegen. Ihr einziger Daseinszweck ist die Erlangung der Schlachtreife – im Rekordtempo und mit dubiosen und menschenunwürdigen Methoden.

Die heutige Tiermast zählt zu den übelsten Auswüchsen aufgeklärter Gesellschaften. Der rücksichtslose Umgang mit unseren Mitgeschöpfen ist der Ausdruck eines entarteten Denkens und Empfindens. »Die Güte des Herzens«, schrieb der Philosoph Arthur Schopenhauer (1788–1860), »besteht in einem tiefgekühlten universellen Mitleid mit allem, was Leben hat.« Schopenhauer hoffte, dass eines Tages »Tiere nicht mehr als rechtlose Wesen dastehn«. Und es werde dann nicht mehr »jedem Medikaster freistehn, jede abenteuerliche Grille seiner Unwissenheit durch die grässlichste Qual einer Unzahl Tiere auf die Probe zu stellen«.

Es sind heute nicht die »Medikaster«, die durch unsinnige Versuche Tierquälereien verursachen. Entartet ist der Umgang mit dem Tier durch reine Profitgier. Kühe, Schweine und Geflügel sind Objekte großer Geschäfte geworden und dienen ausschließlich der Gewinnmaximierung: als Fleisch- und Milchmaschine. Entsprechend ausbeuterisch und kostensparend sind die Haltungsbedingungen. Die Mastfabriken, in denen die menschliche Brutalität im Umgang mit dem Tier eine besonders exzessive Form angenommen hat, sind für Fremde streng abgeschirmt, um das Elend in ihrem Innern zu verbergen. Tierschützer nennen diese Ställe daher »Tier-Guantánamos«.

An den Zuständen dort wird sich trotz jahrelanger massiver Kritik auch in Zukunft wenig ändern. Solange die Verbraucher, ob aus Unwissenheit oder Lethargie, keinen anderen Umgang mit Nutztieren erzwingen, wird die Qualzucht auch von der Bundesregierung nicht angetastet. Zynischer wird Politik selten praktiziert. Ein anschauliches Beispiel dafür lieferte Bundeslandwirtschaftsministerin Ilse Aigner im Dezember 2011 mit ihren Plänen für eine Änderung des Tierschutzgesetzes. Danach soll es keine Qualzuchten bei Hunden mehr geben – keinen Riesen- und Zwergwuchs, keine angezüchtete Kurzbeinigkeit und keine Haarlosigkeit mehr, auch das Brandzeichen für Pferde soll verboten werden.[1] Es hat lange gebraucht für eine solche Änderung.

Und die Qualzuchten in den Tierfabriken? Aigner meidet hier bewusst den Begriff, das erwartet die mächtige Lobby von ihr. Will sie ihr Amt behalten, muss sie auf die Interessen von Bauernverband und Agrarindustrie Rücksicht nehmen. Für die Landwirtschaft kündigte die CSU-Politikerin »Tierwohlindikatoren« an. »Wir brauchen«, so die Ministerin, »europaweit klare Kriterien für ein Tierwohl-Label« – allerdings nur auf freiwilliger Basis, versteht sich. So wird denn auch weiterhin im Tierschutz mit zweierlei Maß gemessen – in der strengeren Version für die Halter und Züchter von Hunden, in der harmlosen Variante für die Agrarindustrie als eine Form der Tierschutzvermeidung.

Die Drückebergerei der Politik ist Tierschützern ein fortwährendes Ärgernis. Mastschweine sind häufig in so engen Ställen untergebracht, dass sie sich kaum bewegen können, sie stehen auf Böden mit Betonbalken, die unmittelbar über den Güllegruben liegen. Durch die Spaltenböden fließt der Urin direkt ab, den Kot treten Schweine, Kälber und Mastbullen in die Güllebassins. Die Spalten in diesen Böden sind oft so breit, dass es zu schweren Klauenverletzungen kommen kann. Wie Untersuchungen zeigen, sind davon rund 60 Prozent der Mastschweine betroffen. Klauenverletzungen sind schwerwiegend und meistens sehr schmerzhaft und können sogar zum Tode führen.

Fast 90 Prozent der Mastschweine werden heute in einstreulosen Ställen auf Spaltböden gehalten. Von Natur aus sind Schweine sehr reinlich und unterscheiden streng zwischen Liege-, Fress-, Aktivitäts- und Kotplatz. Sie erkunden ihre Umgebung mit dem Geruchssinn, der noch stärker ausgeprägt ist als der von Hunden. In den Mastställen können sie dieses natürliche Bedürfnis nicht einmal ansatzweise ausleben. Bei einer Einstreu mit frischem Stroh können sie wenigstens ihr Wühlbedürfnis teilweise ausleben. Doch in den meisten Mastställen wird auch darauf verzichtet, das erspart das Ausmisten.[2] Wenn sich die Propagandisten der Fördergemeinschaft Nachhaltige Landwirtschaft über Betonspaltenböden äußern, klingt das wie das Loblied auf eine segensreiche Entwicklung:»Stroh, Erde oder Hobelspäne werden vom Landwirt ungerne angeboten. Es könnten Krankheitserreger (zum Beispiel Salmonellen) oder Pilzgifte enthalten sein. Für die Tiergesundheit ist das schlecht. Besser sind hygienisch unbedenkliche Materialien, die mehrere Sinne gleichzeitig ansprechen.«Daher haben die deutschen Großmäster alles, was unhygienisch ist, also Stroh, Erde und Späne, aus ihren Ställen verbannt. Und weil die Bauern möchten, dass ihre Tiere glücklich und zufrieden sind, kaufen sie Schweinespielzeug, damit in ihren Betrieben Unterhaltungsprogramme ablaufen können, an denen sich so mancher Kindergeburtstag ein Beispiel nehmen könnte.

Ziemlich schlicht stellen sich offenbar die FNL-Verniedlicher den deutschen Verbraucher vor, dass sie ihm einen solchen Sermon als Werbekost anzubieten wagen. Aus dem Blickwinkel des Vereins mutiert selbst die Tierfabrik zu einem landwirtschaftlichen Idyll, als sei die Qualmast ein einziger Streichelzoo. Nur gesunde und zufriedene Tiere bringen laut FNL eine gute Leistung, darum sei das Wohlergehen der Tiere nicht nur aus moralischer, sondern auch aus ökonomischer Sicht ein Kernanliegen der Landwirte. Auf seiner Internetseite präsentiert der agrarindustrielle Lobbyzirkel seine »Erkenntnisse«im Infodienst *Green Facts*. FNL-Geschäftsführer Gibfried Schenk:»Mit unserem Green Fact wollen wir einen Überblick über die beliebtesten Spielzeuge geben und daran erinnern, wie verantwortungsvoll Nutztierhaltung in diesem Land praktiziert wird.«[3]»Verantwortungsvoll«, das lässt der Deutsche Tierschutzbund ganz und gar nicht gelten:»Die gängige industrielle Schweinehaltung ist nicht artgerecht. Sie widerspricht dem Tierschutzgesetz, dem zufolge ein Tier seinen Bedürfnissen entsprechend verhaltensgerecht untergebracht werden muss.«[4]

Besonders übel sind die Zustände in den Ställen mit Muttersauen. Sie werden in Metallgitterpferchen gehalten, die gerade mal 65 Zentimeter breit und 180 Zentimeter lang sind. Über die sogenannten Kastenstände, die ab 2013 EU-weit verboten sind, schreibt der Veterinärmediziner Hermann Focke:»In diesen Ständen sind die einzelnen Sauen monatelang eingesperrt. Sie können lediglich ein bis zwei Schritte vor und rückwärts treten; sie können sich nicht einmal umdrehen. Eine Einstreu ist in der Regel nicht gegeben, da die Tiere meistens auf Teil- bzw. Vollspaltenboden stehen. Zu Beginn ihres Aufenthaltes in den Kastenständen kann man immer wieder beobachten, dass die Tiere vehemente Ausbruchversuche machen, aber auf Grund der massiven Metallabsperrung keine Chance haben. Mit der Zeit bricht der Widerstand der Tiere zusammen und die Schweine zeigen dann stereotype Verhaltensstörungen wie ›Stangenbeißen‹ und ›Leerkauen‹. In den Kastenständen verbleiben die Sauen nach der künstlichen Besamung fast die gesamte Tragezeit von knapp vier Monaten bis kurz vor dem Geburtstermin. Dann werden die Tiere in die Abferkelbuchten gebracht, wo die einzelnen Sauen wiederum eingekerkert sind, und zwar in den sogenannten Abferkelkäfigen.«[5]

Focke war jahrelang Leiter des Veterinäramtes in Cloppenburg, einer Region mit enorm vielen Tierfabriken. Die Rücksichtnahme der Politik auf die Tiermäster, die selbst schlimmste Missstände durchgehen ließ, haben ihm seine Kontrollarbeit nicht nur erschwert, sondern auch verleidet. Pensionär Focke ist einer der schärfsten Kritiker der Massentierhaltung. In seinen Veröffentlichungen hat er immer wieder auf die Auswüchse der

Qualzucht und Qualmast hingewiesen. »Muttersauen sind die ärmsten Schweine«, schreibt Focke. Sie dürfen ihre Käfige nicht einmal zum Kot- oder Urinabsetzen verlassen und liegen auf ihren eigenen Ausscheidungen ohne Strohunterlage. In den »Ferkelschutzeinrichtungen« wird ihr Bedürfnis nach Nestbau unterdrückt, sie können nicht einmal ihre Ferkel beschnuppern, daran hindert sie der enge Käfig.[6] Die Fixierung soll vermeiden, dass Ferkel, wenn die Sau sich hinlegt, womöglich erdrückt werden. Untersuchungen belegen jedoch, dass die Ferkelverluste von 15 Prozent mit und ohne Käfighaltung gleich hoch sind. Im bäuerlichen Betrieb mit herkömmlichen Zuchtmethoden verbleiben Ferkel bis zu acht Wochen bei der Muttersau, in der auf Rendite getrimmten industriellen Anlage werden sie aber bereits nach drei Wochen abgesetzt. Die Muttersau soll möglichst schnell wieder trächtig werden. Die Natur hat in diesem System der Maximierung kein Recht mehr. Der Bedarf diktiert in der agrarindustriellen Erzeugung die »Arbeitsprozesse«, und die verlaufen in einem Zucht- oder Mastbetrieb nicht anders als in einer Fabrik mit maschinellen Abläufen.

Für die Mast muss der Züchter möglichst von Alter und Gewicht gleichwertige Ferkel liefern, was ein zeitlich abgestimmtes Decken der Sauen zur Folge hat. Tiere, die noch nicht aufnahmefähig sind, werden per Hormonspritze in die »Rausche« versetzt. Damit nach der Tragezeit die Würfe möglichst zeitnah erfolgen, wird wieder zur Hormonspritze gegriffen, um die Geburt künstlich einzuleiten. Kurz vorher wird die Sau in eine sogenannte Abferkelbucht getrieben, ein verschleiernder Begriff für Qualkäfige, die verhindern sollen, dass Ferkel von ihr erdrückt werden. In diesem Verschlag verbringt die Sau die Zeit meist liegend, damit die Ferkel außerhalb des aus Stahlrohren bestehenden Kastens an die Zitzen kommen.

Im Alter von bis zu sieben Tagen werden die männlichen Ferkel kastriert. Der Deutsche Tierschutzbund merkt dazu an: »Das

geschieht routinemäßig ohne Betäubung. Dem deutschen Tierschutzgesetz zufolge ist das erlaubt. Das Ferkel wird dazu kopf-
über in eine Apparatur geklemmt. Seine Beine werden auseinan-
dergespreizt und fixiert. Die zarte Haut, die die empfindlichen
kleinen Hoden des Tieres schützt, wird mit einem Messer abge-
schnitten. All das geschieht im Akkord und in der Regel unter
entsprechend grober Handhabung ... Frisch kastrierte Ferkel
zittern am ganzen Leib, müssen sich häufig auch übergeben. Da
der Eingriff von Laien und oft unter hygienisch nicht einwand-
freien Bedingungen durchgeführt wird, kommt es im Nachhin-
ein häufig zu Infektionen. Es steht außer Frage, dass die Ferkel
während und nach der Prozedur Schmerzen erleiden. Die Kast-
ration könnte mit Betäubung durchgeführt werden, doch aus
wirtschaftlichen Gründen wird dies unterlassen. Nach dem Ab-
setzen von der Mutter (dritte bis fünfte Lebenswoche) kommen
die Ferkel bis zum Alter von zehn bis 15 Wochen (25 Kilogramm
Gewicht) in den Ferkelzuchtstall. Häufig werden die Tiere grup-
penweise in Flatdecks gehalten. Das sind Drahtkäfige mit einem
zwei bis drei Quadratmeter großen Lochboden. Pro Quadratmeter sind darin vier bis fünf Ferkel untergebracht. Flatdecks können bis zu drei Etagen übereinander gestapelt werden, man
spricht dann von einer Ferkelbatterie.«[7] Ebenfalls ohne Betäubung werden Ferkeln im Alter von bis zu vier Tagen die Schwänze
kupiert, was im Gegensatz zur Hundezucht erlaubt ist – eine vor-
beugende Maßnahme gegen den Kannibalismus. Ansonsten
bestünde die Gefahr, dass die jungen Schweine in den auf Tuch-
fühlung eingepferchten Mastställen Verhaltensstörungen zeigen und sich gegenseitig attackieren und die Schwänze verletz-
ten oder sogar abbeißen.[8]

Dem Gewinnstreben wird alles untergeordnet, was dem im
Wege steht. Die Profitgier unterdrückt jeden Ansatz eines verantwortungsvollen Umgangs mit dem Tier, von Würde ganz zu
schweigen. Das Nutztier ist von der Geburt bis zur Tötung eine

geschundene Kreatur – schutz- und rechtlos, ein unter höchsten Effizienzaspekten gezüchtetes Industrieprodukt. Ob Schwein, Rind, Huhn, Pute oder Ente: Sie sind lediglich Rohstoffe für eine Ware, die als abgepacktes Fleisch oder als Wurst für den Verbraucher keinen höheren ethischen Wert besitzen als Kohl- oder Salatköpfe.

Der Preisverfall der Lebensmittel hat den rüden Umgang mit Nutztieren beschleunigt, ihr Leiden hat erschreckende Dimensionen angenommen, verursacht durch die ständige Erhöhung des Tierbestandes bei gleichzeitig immer kürzeren Mastzeiten. Der Umgang mit Waren auf den Fließbändern der Autoindustrie und ihrer Zulieferer ist von mehr Umsicht geprägt als der mit dem Nutztier, denn dieses ist zur Massenware verkommen – ein Billigprodukt, das nur in großer Menge hohe Renditen verspricht.

Bei einer solchen Schleuderware nimmt die Branche einen regelmäßigen »Schwund« leicht in Kauf. »Etwa 12 Millionen Tiere sterben jährlich in Deutschland während der Mast an den Haltungsbedingungen«, sagt Stefanie Elsner vom Bundesverband für Tierrechte. Rund 400 000 Schweine jährlich erreichen nach Schätzungen von Experten nur tot den Schlachthof. Verhaltensforscher haben herausgefunden, dass Schweine instinktiv ahnen, was ihnen am Ende des Transports bevorsteht. Weil Herz und Lunge durch die bewegungsarme Stallhaltung kaum beansprucht werden, verkraften viele den Stress nicht: Sie sterben auf dem Transport an Herzschlag. Wen aber stört das schon?

Wie dramatisch die Gesundheit von Nutztieren geschädigt ist, belegte eine Diskussion im Mai 2011 in Berlin unter Teilnahme von Bundesbehörden und Wissenschaftlern. Ein Thema war die »Lauffähigkeit« von Tieren, die unter den heutigen Haltungsbedingungen verloren geht. Am Beispiel von Kühen schilderte der Agrarwissenschaftler Professor Bernhard Hörning die Auswirkungen der Haltungsbedingungen: Ständig auf neue Milchrekorde gezüchtet, ist die Kuh anfällig geworden für eine

Reihe von Krankheiten. Zwei Drittel der Kühe müssen laut Hörning wegen zuchtbedingter gesundheitlicher Schäden vorzeitig geschlachtet werden. Hochleistungskühe leiden zudem dauerhaft an Euter- und Klauen-Krankheiten sowie Eierstockzysten. Schweine befinden sich häufig in einem bemitleidenswerten Zustand. Muskeldegeneration, Störungen des Herz-Kreislauf-Systems und Osteochondrose, eine schmerzhafte Verknöcherung der Wirbelsäule, sind übliche Krankheitsbilder.[9] Von der chronischen und schmerzhaften Eutererkrankung sind nach Schätzungen von Tierärzten rund 40 Prozent der Kühe betroffen.

Unter bestimmten Haltungsbedingungen verlernen Kühe sogar das Laufen. In *Le Monde diplomatique*[10] berichtet die Autorin Hilal Sezgin von einem Rinderzüchter in Schleswig-Holstein, der die exzessive Fütterung mit hochkonzentriertem eiweißhaltigem Getreide reduziert hat. Statt auf extrem hohe Milchleistung züchtet er und einige seiner Kollegen in der Umgebung wieder Kühe mit »gesunden Eutern und Beinen«. Sezgin: »Ich fragte nach, was mit ›guten Beinen‹ gemeint sei. Antwort: Schließlich komme man von der ausschließlichen Anbindehaltung ab, bei der die Kühe einzeln auf der Standfläche fixiert werden und ihr Futter vorgelegt bekämen. Mit der Folge, dass sie auf Dauer nicht mehr laufen können und unter krankhaften Veränderungen der Beine leiden. In Laufställen müssen die Tiere sich wieder selbst zum Futterplatz und zum Melken bewegen.

# Qualzuchten

Mahatma Gandhi hätte für die heutige deutsche Gesellschaft wenig freundliche Worte gefunden. Ein Kriterium für die Beurteilung eines Volkes war für den indischen Freiheitsführer die Art, »wie ein Volk seine Tiere behandelt«.[11] Gemessen an Gandhis Maßstäben ist es um die deutsche Gesellschaft nicht gut bestellt. Der Umgang vor allem mit dem Federvieh entspricht einem Maß an Ausbeutung, das nach Ansicht vieler Wissenschaftler alle Kriterien einer zivilisierten Gesellschaft verletzt. Keine anderen Nutztiere werden in ihrer kurzen Lebenszeit dermaßen drangsaliert wie Hühner und Puten, Kritiker sprechen von Folter.

Innerhalb der letzten fünfzig Jahre hat sich die Mastzeit für Hühner von 90 auf 30 Tage verringert. Die Hybrid-Rassen sind auf schnelles Fleischwachstum gezüchtet, darunter leidet der gesamte Organismus. Das kurze Leben der Masthühner wird begleitet von chronischen Schmerzen, verursacht vom labilen Knochenbau; das Skelett ist durch den schnellen Muskelaufbau und die hohe Fleischmasse überbeansprucht. Diese enorme körperliche Belastung führt zu Stoffwechselstörungen, Flüssigkeitsansammlungen in der Bauchhöhle und zu chronischen Entzündungen.

Wie zu Tausenden die Fabrikschweine sind auch die Masthühner in Gruppen von 10 000 bis 20 000 Tieren in Ställen ohne Tageslicht und mit künstlicher Beleuchtung eingepfercht. In diesen Ställen geht es so eng zu, dass Hühner häufig nicht mehr Platz haben als auf einem Din-A4-Blatt – und nicht nur für einige Stunden, sondern während der gesamten Lebenszeit. Am Ende der Mast, wenn der Broiler ein Gewicht von über 1,5 Kilogramm erreicht hat, sind zwanzig Masthähnchen auf einem Quadratmeter untergebracht. Da wird selbst das Umdrehen schon zur zirzensischen Nummer. Der natürliche Bewegungsdrang ist nicht allein durch die Enge eingeschränkt. Das Skelett, vor allem aber die Beinknochen sind gegenüber der Fleischmasse so zurückgeblieben, dass Masthühner das dauerhafte Stehen vermeiden: Meist hocken oder liegen sie auf dem mit Kot bedeckten Boden, womit auch die häufig auftretenden Blasenerkrankungen zu erklären sind. Das ätzende Ammoniak im Kot verursacht zudem Atemwegserkrankungen und Hautläsionen, die von den Mästern »Verbrennungen« genannt werden.

In der Weser-Ems-Region starben laut Veterinärmediziner Focke an einem heißen Wochenende im August 1992 in den Geflügelställen fast eine Million geschwächte Tiere. Die von der niedersächsischen Landesregierung eingesetzte Expertengruppe überprüfte daraufhin die Ursachen. Die Auswertung ergab, dass in 222 (92,1 Prozent) der 241 fensterlosen Mastanlagen die Tiere bei Dauerbeleuchtung gehalten wurden. Bei Dauerlicht haben die Tiere keine zusammenhängende Ruhephase, heißt es in dem Experten-Bericht, sie stünden dann unter Dauerstress. Hühner seien tagaktive Vögel, Hähnchenmast bei Dauerlicht sei nicht artgerecht und zudem krankmachend. Die Ammoniak-Konzentrationen in den Ställen sollten unter 20 ppm liegen. In der Mehrzahl der untersuchten Ställe lagen die Grenzwerte weit darüber. In Einzelfällen hat die Arbeitsgruppe sogar Belastungen von bis zu 60 ppm gemessen. Bei den Broilern stellten die Experten zudem krankhafte Veränderungen an den Füßen fest, mit entzündlichen Stellen an den Sohlen- und Zehenballen und sogar abgestorbenen Gewebestellen (Nekrosen) von bis zu vier Millimetern Tiefe.

Nach dem Deutschen Tierschutzgesetz sind Qualzuchten verboten, die EU regelt den Schutz der Tiere in der Richtlinie 98/58/EG. Über Zuchtmethoden heißt es dort: »Tiere dürfen nur zu landwirtschaftlichen Nutzzwecken gehalten werden, wenn aufgrund des Genotyps oder Phänotyps davon ausgegangen werden kann, dass die Haltung ihre Gesundheit und ihr

Wohlergehen nicht beeinträchtigt.« Hehre Ziele, doch gegen keine andere gesetzliche Bestimmung wird so häufig verstoßen: tagtäglich, millionenfach und ohne Folgen.

Die Verhältnisse in vielen Tierfabriken werden von den Lobbyisten beschönigt, und selbst Tierärzte schweigen sich häufig über die Zustände aus. Sie wollen ihre Einkommensquellen nicht gefährden. Hinter vorgehaltener Hand sprechen sie freimütig von Qualzuchten. Auch wenn die skandalösen Verhältnisse in den streng abgeriegelten Ställen weitgehend verborgen bleiben, sind sie doch allgemein bekannt. Die Politiker können sich daher nicht unwissend stellen, denn in etlichen Fernseh- und Magazin-Beiträgen sind Beispiele der skandalösen Haltungsformen dargestellt worden. Dennoch weigert sich die Bundesregierung konstant, diese Missstände zu beseitigen.

Der Gesetzgeber hat nicht einmal die Massenvergasungen von männlichen Hühnerküken untersagt. Diese werden nämlich, wie Bernhard Hörning beschreibt,»unter den herrschenden ökonomischen Bedingungen als nutzlos angesehen«. Rund 35 bis 40 Millionen Küken werden in Deutschland jährlich überwiegend mit Kohlendioxid ($CO_2$) getötet. Hörning:»Bis zum Eintritt der Betäubung dauert es jedoch mindestens 60 Sekunden. Ferner gibt es Unregelmäßigkeiten in der Anwendung, so dass der Tod nicht sofort eintritt. Die Tiere zeigen Anzeichen eines Erstickungstodes.«[12] Die Masseneuthanasie ist Alltag. Proteste dagegen bewirken nichts, die ökonomischen Interessen haben Vorrang.

Doch selbst das vielkritisierte Tierschutzgesetz, in dem mit Rücksicht auf die Landwirtschaft einige Paragraphen weich gefasst sind, erlaubt keinen folterähnlichen Umgang mit Tieren, auch wenn er massenhaft praktiziert wird. Vorgeschrieben ist beispielsweise eine»artgemäße Tierhaltung«. Danach dürfen körperlichen Funktionen nicht so behindert werden, dass Schmerzen oder Schäden auftreten.»Artgemäß« und»verhaltensgerecht« soll der Umgang mit dem Nutztier sein. Doch wann ist er das schon? Besonders die großen Mastbetriebe sind häufig weder »artgemäß« noch »verhaltensgerecht«. Wenn Säue monatelang in einem engen Gitterkäfig eingesperrt sind, Kühe nicht mehr laufen und Hühner und Puten sich wegen chronischer Schmerzen nicht mehr auf den Beinen halten können, dann sind das Qualzuchten, auch wenn Bauernverband und der Lobbyverein FNL das in aufwendigen PR-Aktionen schönzureden versuchen.

Über andere Folgen dieser Masthaltungen hat die Ludwig-Maximilians-Universität München geforscht. Sie hat die Fortpflanzungsfähigkeit der auf ein extremes Wachstum gezüchteten Hühnerrassen untersucht – mit verheerenden Ergebnissen. Verfettete Elterntiere, berichtete Professor Michael Erhard, müssen restriktiv gefüttert werden, um ihre Fähigkeit zur Fortpflanzung zu erhalten. Diese Tiere werden ständig in ihrem angezüchteten Fressdrang behindert, sie hungern permanent und verbringen den größten Teil des Tages mit Leerpicken im Trog und Scharren. Die gemästeten Elterntiere dagegen leiden unter Leberfettwerten, die laut Erhard schon als tierschutzrelevant einzustufen sind. Die Verluste bei den männlichen Tieren beziffert der Wissenschaftler auf über 48 Prozent, die der restriktiv gefütterten Tiere dagegen nur auf 7,7 Prozent.

Die einflussreiche Agrarindustrie hat es immer wieder geschafft, eine Verschärfung des Tierschutzgesetzes zu verhindern. Bei Verstößen gegen die geltenden Regeln muss sie nicht einmal Konsequenzen fürchten. Bereits heute ist es verboten, Tieren »Schmerzen, Leiden und Schäden« zuzufügen. Verboten ist es ebenfalls, »Wirbeltiere zu züchten oder durch bio- oder genetische Maßnahmen zu verändern, wenn damit gerechnet werden muss ..., dass bei Nachkommen mit Leiden verbundene erblich bedingte Verhaltungsstörungen auftreten« (Paragraf 11 b Tierschutzgesetz).

Doch das ist längst der Fall. So werden seit langem schnellwüchsige Geflügelrassen gezüchtet, die unter ständiger Verkürzung der Mastzeit bei unverändert hohen Gewichten anfällig für Bein- und Skelettdeformationen sind. Mastputen leiden sehr häufig unter Gleichgewichtsstörungen, eine Folge der Frankenstein-Zucht. Das Brustfleisch der unförmigen Vögel macht inzwischen rund 40 Prozent ihres Körpergewichts aus. Die Monster-Puten können kaum noch laufen, schwere Schäden an Beinen und am Skelett, verbunden mit Fehlstellungen der Gelenke, lassen sie häufig vornüber kippen. Wegen ihres abnormen Gewichts sind die Hybridputen zur eigenen Reproduktion nicht mehr in der Lage, die weiblichen Tiere werden meistens künstlich besamt.

Ein derart unwürdiger Umgang mit Tieren sagt viel aus über unsere Gesellschaft und nicht allein über die Betreiber dieser Qualzuchten sowie das Heer der Lobbyisten aus Bauernverband, Industrie und Politik, die diese skandalösen Zustände wortreich verkleistern. Auch in der Kundschaft der entarteten Zucht- und Tiermast sind die Mitverantwortlichen dieser Tierquälereien zu suchen: in den Handelsketten und Discounter-Konzernen, die mit ihrer Preisdrückerei die miesen Haltungsbedingungen erzwingen, und schließlich auch unter den Verbrauchern, die des Preisvorteils wegen alle moralischen und ethischen Einwände ignorieren, wenn sie an den Fleischtheken der Supermärkte stehen.

Seit Schopenhauer hat sich der Umgang mit Tieren eher verschlimmert, jedenfalls der mit Nutztieren; sie sind nach wie vor rechtlose Wesen. Dass selbst schlimmste Verstöße gegen das Tierschutzgesetz wie Kavaliersdelikte behandelt werden, zeigt das Verfahren gegen einen Putenmäster aus dem Kreis Cloppenburg, über das die *Hannoversche Allgemeine Zeitung (HAZ)* am 21. August 2010 berichtete. In dem Betrieb waren 3345 der 14 935 Tiere umgekommen. Laut Amtsgerichtsurteil litten die

Tiere unter »länger anhaltenden oder sich wiederholenden Schmerzen«. Etliche Puten waren »aufgrund schwerer gesundheitlicher Beeinträchtigungen laufunfähig« und konnten nicht mehr essen und trinken. Etliche Tiere waren nach einem Gutachten des niedersächsischen Landesamtes für Verbraucherschutz »dem langsamen Verhungern bzw. Verdursten« preisgegeben. Ferner wurden Pickverletzungen festgestellt, viele Tiere hätten sich wegen extrem verdrehter Beine nicht mehr bewegen können. Der Mäster-Skandal war von der Tierschutzorganisation PETA enthüllt worden. Das Amtsgericht verurteilte den Landwirt zu einer Geldstrafe von 4500 Euro.[13] Empört reagierte hierauf die Landtagsfraktion der Grünen in Hannover: »Die Strafen für Verstöße gegen den Tierschutz sind viel zu gering.«[14]

Wenn die Qualzuchten nicht ganz so krass wie in diesem Fall sind, haben Mäster nichts zu befürchten. Denn der Gesetzgeber hat im Tierschutzgesetz immer noch ein Schlupfloch gelassen, um selbst tierquälerische Exzesse ungesühnt zu lassen, wie im Fall von Schnabelkürzungen bei Hühner- und Putenküken. Damit sollen die durch die Besatzungsdichte provozierten Verhaltensanomalien wie Federpicken und andere Formen von Kannibalismus verhindert werden. Bereits kurz nach dem Schlüpfen wird den Küken mit einem Infrarot- oder einem Lasergerät ein Loch in den Oberschnabel gebrannt. Nach einigen Tagen fällt die Schnabelspitze ab, es kommt bei diesem Eingriff nicht selten zu erheblichen körperlichen Schäden.

Wissenschaftler haben die Folgen an Puten dokumentiert. Häufig ist auch der vordere Rand der Nasenöffnung betroffen, wildes Fleisch und Knochenaufreibungen können entstehen. »Infolge fehlender Abnutzung des Schnabelhorns wird dieses oft schaufelartig verbildet; der Schnabelabschluss ist dann nicht mehr gewährleistet«, schreiben Petermann und Fiedler.[15] Eingriffe dieser Art stellen für Fiedler und König »eine Amputation im Sinne des § 6 Abs. 1 Satz 1 des Tierschutzgesetzes dar«. Und die ist grundsätzlich verboten. Aber auch hier gibt es ein Schlupfloch: Unter bestimmten Bedingungen kann die zuständige Behörde die Erlaubnis zur Schnabelverkürzung erteilen. Diese »bestimmten Bedingungen« werden für nahezu alle Putenmastanlagen konstatiert. Selbst Amputationen mit der als schonender beschriebenen Infrarot-Bestrahlung führen zu starken Verletzungen. Laut Fiedler und König kommt es im Weichteil- und Knochengewebe des Oberschnabels und an der Spitze des Unterschnabels zu Verbrennungen zweiten bis dritten Grades. Beide Methoden, Infrarot- wie Laser-Anwendungen, führen zu erheblichen Schäden und langandauernden Schmerzen. Diese Qualen ließen sich leicht vermeiden. Sie werden verursacht durch die hohe Besatzungsdichte, und die löst chronische Belastungen und Dauerstress unter den Tieren aus. Eine geringere Besatzungsdichte könnte viel Tierleid verhindern. Trotzdem wären Versorgungsengpässe nicht zu befürchten, denn der deutsche Markt für Geflügelfleisch ist seit Jahren überversorgt. Und dennoch ist der Antragsboom für neue Tierfabriken ungebremst. An dem Ausbau der Mastkapazitäten hat nicht nur die Industrie ein Interesse, diese Entwicklung wird auch von der Bundesregierung unterstützt. Die ständigen Produktionssteigerungen sollen die deutschen Fleischexporte in die Höhe treiben. Wachstum ist die einzige Richtschnur des Handelns, dafür werden sogar Qualzuchten in Kauf genommen.

# Tödliche Keime

## Der Maststall als Infektionsquelle

Die Verletzung war nicht dramatisch. Der Mann aus Belgien wurde bei dem Besuch in seiner Heimat Pakistan bei einem Autounfall am Bein verletzt und zunächst in einem Krankenhaus vor Ort medizinisch versorgt. Nach seiner Rückkehr behandelte ihn die Universitätsklinik in Brüssel. Kurz darauf starb der Mann, aber nicht an den Folgen des Unfalls. Die Mediziner ermittelten eine andere Todesursache: NDM-1.

Hinter diesem Kürzel verbirgt sich ein Keim, der Wissenschaftler in aller Welt in Schrecken versetzt. Gegen die Bakterie hilft kein Medikament, NDM-1 ist resistent gegen alle Arten von Antibiotika. Wissenschaftler der britischen Universität Cardiff äußerten in der Fachzeitschrift *Lancet* die Befürchtung, der Keim könnte zu einem weltweiten Gesundheitsproblem werden. Einer von ihnen hatte die Bakterie 2009 bei einem schwedischen Patienten entdeckt, der sich zuvor in einer indischen Klinik einer Schönheitsoperation unterzogen hatte.

Die NDM-1-Fälle häufen sich. Ein Krankenhaus in der australischen Hauptstadt Canberra meldete gleich drei Infektionsfälle. Einer der Patienten hatte sich im indischen Mumbai ebenfalls in einer Schönheitsklinik behandeln lassen. Der gefährliche Keim stammt offenbar aus Indien, wo sich Spezialkliniken auf Schönheitsoperationen spezialisiert haben, die deutlich preisgünstiger angeboten werden als in Europa und Nordamerika. Mit der gefährlichen Bakterie infizierte Patienten haben Wissenschaftler außer in Großbritannien, Belgien und Australien auch in Pakistan, in den Niederlanden und in Schweden aufgespürt. Indische Forscher fanden vor einiger Zeit das gefürchtete NDM-1 sogar in Proben von Trink- und Sickerwasser in Neu Delhi. Sein Gen springt bei Temperaturen von rund 30 Grad von Bakterium zu Bakterium, wodurch sich der resistente Keim mit hoher Geschwindigkeit verbreiten kann. Der Erreger ist selbst gegen die sogenannten Carbapeneme resistent, das sind Reserve-Antibiotika, die nur im Notfall bei schweren Infektionen zum Einsatz kommen. Wissenschaftler des Robert-Koch-Instituts bestätigen, dass NDM-1-Resistenzen in Deutschland sehr selten sind – noch.

Killerkeime sind zu einer wachsenden Bedrohung der Menschheit geworden. Kliniken und staatliche Gesundheitsorganisationen sind mit ihrer Bekämpfung weitgehend überfordert. Beispiel Ehec (enterohämorrhagische Escherichia coli). Das Toxin bildende Bakterium breitete sich 2011 in Deutschland so rasant aus, dass sich in nur sechs Wochen bis Ende Juni rund 4300 Menschen mit dem Erreger infizierten hatten. Rund 50 Patienten starben an den Folgen des hämolytisch-urämischen Syndroms (HUS). Diese schwere Verlaufsform von Ehec löst häufig Nierenversagen aus. Wissenschaftler und staatliche Gesundheitsbehörden reagierten auf die Ehec-Verbreitung zunächst reichlich hilflos. Mikrobiologen fanden dann unter den Erregern ein neuartiges biochemisches Profil – eine Mutation mit sehr starken Zellgiften. Zwar erkranken in Deutschland an Ehec jedes Jahr rund tausend Menschen, allerdings an einer harmlosen Variante. Die aggressive Form von 2011 trat bislang selten auf, durch die globale Vernetzung der Landwirtschaft ist mit ihr aber häufiger zu rechnen.

Überforderte Wissenschaftler wie im Ehec-Fall, dieser Zustand bleibt keine Ausnahme. Die Mikrobiologen sind verständlicherweise damit überfordert, ad hoc probate Therapievorschläge zu präsentieren bei Erregern, die mit der Plötzlichkeit eines Tornados über das Land herfallen. Und das wird in den kommenden Jahren öfter eintreten. Experten warnen bereits vor Pandemien, die in steigender Anzahl und mit folgenschweren Auswirkungen und in ständig kürzeren Intervallen ein Land heimsuchen werden. Dagegen ist kein Staat gewappnet.

Im Reich der Bakterien ist nichts mehr, wie es mal war. Mikrobiologen entdecken ständig neue und gefährlichere Bakterien, meist Mutationen längst bekannter Erreger. Gefürchtet seit langem schon ist der unter seinem Kürzel MRSA (Methicillin-resistenter Staphyloccus aureus) berüchtigte Krankenhauskeim, zur besseren Unterscheidung von Fachleuten auch als (»hospital acquired«) HA-MRSA bezeichnet. Er verursacht weltweit die meisten Infektionen und befällt hauptsächlich geschwächte alte Menschen oder frisch operierte Patienten. Eine starke Verbreitung innerhalb weniger Jahre hat der (»community acquired«) CA-MRSA gefunden, der auch für Gesunde eine Gefahr ist: Dieser Keim kann außerhalb der Krankenhäuser, quasi auf der Straße, übertragen werden und schwere Infektionen verursachen, nicht selten mit tödlichem Ausgang.

Die ersten Krankheitsfälle des CA-MRSA traten 1999 auf – ausreichend Zeit eigentlich, um ein wirkungsvolles Gegenmittel zu finden. Doch das ist nicht mehr so einfach. Mittlerweile haben es Forscher mit ständig neuen Keimvarianten zu tun. Die Wandlungsfähigkeit der Bakterien stellt die Wissenschaft vor ständig größere Herausforderungen. Immer mehr Bakterienstämme sind resistent gegenüber Antibiotika, die sich zunehmend als eine stumpfe Waffe gegen die hochtoxischen Erreger erweisen. Denn Bakterien besitzen die Fähigkeit, Resistenzgene untereinander auszutauschen.

Den Transfer ermöglichen sogenannte Plasmide, kleine, autonom replizierende DNA-Moleküle, die wiederum Antibiotikaresistente Gene enthalten können. Diese Moleküle setzen eine gefährliche Spirale in Gang: Bakterien, die keine Resistenzplasmide in sich haben, sterben durch Antibiotika ab. Das Medikament veranlasst somit eine zunehmende Selektion unter den Bakterien und fördert durch das Überleben resistenter Keime (Leitkeime) deren weite Verbreitung. So hat denn der weltweite hohe Verbrauch an Antibiotika die Bedrohung durch resistente Bakterien massiv gefördert.

Forciert haben das die Ärzte mit ihrer Verschreibungswut. Sie verordnen meistens auf gut Glück ein Antibiotikum, ohne allerdings zu wissen, ob es auch gegen die Bakterien hilft, die bekämpft werden sollen. Ohne einen Abstrich ist jedoch der tatsächliche Bakterienstamm nicht herauszufinden. Potenziert hat sich das Problem schließlich durch die mangelhafte Hygiene in den Krankenhäusern. Rund 50 000 Patienten infizieren sich in Deutschland jährlich mit MRSA, vorwiegend in Kliniken und Altenheimen, rund 15 000 Menschen sterben daran. Und die Zahl der Betroffenen steigt kontinuierlich. Nach Angaben der Techniker-Krankenkasse nahmen allein in den schleswig-holsteinischen Kliniken die MRSA-Fälle zwischen 2006 und 2009 um 192 Prozent zu – von 191 auf 557. Die Steigerungsraten in anderen Bundesländern lagen teilweise sogar bei über 200 Prozent.

Erschreckende Zahlen, die allerdings bei weitem nicht das gesamte MRSA-Drama erfassen, denn die tatsächliche Zahl der Erkrankungen und Toten dürfte weit größer sein. Experten sprechen von einer hohen Dunkelziffer: Kliniken vertuschen gern die Infektionsfälle und ihre Folgen, sie schaden ihrem Ruf und verschrecken potenzielle Patienten. Die Schummeleien bei diesen Fällen sind unter Experten hinreichend bekannt und auch leicht nachvollziehbar. Selbst die Politik dürfte von diesem Problem wissen. Dennoch hat die Bundesregierung bislang nicht einmal auf die alarmierend hohen offiziellen Fallzahlen adäquat reagiert. Die Rücksicht auf die Gesundheitslobby verhindert dringend notwendige Konsequenzen, auch die Rücksicht auf die Agrarindustrie. An der Verbreitung resistenter Keime tragen nämlich zu einem erheblichen Teil die Tierfabriken bei, in denen Schweine, Rinder und Geflügel mit Medikamenten geradezu vollgepumpt werden. Die Bundesregierung scheut sich einfach, Pharma-, Agrarindustrie und Ärzteschaft couragiert in die Pflicht zu nehmen. Deren wirtschaftliche Interessen, so kennt man das, lassen die Politik zaudern.

Wie das Problem beherrschbar ist, beweisen seit vielen Jahren die Niederlande. Im holländischen Gesundheitssystem wird eine vorbildliche Vorsorge gegen MRSA praktiziert. Jedes Krankenhaus beschäftigt zur Umsetzung strenger Hygienemaßnahmen einen Mikrobiologen. Antibiotika werden in abgezählter Menge verordnet, als herrsche daran Mangel. Patienten erhalten ferner überwiegend Medikamente der ersten Generation, während bei uns massenweise auch die neuesten Pharmakreationen verabreicht werden müssen, weil die alten nicht mehr oder kaum noch Wirkung zeigen. Der restriktive Umgang holländischer Mediziner mit Arzneimitteln drückt sich im Verbrauch aus: In den Niederlanden wird pro Kopf der Bevölkerung nur ein Zehntel des deutschen Antibiotika-Volumens verordnet.

Das hat den Erreger in Holland beherrschbar werden lassen. Während die MRSA-Ansteckungsrate unter den Infektionen hier nur bei 3 Prozent liegt, erreicht sie in Deutschland durchschnittlich 25 Prozent, und in Südeuropa und den USA liegen die Werte sogar bei 30 bis 70 Prozent. Wissenschaftler warnen vor einer Zeitbombe. Sie sehen vor allem in der Tiermast ein hohes Gefährdungspotenzial durch die rasant ansteigende Ausbreitung resistenter Keime. Jeder zweite Schweinemastbetrieb ist nach Schätzungen von Experten mittlerweile mit MRSA-Bakterien verseucht, in der Geflügelmast liegt der Anteil der betroffenen Betriebe noch darüber.

Von den Massenställen geht eine Gesundheitsbedrohung aus, die aus falscher Rücksichtnahme auf die Agrarindustrie von der Politik immer noch weitgehend ignoriert wird, obwohl auch die Warnungen aus der Wissenschaft deutlich genug sind. Sie befürchtet, dass resistente Keime aus der Tiermast zunehmend auch den Menschen gefährlich werden. Und zum Teil ist das auch schon der Fall, beispielsweise bei den Staphylokokken vom Typ (»livestock associated«) LA-MRSA, von Fachleuten zur besseren Unterscheidung auch Veterinär-MRSA genannt, weil diese Erreger bislang vorwiegend in der Landwirtschaft auftraten. Dieser Keim wird auch auf Menschen übertragen, Beschäftigte in der Landwirtschaft tragen ihn sehr oft in sich. Der Veterinär-MRSA vom Typ ST398 verursacht nach Erkenntnissen des Robert-Koch-Instituts bei Menschen Infektionen des Weichgewebes. Diese Keimvariante ist zu einer wachsenden Gesundheitsgefahr geworden. Als Ursache von Infektionen erreichte der LA-MRSA ST398 außerhalb der Krankenhäuser in den Jahren 2006 bis 2010 einen stattlichen Anteil von 17,4 Prozent. Das ist ein klarer Beleg dafür, dass auch die in den Mastbetrieben auftretenden Erreger eine hohe Resistenzrate gegenüber Antibiotika aufweisen, sonst wären sie wegen des hohen Medikamenteneinsatzes bereits in den Ställen abgetötet worden.

Es ist reichlich abstrus: Ausgerechnet von der Branche, die für die Sicherstellung ausreichender und qualitativ hochwertiger Mengen an Nahrung zuständig ist, gehen hohe gesundheitliche Risiken aus. Kein anderer Wirtschaftsbereich hat in den Jahren durch so viele Skandale von sich reden gemacht – von der BSE-Krise über dioxin- und mit Salmonellen verseuchte Lebensmittel, von Vogel- und Schweinegrippe bis hin zu Ehec. Und nun auch das von der Agrarwirtschaft mitverursachte Gefährdungspotenzial durch resistente Keime. Gegen sie ist die Medizin mehr und mehr machtlos, ihr gehen die Mittel gegen drohende Seuchen aus. Die Suche der Forscher nach neuen Medikamenten erinnert an den Wettlauf zwischen Hase und Igel: Kaum hat die Pharmabranche ein neues Medikament kreiert, treten wenig später die ersten Resistenzfälle auf. Bei dem 2001 zugelassenen

Präparat Linezolid gegen Staphylokokken dauerte es nur wenige Monate, bis Ärzte feststellen mussten, dass bei bestimmten Infektionen das neue Antibiotikum nicht mehr ansprach, die Erreger waren dagegen immun. Der Wirkungsverlust von Arzneimitteln lässt sogar längst besiegte Seuchen wieder zu einer Gefahr werden. Die Weltgesundheitsbehörde WHO schlug bereits Alarm: Die weiße Pest, die Tuberkulose, ist weltweit wieder auf dem Vormarsch. Die meisten Medikamente sind laut WHO gegen die Tuberkel-Keime wirkungslos. Nach einer Untersuchung der Paul-Ehrlich-Gesellschaft hat allein die Resistenz gegenüber Penicillin/Oxacillin von 1990 bis 2004 um über 20 Prozent zugenommen. Lepra und Syphilis, mit Antibiotika erfolgreich bekämpft, könnten zurückkehren, und manche leichte Infektion dürfte wieder zu einer tödlichen Gefahr werden.

»Wie sind an einem kritischen Punkt angelangt«, warnt die europäische WHO-Chefin Zsuzsanna Jakob, »weil die Resistenz gegen vorhandene Antibiotika beispiellose Ausmaße erreicht hat und neue Antibiotika nicht schnell genug bereitgestellt werden.«[1] Für die WHO gleicht das Problem einer Zeitbombe. Die Organisation warnt daher vor einer »leichtfertigen und unangemessenen« Verschreibung von Antibiotika und empfiehlt Staaten dringend Gegenmaßnahmen wie Aufklärungsaktionen für Ärzte und Patienten.

Der schnelle Griff zum Rezeptblock dürfte zwar die Pharmamanager erfreuen, für die vielen Millionen auf Heilung hoffenden Patienten ist diese Entwicklung fatal. Wie leichtfertig die Mediziner im Umgang mit Medikamenten sind, zeigt eine Untersuchung in den USA. Analysiert wurde das Verschreibungsverhalten von 1529 niedergelassenen Ärzten am Beispiel von insgesamt 28 787 behandelten Patienten. In der Mehrzahl wurden »unnötige« Verordnungen von Antibiotika festgestellt: zu 51 Prozent bei Schnupfen und sogar zu 66 Prozent bei Bronchitis – allesamt virale Erkrankungen, bei denen Antibiotika nichts ausrichten können, weil sie auf bakterielle Infekte abzielen. Experten gehen davon aus, dass sich die Verschreibungspraxis der US-Ärzte von denen ihrer deutschen Kollegen nicht wesentlich unterscheidet.

Ron Hendrix, Mikrobiologe an der niederländischen Universität Twente-Enschede, warnt bereits vor weltweiten Ausbrüchen von Epidemien mit schwerwiegenden Verläufen. Vorboten dieser Entwicklung sind für ihn Vogel- und Schweinegrippe, die noch harmlos verliefen. Damit auch künftig zu rechnen wäre seiner Meinung nach äußerst leichtfertig. Selbst das eher vorsichtig agierende Robert-Koch-Institut (RKI) warnte bereits vor dem massenhaften Gebrauch von Antibiotika in der Tiermast. So äußerte das Institut im Herbst 2010 die Sorge, dass sich der Krankenhaus-Keim MRSA und seine verschiedenen Varianten unter den Bedingungen der Massentierhaltung wesentlich stärker ausbreiten werden als beispielsweise in einer artgerechten Haltung – eine Einschätzung, die auch das Bundesgesundheitsministerium teilt, daraus allerdings keinen Handlungsbedarf ableitete. Zunächst sollte die »Verbreitung« von MRSA »weiter beobachtet« werden. Die Vertreter der Agrarwirtschaft und des Bauernverbandes dürfte die lasche Reaktion nicht verwundert haben. Auf die Volksvertreter aus den Regierungsparteien ist Verlass in ihrer Rücksichtnahme auf die Branche.

Je länger allerdings dieses Problem auf die lange Bank geschoben wird, desto größer wird der Aufwand für geeignete Gegenmaßnahmen. Die MRSA-Problematik, erklärte damals Friedrich Ostendorff, agrarpolitischer Sprecher der Grünen im Bundestag, sei für ihn ein weiteres Beispiel für die hohen gesellschaftlichen Kosten dieser unwürdigen Haltungsform. Der weitgehend unkontrollierte Einsatz von Medikamenten in der Tiermast hat nach neuesten Untersuchungen weitaus größere Ausmaße erreicht als bislang vermutet. Eine vom nordrhein-westfälischen

Verbraucherschutzminister Johannes Remmel (Grüne) im November 2011 veröffentlichte Untersuchung, die auf Kontrollen von fast tausend Ställen mit 15,2 Millionen des Gesamtbestandes von 19 Millionen Hähnchen in Nordrhein-Westfalen beruhte, erbrachte erschreckende Ergebnisse: Über 96,4 Prozent der Hähnchen in Mastbetrieben werden mit Antibiotika behandelt. Die Tiere wurden mit Medikamenten geradezu vollgestopft. Bei einer Lebensdauer von 30 bis 35 Tagen bekamen die Hähnchen in Einzelfällen an 26 Tagen eine Vielzahl von Wirkstoffen verabreicht, teilweise bis zu acht verschiedene Antibiotika. Das Landesumweltamt hatte zwischen Februar und Juni 2011 insgesamt 962 Hähnchenzuchtdurchgänge aus 182 Beständen in Nordrhein-Westfalen auf den Einsatz antimikrobieller Substanzen untersucht. Die erhobenen Daten ergaben, dass den Tieren im Schnitt 7,3 Tage lang Antibiotika verabreicht worden waren; lediglich in den kleineren Betrieben mit weniger als 20 000 Tieren und einer besonders langen Zuchtdauer von bis zu 45 Tagen wurden Antibiotika seltener eingesetzt.

Es ist nicht allein die Angst vor Infektionen, die deutsche Mäster so häufig ins Pillenfach greifen lässt. Experten vermuten gar, dass Antibiotika auch als Wachstumsbeschleuniger eingesetzt werden – und das nicht nur in der Geflügel-, sondern auch in der Schweine- und Rindermast. Antibiotika hemmen im Darmtrakt »gefräßige« Mikroben, die Tiere verwerten somit die Nährstoffe schneller und intensiver. Zwar hat die EU 2006 den Einsatz von Antibiotika zur Leistungssteigerung verboten, Studien aber zeigen, dass sich die Mäster daran nicht halten. Diesen Verdacht schürt ebenfalls eine Untersuchung der Tierärztlichen Hochschule Hannover, die im Auftrag der niedersächsischen Landesregierung Ende November 2011 vorgelegt wurde. Insgesamt hatten die Experten 894 Tierbestände unter die Lupe genommen. Das Fazit: In 83 Prozent der untersuchten Hähnchenmastställe und in 92 Prozent der Puten- und 59 Prozent der

Schweineställe wurden Antibiotika eingesetzt – Zahlen, die eindrucksvoll den Medikamenten-Missbrauch in der Landwirtschaft belegen.

Mit rund 1500 Hähnchen- und Putenmastbetrieben und rund 40 Millionen Tieren, davon etwa 5,4 Millionen Schweine, sind rund die Hälfte der deutschen Nutztierbestände in Niedersachsen angesiedelt. Die Aussagen der Studien von Düsseldorf und Hannover sind somit repräsentativ. Wie sehr die Tiere mit Arzneimitteln traktiert werden, zeigen die detaillierten Angaben. Danach erhält ein niedersächsisches Huhn im Schnitt je Mastdurchgang 6,8 Einzelgaben von Wirkstoffen, ein Schwein bei 3,4 »Behandlungen« 4,6 Wirkstoffe und eine Mastpute in ihrem kurzen Leben von rund drei Monaten etwa 9,8 »Behandlungen« mit durchschnittlich 33,1 »Gaben« von Einzelwirkstoffen – schockierende Ergebnisse.

Die Auftraggeber der beiden Studien, der nordrhein-westfälische Verbraucherminister Johannes Remmel und sein niedersächsische Kollege Gert Lindemann, plädierten nach den niederschmetternden Zahlen für eine strikte Kontrolle des Antibiotika-Einsatzes in der Tierhaltung. Vor allem in der Geflügelmast bestehen auffällige Kontrolldefizite. Begründet werden sie im Aigner-Ministerium mit dem Datenschutz. Der verbiete eine nach Regionen aufgeschlüsselte Sammlung von Angaben über den Antibiotika-Einsatz bei Geflügel. Friedrich Ostendorff von den Grünen glaubt hingegen die Gründe zu kennen: »Ich bin lange im Geschäft und weiß, warum auf einmal in einer Verordnung alle Tierarten erfasst sind bis auf Geflügel. Hier haben Lobbyinteressen gewirkt.«

Die Begründung der Ministerialen hört sich in der Tat ganz danach an: In Niedersachsen, so die Argumente aus dem Ministerium, praktizierten nur wenige auf den Antibiotika-Einsatz spezialisierte Tierärzte. Daher seien Mäster und Praxen leicht zu identifizieren, und das sei mit dem Datenschutz nicht vereinbar.

Eine verquere Logik, die nicht einmal Peter Schaar, der Daten-
schutzbeauftragte des Bundes, nachvollziehen kann. Er erklärte
dem NDR, für ihn sei der Verbraucherschutz wichtiger als der
Datenschutz. Verbraucherschutzministerin Aigner bewertet das
anders, sie hält offenbar die Interessen der Agrarindustrie für
schutzwürdiger.

## Tetracycline im Boden,
## Kupfer im Trog

Blut sollte fließen. Ausgerechnet im friedlichen und beschauli-
chen Billerbeck (»Die Perle der Baumberge«), einem Erholungs-
und Wallfahrtsort im Münsterland. Ein Szenenbildner aus der
Münsteraner *Tatort*-Serie mit Kommissar Thiel und dem Patho-
logen Professor Boerne kurvte kreuz und quer durch die
12 000-Seelen-Gemeinde auf der Suche nach einem geeigneten
Drehort. Im Vorbeifahren warf er einen schnellen Blick auf ein
rundum mit Efeu bewachsenes Haus und trat auf die Bremse. Da
war er endlich, der geeignete Tatort für ein mysteriöses Verbre-
chen. Auch Regisseur und Aufnahmeleiter waren begeistert von
dem umgebauten, leicht verwunschen wirkenden Schulgebäude
mit seinem malerischen Garten. Die Eigentümer, die Eheleute
Ammann, willigten ein. Kurz darauf rückte das fünfzigköpfige
Fernsehteam an und stellte das Haus völlig auf den Kopf: Die
Möbel wurden ausgeräumt, die Wohnräume neu eingerichtet –
mit afrikanischen Skulpturen, Bildern, Möbeln und Stoffen das
passende Interieur für einen ehemaligen Diplomaten, der lange
auf dem schwarzen Kontinent gelebt hatte. Während der Drehar-
beiten wurden nicht einmal die Hausbesitzer als Zuschauer geduldet. Die Malerin und Bildhauerin Mechthild Ammann zog

sich währenddessen in ihr Atelier zurück, ihr Mann Hanspeter, ein niedergelassener Gynäkologe, in seine Praxisräume.

Der Arzt mit dem graumelierten Vollbart ist bekannt für seine spontanen Aktionen, die aber meist dem Umwelt- und Gesundheitsschutz gelten. Ammann ist Mitglied der Bürgerinitiative für die Werterhaltung der Region Billerbeck. Die Mitglieder des Vereins fühlen sich zunehmend bedroht durch die vielen Viehbetriebe in der Umgebung. Mit Ausnahme einiger Regionen in Niedersachsen ist kein anderer Landstrich derart mit Schweine- und Hähnchenmastanlagen übersät wie das westliche Münsterland.

Ammann ist bestens informiert über die gesundheitlichen Gefahren, die von diesen Anlagen ausgehen. Und er nutzt jede Gelegenheit, darüber zu informieren – in Vorträgen, auf Kongressen, auf Kundgebungen. Bis zu 35 Prozent der Landwirte im Münsterland, klärt der Arzt seine Zuhörer auf, tragen MRSA-Keime in den Atemwegen und bringen diese auch in die Krankenhäuser. Im Umkreis von 1000 Metern um eine Massentierhaltung seien MRSA-Erreger in deutlich erhöhten Konzentrationen in der Luft nachweisbar. Er verweist auf die Ergebnisse einer Studie der holländischen Universität Utrecht,[2] die das eindeutig bestätige. Ammann befasst sich seit langem mit diesem Thema, er war einige Jahre lang Erster ärztlicher Hygienebeauftragter in einem Kreiskrankenhaus.

Der Arzt aus Billerbeck warnt immer wieder vor den Gefahren, die von der Abluft der großen Viehställe ausgehen – nicht nur für die Beschäftigten in den Betrieben selbst, sondern auch für die Menschen in der näheren Umgebung. Unter ihnen kommt es häufig zu Erkrankungen der Atemwege und zu Allergien. Verursacher sind Bioaerosole – Luftpartikel biologischer Herkunft wie Pilze, Bakterien, Viren und Endotoxine (Zellbestandteile von Bakterien), die von Viehställen emittiert werden. Das niedersächsische Umweltministerium hat die gesundheitliche Gefährdung an Kindern in der Nachbarschaft von Mastbetrieben untersucht. Dabei kam heraus, dass rund 14,8 Prozent der Kinder an Atemwegserkrankungen litten, viele von ihnen auch an Hautreizungen und Ekzemen.

Weitaus dramatischer und dringlicher ist das MRSA-Problem, und das hat in Westfalen einige Mediziner initiativ werden lassen. Aus Sorge um die wachsende gesundheitliche Bedrohung durch Mastställe gründeten sie vor einigen Jahren das Projekt Euregio MRSA Netzwerk Twente/Münsterland. Der Mikrobiologe Alexander W. Friedrich, der 2011 von der Uni-Klinik Münster zur Uni Groningen in den Niederlanden wechselte, und sein Kollege Ron Hendrix vom Laboratorium Microbiologie im holländischen Twente leiten das gemeinsame Netzwerk, das die Bevölkerung vor hochtoxischen Keimen schützen will. Der grenzübergreifende Qualitätsverbund erstreckt sich über vier holländische Provinzen und fünf münsterländische und drei niedersächsische Kreise mit zusammen knapp zwei Millionen Einwohnern. An dem Euregio-Projekt beteiligen sich auf beiden Seiten 49 Krankenhäuser und rund 2400 Arztpraxen. Die Akteure wollen ein Überschwappen der MRSA-Erreger in die holländischen Ostprovinzen verhindern und gleichzeitig die MRSA-Bedrohung auf beiden Seiten der Grenze bekämpfen.»In Deutschland«, verkündeten die Beteiligten,»kommen antibiotika-resistente Bakterien wie MRSA bis zu 20-mal häufiger vor als in den Niederlanden.« Dort ist der Anteil der MRSA-Fälle dank konsequenter Hygiene-Maßnahmen konstant auf unter 3 Prozent gehalten worden.

Das könnte sich ändern. Denn seit einigen Jahren werden in vielen Ländern vermehrt Fälle von CA-MRSA diagnostiziert, an dem sich Patienten außerhalb der Krankenhäuser infiziert haben – eine Bedrohung, die in Deutschland wegen des leichtfertigen Umgangs mit Antibiotika und mit MRSA-Infektionen wesentlich größer ist als beispielsweise in Holland. Während in den deutschen Kliniken die Fälle, wie die Netzwerkakteure kritisieren, nach Schema F behandelt werden, ist die Vorgehensweise im Nachbarland sehr viel differenzierter: Bereits bei der Aufnahme beginnt in einer niederländischen Klinik die gezielte Suche nach MRSA-Trägern. Erleichtert wird ihr Aufspüren durch eine Einteilung der Patienten nach vier Risikogruppen. Zur Gruppe mit den höchsten Risiken zählen jene Kranken, die zuvor stationär in einem anderen Land behandelt wurden. Immerhin bis zu 40 Prozent der MRSA-Infektionen im stationären Bereich wurden aus ausländischen Kliniken in die Niederlande eingeschleppt. Die Patienten mit hoher Risikoeinschätzung werden prophylaktisch isoliert und auf einen MRSA-Befall untersucht. Der Erfolg der hohen Hygienestandards hat sich im Nachbarland ausgezahlt. Nirgendwo sonst in Europa sind Patienten in Kliniken so sicher. Das ermöglicht eine hohe Heilungsrate in der Behandlung von MRSA-Befallenen von durchschnittlich 85 Prozent, in deutschen Krankenhäusern liegt der Erfolgsanteil hingegen weit darunter. Das erklärt auch die vermutete hohe Zahl von Todesfällen.

Die jahrelange Sorglosart deutscher Kliniken mit MRSA und dem wachsenden Resistenzproblem wird auch deutlich am unterschiedlichen Medikamenteneinsatz: Während in den niederländischen Kliniken der Anteil am Verbrauch von Antibiotika unter den verordneten Arzneimittel bei 10 bis 30 Prozent liegt, erreicht er in Deutschland 40 bis 70 Prozent. Ähnlich krass ist auch der Unterschied bei der Verordnung von Antibiotika im ambulanten Bereich.

Im Euregio-Verbund hat sich das inzwischen geändert. Die beteiligten deutschen Kliniken und Arztpraxen haben sich weitgehend den holländischen Hygienestandards angenähert. So werden mit MRSA-Erregern besiedelte Patienten ebenfalls schon bei der Aufnahme in der Klinik identifiziert; viele der Keimträger sind Personen aus der Landwirtschaft. Ohne einen Abstrich, mit dem der eventuelle Befall abgeklärt wird, nimmt keines der Krankenhäuser mehr einen Patienten aus dem landwirtschaftlichen Umfeld auf.

Gerade die Branche, die mit der Herstellung hochwertiger Lebensmittel eine gesunde Ernährung garantieren soll, ist zu einer Quelle dauerhafter toxischer Gefahren geworden. Sie bestätigt damit all jene Kritiker, die schon seit Jahren vor den Folgen der industrialisierten Landwirtschaft warnen. Dass diese Ausmaße nunmehr auch einer breiten Öffentlichkeit bekannt werden, ist das Verdienst von Organisationen wie BUND, NABU, Greenpeace und Foodwatch, die unermüdlich in Stellungnahmen und durch das Aufdecken von Futter- und Lebensmittelskandalen auf die zweifelhaften Mastmethoden in den Tierfabriken hinweisen.

In keiner anderen Branche haben sich die Gefährdungen für die menschliche Gesundheit und die Umwelt derart potenziert. Die Skandale schrecken die Öffentlichkeit in immer dichterer Folge. Dioxin in Lebensmitteln, resistente Keime und Antibiotika-Spuren im Fleisch, Schadstoffe in der Luft und mit Arzneiwirkstoffen und Schwermetallen verseuchte Böden und Gewässer, das alles sind Ergebnisse einer Agrarpolitik, in der wie auf einer Olympiade alles nur auf Rekorde fixiert ist: verkürzte Mastzeiten, größere Fleischmengen, höhere Erträge. Vorschriften und Kontrollen? Deren Verschärfung, von Kritikern und Umweltverbänden nach jedem neuen Skandal gefordert, sind bislang weitgehend nur kosmetischer Natur. Ansonsten wäre der Einsatz von Arzneimitteln in der Mast längst strenger reglementiert worden.

Nach offiziellen Zahlen, die weitgehend auf den Angaben der Pharmahersteller basieren, wurden im Jahre 2005 in der Landwirtschaft knapp 800 Tonnen Antibiotika verbraucht. Tatsächlich aber dürften es weit über 1000 Tonnen sein. Denn nicht selten werden Arzneimittel illegal beschafft, wie das jahrelang bei den vor allem in der Kälbermast eingesetzten Hormonen für schnelleres Wachstum und größere Fleischbildung der Fall war.

In der Viehzucht werden schätzungsweise viermal höhere Mengen an Antibiotika verbraucht als im Humanbereich mit insgesamt zwischen 250 und 300 Tonnen im Jahr 2007. Die im Fleisch von Masttieren gefundenen Rückstände von Antibiotika sind für den Verbraucher gesundheitlich nicht sehr bedenklich. Wesentlich gefährlicher sind Arzneimittelreste und Keime aus der Landwirtschaft, die auf anderen Wegen in den menschlichen Körper gelangen. Ausgangspunkt hierfür sind Gülle und Mist, die Spuren von Arzneimitteln enthalten, die über die Böden ins Sicker- und Grundwasser und schließlich über die Kläranlagen ins Trinkwasser gelangen. Das sind überwiegend Rückstände der Wirkstoffklasse Tetrazykline, die einen Anteil von rund 50 Prozent am gesamten Arzneimittelverbrauch in der Viehhaltung ausmachen.

Normalerweise werden Antibiotika im Tierkörper nach einer gewissen Zeit abgebaut, beispielsweise wird Milch mit Antibiotika behandelter Kühe erst wieder nach einer Wartezeit von einigen Tagen verarbeitet. Dann sind die Wirkstoffe im Tierkörper in der Regel abgebaut. Das gilt allerdings nur für bestimmte Antibiotika. Die vorwiegend in der Schweinemast eingesetzten Tetrazykline werden nach einer Untersuchung des Umweltbundesamtes zu 80 Prozent ausgeschieden und über Gülle und Festmist in der Umwelt verbreitet. Die Rückstände von Tetrazyklinen im Boden sind daher besonders hoch. Aber auch die Wirkstoffklasse der Sulfonamide, die am zweithäufigsten in der Schweinemast eingesetzt wird, baut der Körper nur etwa zur Hälfte ab. Rückstände dieser Medikamente gelangen ebenfalls in die Umwelt. Das hat Folgen. Laut einer belgischen Studie trägt die Bodenbelastung vor allem durch Tetrazykline erheblich zur Antibiotika-Resistenz bei. Nach dieser Untersuchung wurden in mit Schweinegülle gedüngten Böden wesentlich häufiger gegen

Tetrazykline resistente Keime (19 Prozent) gefunden als in ungedüngten Böden (1,6 Prozent). Keime aus dem Grundwasser waren sogar zu 100 Prozent resistent. Alarmierende Befunde. Denn diese teilweise mehrfach resistenten Keime werden immer häufiger auch in Lebensmitteln gefunden, wie Anfang Januar 2012 im Hähnchenfleisch der großen Geflügelmäster. Die Umweltorganisation BUND hatte in der Hälfte von zwanzig Hähnchenfleischproben aus Supermärkten von Edeka, Netto und Lidl resistente Erreger gefunden, neben MRSA- auch ESBL-Keime (Extended Spectrum Beta-Lactamase). Die ESBL-Keime sind resistent gegenüber vielen Antibiotika, darunter auch Penicilline. Bis heute sind mehr als 150 verschiedene ESBL-Varianten bekannt, ständig neue Mutationen führen zu einer dramatischen Zunahme der ESBL-Stämme. Bei abwehrgeschwächten Personen mit Hauterkrankungen können MRSA und ESBL zu einer lebensbedrohlichen Sepsis führen.

Als Ursache für das belastete Fleisch prangerte BUND-Vorsitzender Hubert Weiger den »fortgesetzten Antibiotikamissbrauch« in der Landwirtschaft an. Das Ausmaß der Kontamination von Lebensmitteln mit Krankenhauskeimen sei ein deutliches »Warnsignal vor den Kollateralschäden der industriellen Tierhaltung«.[3] Neben einer drastischen Reduktion von Antibiotika in der Mast forderte der BUND auch eine verschärfte Regelung für Tierärzte, die nicht länger gleichzeitig Arzt und Apotheker sein dürften. Dadurch hätten sie ein Interesse daran, besonders hohe Mengen an Antibiotika zu verordnen.

Dass immer häufiger resistente Keime in Milch-, Fleischprodukten und sogar im Honig gefunden werden, führen Experten wie Katarina Stroh auf die großflächige Verteilung der Keime in der Umwelt zurück. »Über die Lebensmittel«, so Stroh, »ist sogar eine internationale Verbreitung möglich.«[4] Vertreter der Agrarindustrie aber wiegeln selbst nach alarmierenden Funden wie zuletzt die vom BUND ab. Für die Verbraucher bestehe kein

Grund zur Beunruhigung, die Keime würden beim Kochen oder Braten abgetötet, heißt es. Doch das ist nur die halbe Wahrheit. Bereits heute sind in Deutschland nach Schätzungen des Robert-Koch-Instituts bis zu vier Millionen Menschen mit MRSA-Keimen besiedelt. Resistente Krankheitserreger sind zwar für gesunde Menschen ungefährlich. Weil aber die Resistenz unter den Bakterien übertragbar ist, geht von ihrer Verbreitung in Lebensmitteln und in Böden eine zusätzliche, sich gefährlich potenzierende Bedrohung aus.

Mit der Bodenbelastung durch die Tierhaltung hat sich eingehend auch das Umweltbundesamt (UBA) befasst. Über die Wirkung der Tetrazykline im Boden schreiben die beiden Autoren Leonie Chonsch und Dietrich Schulz, dass sie »durchaus im Bereich von Pflanzenschutzmittel-Wirkstoffen liegen kann (unter *worst case*-Annahmen bis in den Bereich mehrerer Kilogramm pro Hektar!)«.[5] Eine dramatische Aussage, die den BUND zu der Forderung veranlasste, dass »neue Antibiotika grundsätzlich nicht für die Tiermedizin zugelassen werden sollten«. Zugleich verlangt der BUND eine Umweltprüfung für Arzneimittel, die vor 1998 eingesetzt wurden und davon ausgenommen sind. Über die Auswirkungen dieser Regelung schreiben Chonsch und Schulz: »Letztlich heißt das, dass ständig anthropogene (von Menschen veranlasst) Stoffe in die Umwelt eingebracht werden, ohne dass ihre diesbezüglichen Wirkungen jemals untersucht wurden. Das Umweltbundesamt fordert deshalb seit längerem ein ›Altstoffprogramm‹ für Tier- und auch für Human-Arzneimittel.« Eine Forderung, die von der Bundesregierung ignoriert wird. »Wo bleibt der Bodenschutz?«, kritisieren denn auch die beiden Autoren die Untätigkeit der schwarz-gelben Koalition. Eines dieser unrühmlichen Beispiele ist die geplante einheitliche EU-Rahmenrichtlinie zum Bodenschutz, sie scheiterte bislang auch am Veto Deutschlands – mit Begründungen, die nicht leicht nachvollziehbar sind und offenbar nur die Landwirtschaft vor einschränkenden Regelungen und die Pharmaindustrie vor Absatzverlusten bewahren sollen. Die Richtlinie, so die Argumentation der Bundesregierung, übertrage der Kommission Kompetenzen, die den nationalen Regierungen vorbehalten bleiben müssten.

So dürfen denn die Agrarfabriken auch weiterhin die Böden mit resistenten Keimen und Schwermetallen verunreinigen. Hier zunehmend in der Kritik steht die Kupfermenge im Schweinefutter, die laut Chonsch und Schulz »erheblich über den physiologischen Bedarf der Tiere hinausgeht; sie erreicht vielmehr bereits pharmakologische Wirksamkeit und führt zu einer Leistungssteigerung.« Nach einer EU-Verordnung wurden zwar im Schweinefutter die Kupfergehalte erheblich gesenkt, nicht aber die für Ferkel. Im Vergleich zu älteren Schweinen ist für Jungtiere im Alter bis zu zwölf Wochen für den Wachstumsförderer Kupfer pro Kilogramm Gewicht fast die siebenfache Menge im Futter erlaubt. Damit gelangen in großen, auf die Ferkelzucht spezialisierten Betrieben hohe Mengen an Ferkelgülle auf einer begrenzten Fläche in den Boden. Und das hat bedenkliche Auswirkungen: Große Kupferanteile in der landwirtschaftlich genutzten Erde führen zu erheblichen Schäden an Bodenorganismen, warnt der BUND. Sie bergen aber auch gesundheitliche Gefahren und können beispielsweise bei Säuglingen zu Leberschäden führen. Chonsch und Schulz, die beiden Experten aus dem Umweltbundesamt (Fachgebiet: »Bodennutzung und -bewirtschaftung, Landwirtschaft«), fordern daher neben anderen dringlichen Maßnahmen auch eine »Senkung des Grenzwertes für Kuper im Ferkelfutter«.

Einen Tatendrang zu Veränderungen lässt jedenfalls die CSU-Ministerin Aigner erkennen. Nach dem Skandal um die resistenten Keime im Hähnchenfleisch kündigte sie im Januar 2012 an, die Anteile von Antibiotika in der Tierhaltung auf das unbedingt erforderliche Maß zur Behandlung kranker Tiere zurückfahren zu wollen. Allerdings kommen in der Zeit zwischen Ankündigung und Realisierung häufig selbst die hehrsten Absichten abhanden, vor allem wenn Interessen der Agrarindustrie berührt sind. Aigners Kontrahent Friedrich Ostendorff, Agrarexperte der Bundestagsfraktion der Grünen, hegt denn auch erhebliche Zweifel an einem konsequenten Vorgehen der Ministerin. Ihr sei doch klar, erklärte Ostendorff, »dass die industrielle Fleischproduktion ohne Antibiotika nicht funktioniert«.

Ostendorff kennt sich aus. Er ist Landwirt und überdies Realist.

# Das Kartell

## Eine Branche im Größenwahn

Ein Spalier lächelnder Schönheiten. Links und rechts – überall weiblicher Liebreiz: die Weinkönigin aus Meißen, die Kirschenkönigin aus Witzenhausen, die Spargelkönigin aus Buxtehude, die Apfelkönigin aus Hesselberg, die Sektprinzessin aus Dresden. Umgeben von einem Tross aus Managern, Funktionären, Politikern und Journalisten schreitet der Gastgeber, ein Mann mit grauem Schnauzbart, durch die Reihen. Er schüttelt Hände, gibt Statements ab, grüßt ins Publikum: Bauernpräsident Gerd Sonnleitner hält Hof: Grüne Woche in Berlin.

»Wir streiten für eine starke Agrarpolitik, die zum Vorteil für unsere Verbraucher und die Entwicklung unserer bäuerlichen Landwirtschaft ist«, sagt Sonnleitner in seiner offiziellen Rede. Dann gibt er sich kämpferisch: »In letzter Zeit sind häufig Begriffe wie Massentierhaltung und Industrialisierung der Landwirtschaft gefallen«, schimpft er. »Diese Vorwürfe sind mit Fakten nicht in Einklang zu bringen.« Es gehe einem Tier in großen Mastanlagen nicht schlechter als in einem kleinen Stall. Man müsse das einzelne Tier betrachten, ob es ihm gut gehe. In welchem Stall und welcher Größenordnung es lebe, sei egal.[1] An diesem Tag wird häufig das Bild von der bäuerlichen Landwirtschaft beschworen. Sonnleitner und seine Bannerträger werden geradezu unleidlich, wenn sie auf die rapide Entwicklung der Landwirtschaft zur Agroindustrie angesprochen werden. Seit Jahrhunderten, sagt Sonnleitner, seien die Bauern fest in den

Dörfern verwurzelt und stabilisierten die Gesellschaft. Manche Zuhörer fühlen sich bei Sonnleitners Bildern nicht in der Gegenwart, sondern um viele Jahrzehnte zurückversetzt.

Für den nächsten Bauerntag kündigt der Präsident einen »Wertekongress« an. Die bäuerliche Landwirtschaft müsse geschützt werden, sagt er. Vor denen, die sie überregulieren wollten, und vor denen, die an der Förderung der Bauern etwas zu verändern trachteten. Es gehe darum, wie sich der Bauernverband künftig gegenüber Politik, Gesellschaft und Medien aufstellen und sich schlagkräftig für den Berufsstand einsetzen könne. Dann lächelt Sonnleitner, und die Königinnen lächeln auch. Auf den Gesichtern in seinem Gefolge breitet sich Zufriedenheit aus.

Sonnleitner bekommt viel Beifall – von den anwesenden Funktionären des Deutschen Bauernverbandes (DBV) und den zahlreich vertretenen Lobbyisten aus Industrie und Politik. Sonnleitner hat den von ihm erwarteten Ton getroffen. Die bäuerliche Landwirtschaft – diese Darstellung gefällt. Sie lenkt ab von der wachsenden Kritik an Agrarfabriken, der Ausbeutung von Tieren, der Vernichtung von Lebensmitteln und der Verseuchung von Böden und Gewässern mit Nitraten, Herbiziden, Schwermetallen und Spuren von Antibiotika. Sonnleitner hat viele Kritiker, überwiegend Kleinbauern. Sie haben keine Zeit zum Flanieren auf der Grünen Woche. Viele von ihnen wissen ohnehin, dass Sonnleitner nicht das ist, was er gerne vorgibt: Sachwalter ihrer Interessen zu sein.

Der oberste Bauernfunktionär und sein Gefolge beherrschen virtuos die Fähigkeit, das Gegenteil von dem umzusetzen, was sie in Reden und Interviews als offizielle DBV-Richtung vorgeben. Bei öffentlichen Auftritten betonen Sonnleitner und seine vier Stellvertreter stets ihr Engagement für die Belange ihrer überwiegend bäuerlichen Mitglieder. Tatsächlich aber orientiert sich die Politik des Bauernverbandes vor allem an den Bedürfnissen der Großgrundbesitzer, der Mastfabriken und ihrer mächtigen Lieferanten, meist international agierende Multis.

In der Agrarindustrie ist eine Gigantomanie ausgebrochen, Ackerland und Tiermast sind zu Spekulationszielen von Großinvestoren geworden. In dieser Branche hat sich eine Wachstumsgier ausgeprägt, die jedes Augenmaß vermissen lässt. Auch hier wird seit langem am tatsächlichen Bedarf vorbei produziert, und es zählt allein die Gewinnmaximierung. In der Manier von Eroberern haben sich Konzerne und Großagrarier die Ackerflächen in Ostdeutschland untereinander aufgeteilt. Finanziert zum großen Teil von den Steuerzahlern. Die ILW Holding AG des niedersächsischen Viehhandelsunternehmers Jürgen Lindhorst raffte sich dort 17 000 Hektar Land zusammen.[2] Nach den EU-Kriterien hat die ILW nun einen jährlichen Anspruch auf Subventionen in Höhe von rund 5 Millionen Euro. »In den neuen Bundesländern«, räumte Jürgen Lindhorst freimütig ein, »haben wir nach der Wende überdurchschnittlich viel Geld verdient.«[3]

Für den um sich greifenden Expansionsrausch steht auch die Straathof-Holding des niederländischen Industriellen Adrian Straathof, die in Mecklenburg-Vorpommern 100 000 Schweine mästet und in Sachsen-Anhalt und in der Altmark Betriebe mit 32 000 Sauen unterhält. Die Agro-Industriegruppe E. Arts und M. Bolder/Bolart füttert in Vetschau im Spreewald rund 70 000 Schweine.[4] Gleich 400 000 Hühner sollen in einer Fabrik gemästet werden, die mit staatlicher Unterstützung in Neubrandenburg errichtet wird.[5]

Der kleine Ort Wietze bei Celle ist ein Synonym für den agrarindustriellen Größenwahn geworden. Dort wurde vor wenigen Monaten der größte Geflügelschlachthof Europas eingeweiht, in dem jährlich rund 135 Millionen Hühner geköpft werden sollen, rechnerisch über 250 Hühner pro Minute. Um auf diese Menge zu kommen, müssen im Umkreis von bis zu 150 Kilometern 420 Mastbetriebe à 40 000 Hühner angesiedelt werden. Betreiber des Schlachthofs ist die niedersächsische Rothkötter-Gruppe (ca. 500 Millionen Euro Umsatz), die rund 185 000 Tonnen Hähnchenfleisch pro Jahr vermarktet. Ob aber der mit 6,5 Millionen Euro vom Land geförderte Schlachthof jemals seine angepeilten Produktionszahlen erreichen wird, ist mehr als fraglich. Denn bislang wurde statt der 400 geplanten Mastanlagen lediglich der Bau von 50 Betrieben beantragt.[6]

In dem mit vielen Milliarden Euro subventionierten Agrocasino dreht sich wie in den Banken ein Umsatzroulette, bei dem die finanzstarken Spieler – die Mastfabriken, deren Futtermittel-Lieferanten, die Supermarktketten sowie die Chemie- und Gentechnik-Konzerne – riesige Gewinne scheffeln, zu Lasten der kleinen Bauern, aber auch zum Schaden von Millionen Nutztieren. Deren Ausbeutung ist zu einem Renditefaktor geworden. Im Stall werden ständig neue Rekorde angepeilt: die Turbokuh, die Höchstmengen an Milch produziert, Schweine, die in kurzer Zeit ihr Schlachtgewicht erreicht haben, Hühner, die wie am Fließband Eier legen, möglichst täglich. Häufig wird dabei die Grenze zur Tierquälerei überschritten.

Eine Art Goldfieber hat die Branche erfasst, in der sich das große Kapital die Claims sichert. In Barver, Kreis Diepholz, ist eine Milchfabrik mit 3200 Kühen geplant. Der kleine Ort beherbergte dann dreimal mehr Kühe als Einwohner, viele bäuerliche Milchbetriebe der Umgebung wären von der Schließung bedroht. »Die Kuh«, sagt die Mikrobiologin Monika Krüger, Professorin an den Tierkliniken der Uni Leipzig, »ist nur noch ein Trecker auf vier Beinen. In den Agrarfabriken wird sie dermaßen ausgelaugt, dass sie bereits nach vier Jahren am Haken hängt.« In großen Milchbetrieben werden die von Robotern überwachten Kühe automatisch gefüttert, gemolken und mit einem Kraftfutter aus Gen-Soja auf eine Jahresleistung von 12 000 Litern und mehr getrimmt – Rekord-Mengen, für die es keinen Bedarf gibt. Kühe im bäuerlichen Betrieb mit Weideauslauf und einem Zusatzfutter aus heimischer Produktion können es ebenfalls auf eine Jahresmilchleistung von 8000 Litern und mehr bringen, erreichen dafür aber ein Lebensalter von zehn Jahren und mehr.

In der völlig entarteten Agrarindustrie gilt das Geflügelimperium Wiesenhof als ein Symbol der Wachstumsexzesse. Seit Jahren schon sorgt der Konzern mit seinen umstrittenen Haltungs- und Mastbedingungen für Schlagzeilen. Die mehrfach aufgedeckten skandalösen Zustände in den Wiesenhof-Ställen haben nicht zu einem Umdenken geführt, in Politik nicht und auch nicht im Verband. Im Gegenteil, die oft hermetisch abgeriegelten Mastanlagen erleben bundesweit seit Jahren einen ungebrochenen Boom.

So diktiert der Expansionswahn das Handeln. Gerade diese Entwicklung belegt aus Sicht vieler Landwirte das dauerhafte Versagen des Bauernverbandes. Mit seiner jahrzehntelangen unflexiblen Politik der permanenten Ertragssteigerung hat der DBV die organisierte Maßlosigkeit gefördert. Ausgerechnet Sonnleitner und seine Verbandskollegen, die mit ihrem Berufsstand sich in der Pflicht sehen sollten, die ihnen anvertrauten natürlichen Ressourcen auf eine schonende Weise zu nutzen, unterstützen ein verantwortungsloses System der Ausbeutung. Augenmaß und Vernunft, die eigentlich die bestimmenden Maximen im Umgang mit der Natur sein sollten, wurden abgelöst von der Sucht nach Größe und Superrenditen. Und dafür gewährt die EU auch noch reichlich Subventionen.

In der europäischen Landwirtschaft geben Industriekonzerne die Richtung der Agrarpolitik vor, angetrieben von ihren ehrgeizigen Umsatzzielen beim Verkauf von Saatgut und Pestiziden, den Millionen Tonnen gentechnisch veränderter Futtermittel und den enormen Mengen an Tierarzneien. Umsätze von zig Milliarden Euro sind der Anreiz für weitere Begehrlichkeiten. Zu den Profiteuren dieser Politik gehören auch die Fleischfabriken und die marktbeherrschenden Handelsriesen Aldi, Lidl, Rewe, Metro, Edeka und Tengelmann. Die Zukunft lässt noch Schlimmeres erwarten. Der Maßstab des Handelns ist der permanente Ertragsrekord. Dafür sollen Tiere und Böden noch mehr ausgequetscht werden. Die Zockerei um Größe und Profite hat einen Konzentrationsprozess ausgelöst, der ständig an Rasanz zulegt. Der Deutsche Bauernverband leistet bei dieser Rekordjagd entscheidende Schrittmacherdienste. Sonnleitner und seine Helfer haben die Expansion der Tierfabriken ausdrücklich gefördert.

Aus Sicht der Umweltverbände und der zunehmend kritisch eingestellten Verbraucher zählt diese Agrarpolitik zu den krassesten wirtschaftlichen Fehlentwicklungen der letzten Jahrzehnte. Opfer dieser Politik ist die große Mehrheit der DBV-Mitglieder – Inhaber kleinerer Betriebe, die sich von ihren Verbandsoberen im Stich gelassen fühlen. Sie sehen sich als Betrogene eines Agrarsystems, das wie aus einem Füllhorn staatliche Subventionen vor allem an jene ausschüttet, die es am wenigsten nötig haben: Großagrarier, Fleisch-, Molkerei- und Schokoladen-Konzerne, der Chemie-Multi Bayer und sogar die Rüstungsfirma Rheinmetall.

Der Bauer, der seine Kühe auf die Alm führt, ist weitgehend auf die Werbeplakate verbannt. Der moderne Bauer, erklären ihm der Verband und das Heer der Landwirtschaftsberater, muss mit der Zeit gehen und seinen Hof zu einem Agrarbetrieb umbauen. Die Hennen gehören nicht nach draußen, sondern in Käfige. Die Kühe nicht auf die Weide, sondern rund um die Uhr in den Stall, überwacht von Sensoren. Und Schweine und Bullen stellt der moderne deutsche Bauer am besten auf Spaltböden aus Faserbeton. Der Zweck all dieser Maßnahmen: die Ausweitung der Produktion. Die Deckung des eigenen Bedarfs, ein Grundprinzip des Bauerntums, war dem Verband nicht mehr genug. Nun sollten Überschüsse produziert werden – für Europa, für den Weltmarkt. Ein Landwirt, der einfach das bleiben wollte, was er war, nämlich Landwirt, wurde von seinem eigenen Verband als rückständig abgestempelt. Das Leitbild des bäuerlichen Familienhofes, der über Generationen hinweg nicht nur für einen sicheren Arbeitsplatz, sondern auch eine feste Lebensphilosophie stand, verblasste. An seine Stelle trat die Tierfabrik.

Politik und Bauernverband verschweigen wohlweislich, welche fatalen Ergebnisse die an der Größe der Agrarbetriebe ausgerichtete Subventionierung gebracht hat. Wenn Landbesitz und Tierhaltung in offiziellen Statistiken auftauchen, ist meistens die Angabe zu lesen »mehr als 1000 Hektar« oder »mehr als 1000 Schweine«. So wird vermieden, dass die Folgen der weder in der Auswahl noch in der Höhe nachvollziehbaren Subventionspraxis den Unmut der extrem benachteiligten Landwirte und der kritischen Verbraucher schüren.

Die Verteilung erfolgt nach den in den Industriestaaten ebenso wie in der Dritten Welt üblichen Kriterien: Wer hat, dem wird gegeben. Nur 5694 Empfänger kassieren insgesamt pro Jahr 1,612 Milliarden Euro aus dem Agrartopf. Ausgeschüttet wird diese horrende Summe an Großagrarier und Firmen. Sie machen nur 1,5 Prozent aller Empfänger aus, kassieren aber rund 30 Prozent aller Subventionen. Die Gelackmeierten sind die kleinen Bauern. Auf die 190 584 kleineren Betriebe (50,4 Prozent aller Empfänger) entfallen nur 303 Millionen Euro. Das sind im Schnitt lediglich 1590 Euro pro Hof. Für viele reicht das nicht zum Überleben. Rund dreißig bäuerliche Betriebe bleiben täglich auf der Strecke. Es sind Betriebe, die nach den politischen, von den Lobbyisten diktierten Verteilungsvorgaben zu klein und daher nicht förderungswürdig sind.

Weil viele der Kleinbauern durch das Subventionsnetz fallen, müssen sie ihren Hof bis unters Dach beleihen. Von Landwirtschaftsberatern zu mehr Wachstum getrieben, bauen sie neue Ställe, erhöhen den Viehbestand, kaufen größere Maschinen und belasten Haus und Hof mit neuen Darlehen, häufig von den Raiffeisenbanken, in deren Gremien Funktionäre für ihre Nebeneinkünfte sorgen. Von dieser Expansion leben, bis auf die Bauern, alle hervorragend: die Produzenten von Landmaschinen, die Lieferanten von Pestiziden, Futter- und Düngemitteln, die Banken und die Abnehmer landwirtschaftlicher Produkte.

»Mit massiver staatlicher Förderung«, schreibt Eckehart Niemann, »wurden vor allem die genossenschaftlichen Unternehmen im Landhandel, in der Schlacht-, Molkerei- und Futtermittelwirtschaft zu Großunternehmen ausgebaut.«[7] Die Landwirte gerieten zu ihren Preisdiktaten in eine immer größere Abhängigkeit. Die Genossenschaften waren laut Niemann »basisdemokratisch nicht mehr zu kontrollieren und entfalteten bald ein unternehmerisches Eigeninteresse«. Die finanzielle Zuschnürung hat Folgen. Hochverschuldet müssen viele Bauern aufgeben – die üppig geförderten Großagrarier warten nur darauf, sie können dann das immer knapper werdende Land günstig übernehmen.

Wer aufgibt, verliert aber nicht nur seinen Job. Betriebe, teils seit Jahrhunderten in Familienbesitz, werden ausradiert. Der Bauer verliert seinen Arbeitsplatz, sein Zuhause, seine Identität. Es sind Schläge, von denen sich viele nicht erholen. Die desolate wirtschaftliche Lage hat manchen Kleinbauern in den Tod getrieben. »Suizid ist ein großes Thema bei unseren Beratungen«, sagt Hans Goldbrunner von der Landwirtschaftlichen Familienberatung. Die drohende Aufgabe von Betrieben, die teilweise seit Jahrhunderten im Familienbesitz seien, erklärt der Psychologe von der Uni Duisburg-Essen, versetze die Betroffenen in psychologische Ausnahmesituationen, denen viele nicht mehr gewachsen seien.

Nur wenige Suizidfälle werden öffentlich. Wie der eines 47-jährigen Milchbauern aus dem Kreis Segeberg, der sich im Juni 2009 mit einem Gewehr erschossen hatte. Der Mann hinterließ Frau und zwei Kinder. Er hatte keinen Ausweg mehr gesehen aus der fatalen wirtschaftlichen Lage seines Betriebes. Die *Schleswig-Holsteinische Zeitung* schrieb über die Hintergründe: »Vor zwei Jahren, als die Milchpreise noch bei mehr als 30 Cent lagen, hatte er für seine 150 Kühe einen neuen Stall gebaut. Inzwischen liegen die Milchpreise bei 18,5 Cent.«[8] Die Frau sei nun gezwungen, den Betrieb zu verkaufen.

»Die Verzweifelung der Bauern«, schreibt Romuald Schaber, Vorsitzender des vom DBV abgespaltenen Bundesverbandes der Milchviehhalter (BDM), »ist ein europäisches Thema. Bauern sterben still, im Stall. Das Vieh rumort vielleicht. Dann fährt der Krankenwagen auf den Hof. Wer das miterleben muss, den würgt es. Und es passiert immer weiter. In Bayern und in Schleswig-Holstein, in Mecklenburg-Vorpommern und in Baden-Württemberg, in Frankreich, Holland, in ganz Europa. Immer wieder, immer häufiger.«[9]

Die Notlage der Kleinen ist der Nutzen der Großen. Discounter und Supermärkte, Fleisch- und Molkereikonzerne wachsen an der Knebelung ihrer bäuerlichen Lieferanten. Die fünf Konzerne Aldi, Lidl, Edeka, Rewe und Metro kontrollieren über 90 Prozent der Lebensmittelversorgung in Deutschland. Und weil die Überschüsse Höchstmarken erreichen, können die Handelsriesen den Bauern die Preise diktieren. Milchseen, Butterberge und Fleischhalden fördern die Konzentration, kleinere und mittlere Betriebe geraten immer tiefer in die Kostenklemme. Die Mastfabriken profitieren hingegen von ihrer Größe und vom wachsenden Export, der ebenfalls von der EU großzügig subventioniert wird.

Die Agrarbranche und die von ihr profitierenden Lieferanten peilen ständig neue Rekordzahlen an. Weder die gegenwärtige Bundesregierung noch der Bauernverband haben bislang jenes erforderliche Maß an Vernunft bewiesen, das nötig ist, die fatalen Folgen dieser exzessiven Prozesse einzudämmen. Diese Aufgabe haben seit Jahren die Umweltorganisationen und einige Abgeordnete der Grünen in den Parlamenten in Brüssel und Berlin übernommen. Deren Warnungen werden hingegen von der mächtigen Agrarlobby überwiegend als Ökospinnereien abgetan. Tatsächlich aber hat die globalisierte Agrarwirtschaft ein gefährliches Ausmaß erreicht. Die steigende Fleischproduktion in der EU erfordert immer höhere Einfuhren an Futtermitteln, vorwiegend aus Südamerika. Die starke europäische Nachfrage beschleunigt in Brasilien, Argentinien, Peru und Uruguay den Abbau von Regenwäldern und verknappt dort die Ackerflächen für die eigene Lebensmittelherstellung. Wegen der Ausdehnung der Sojafelder wurden Millionen Menschen von ihrer Parzelle vertrieben. Mittlerweile beansprucht die deutsche Fleischproduktion 20 Prozent mehr Ackerfläche in den Ländern des Südens, als in Deutschland zur Verfügung steht.

Zu verantworten ist das weder politisch noch ethisch. Längst übersteigt die Fleischerzeugung in der EU den Bedarf. In den größten Anbauländern von Futtermitteln für die Tröge in Europa richtet der Nachfrageanstieg soziale und ökologische Verheerungen an. Solche Erkenntnisse ändern jedoch nichts am Verhalten der Regierungen in den EU-Ländern. Zu mächtig sind die Lobbyisten, die weiterhin auf unsinnige Subventionen drängen und damit das Übermaß fördern.

In nur zehn Jahren hat sich die deutsche Produktion von Hühnerfleisch verdoppelt: von rund 460 000 Tonnen 1997 auf fast 900 000 Tonnen 2007. Noch höher stieg der Export: von knapp 100 000 auf fast 400 000 Tonnen. Die Ausfuhr von Schweinefleisch liegt noch höher und erreichte 2008 einen Rekordwert von fast 5 Milliarden Euro – gefördert mit Exportsubventionen. Gleichzeitig sanken die Betriebsausgaben in der Schweinehaltung um 17 Prozent, eine Folge auch der zunehmenden Ausbeutung der Tiere. Überkapazitäten führen in jeder Branche zur Produktionsreduzierung. Nicht so in der EU-Landwirtschaft: Dank der Brüsseler Subventionen werden die Fleischberge durch den Export in Drittländer abgebaut, wo sie die Märkte überschwemmen und durch Niedrigpreise den Aufbau einer eigenen Viehzucht behindern. Doch wen stört das schon unter den Überproduzenten. Erst recht nicht, wenn der Steuerzahler das finanziert. Das findet auch den Beifall Sonnleitners. In seiner Grundsatzrede am 1. Juli 2011 auf dem Bauerntag in Koblenz erklärte er: »Ich danke dem BMELV, Ihnen Frau Bundesministerin Aigner und speziell dem Parlamentarischen Staatssekretär Dr. Müller, für die gewährte Unterstützung bei der Erschließung neuer Exportmärkte.«

Verlierer dieser Politik sind hier wie dort die Kleinbauern, aber auch Natur und Umwelt, denn die industrialisierte Landwirtschaft verursacht zunehmend gewaltige ökologische Schäden. Die intensive Tierproduktion und die dabei entstehenden Gülleseen belasten Gewässer und Böden mit Ammoniak, Nitrat, Antibiotika und Schwermetallen und verursachen dauerhafte massive Umweltschäden. Die intensive Bewirtschaftung der Böden dezimiert die Artenvielfalt und lässt den Einsatz von Giften und Pestiziden rapide ansteigen. Rund 10 Milliarden Euro würde es nach offiziellen Schätzungen kosten, die Gewässer in Deutschland wieder in einen guten Zustand zu versetzen. Solange aber die Landwirtschaft gesetzlich nicht verpflichtet ist, das Wasser sauber zu halten, werden die Schäden eher noch zunehmen. Wie die Überdüngung belastet auch der steigende Verbrauch an Spritzmitteln zunehmend die Umwelt. Die Abholzung von Hecken und das Verschwinden von Ackerrandstreifen haben zusätzlich das Artensterben beschleunigt. Kiebitz, Feldlerche, Feldhamster und viele andere Tier- und Pflanzenarten stehen mittlerweile auf der roten Liste als vom Aussterben bedroht. Wiesen und Weiden weisen die höchste Artenvielfalt auf, sie verschwinden jedoch immer mehr unter dem Pflug. Wegen der Intensivhaltung der Nutztiere in Massenställen werden sie nicht mehr gebraucht.

Verteidigt wird das auf Ausbeutung beruhende System der Überproduktion damit, dass nur die permanente Ertragssteigerung den Hunger auf der Welt beseitigen helfe. Das verkünden die Protagonisten der Agrarindustrie seit vielen Jahren. In dieser Zeit aber hat die Zahl der Hungernden sogar dramatisch zugenommen. Dennoch wiederholen die Nutznießer der industriellen Landwirtschaft stereotyp diese Behauptung.

Der unwürdige Umgang mit Tieren basiert mithin auf einer Lüge, die auch von einem Großteil des politischen Personals verbreitet wird. »Die Haltung unserer Nutztiere«, schreibt Reinhild Benning, Agrarexpertin des BUND, »erfolgt zu weit über 90 Prozent in Ställen, die nach industriellen Maßstäben funktionieren: Tausende Tiere in einem künstlich klimatisierten Stall, dicht gedrängt, überwiegend ohne Stroh, über dem eigenen Dung dahinvegetierend. Die Jungtiere, insbesondere bei Geflügel, stammen oft aus tierquälerischer Zucht und werden quer durch Europa transportiert. Die Tierschutz-Verordnungen in Deutschland erlauben, dass Schweinen regulär die Schwänze und Zähne abgekniffen, Hühnern und Puten die Schnäbel kupiert werden.«

## Funktionärsmillionäre

Nach fünfzehnjähriger Präsidentschaft wird Sonnleitner im Sommer 2012 in den Ruhestand gehen. Seine Amtszeit ist verknüpft mit den größten Verwerfungen in der Geschichte des Verbandes: Gruppierungen in der Bauernschaft haben sich vom DBV abgespalten, viele Mitglieder sind mit der Politik ihres Verbandes unzufrieden, sie empfangen ihren Präsidenten auf Veranstaltungen mit Buhrufen und faulen Eiern. Für sie sind Sonnleitner und sein präsidialer Anhang längst keine ehrlichen

Mittler mehr, denn sie haben aus dem DBV ein Machtkartell geschmiedet, das eine verhängnisvolle Industrialisierung in Gang gesetzt hat. Die Kritik der Basis an der Politik des Bauernverbandes gipfelt in dem Vorwurf, die Belange der kleinen Bauern zugunsten der Interessen von Agrarkonzernen, Großgrundbesitzern und Mastfabriken verraten zu haben. Sonnleitners Politik, sagen seine Kritiker, sei nur auf die Interessen einer kleinen Elitegruppe ausgerichtet – die der Großagrarier, Konzerne und Subventionsmillionäre. »Sonnleitner lässt bäuerliche Betriebe verrecken«, stand auf den Transparenten, die Teilnehmer einer Demonstration im Juni 2009 vor dem Sitz des Bayerischen Bauernverbandes in München in die Höhe reckten. Eine andere Forderung: »Sonnleitner du musst jetzt gehen, die Bauern können dich nicht mehr verstehen«. Oder, kürzer: »Bauernmörder!«

Der Präsident selbst präsentiert sich gern wie der Bauer aus dem Bilderbuch. Sein Zuhause sei Ruhstorf an der Rott, eine kleine Gemeinde in Niederbayern, erzählt er Journalisten, die ihn danach fragen. Sein 500 Quadratmeter großer Vierseithof ist seit dem 13. Jahrhundert in Familienbesitz und wuchs mittlerweile durch Zupachtungen auf rund 100 Hektar an. Weil Sonnleitner keine Zeit mehr für den Hof hat, bewirtschaftet seine Frau Rita seit über 20 Jahren die Flächen, und sie mache das richtig gut, sagt er.[10]

Freilich, Sonnleitner hat keinen einfachen Job. Verbandspräsidenten gibt es viele in Deutschland. Aber keiner außer Sonnleitner muss teils mehrmals am Tage in eine Fernsehkamera gucken und sagen, seine Branche sei ohne die Subventionen nicht überlebensfähig. Er bringt das mit solch einer Intensität vor, dass seine Zuhörer annehmen müssen, bei den Zahlungen der öffentlichen Hand an seine Verbandsmitglieder handelte es sich quasi um ein Naturrecht. »Wir hören, dass die Europäische Union im Rahmen ihrer anstehenden Agrarreform die Grundsicherung der Bauern kürzen möchte. Das fürchten wir«, sagte

Sonnleitner in einem Streitgespräch der *Süddeutschen Zeitung* im Januar 2011. Aus »Subventionen abbauen« wird für ihn »Grundsicherung kürzen«. Das klingt, als würde hier jemandem sein Grundrecht genommen. Es klingt auch, als habe sich die Welt gegen die Bauern verschworen: »Wer künftig mehr Geld haben will, muss noch mehr Umweltprogramme als heute betreiben, die aber die Kosten hochtreiben. Es wird gekürzt, und es werden uns zusätzliche Belastungen aufgebürdet«, sagte Sonnleitner im Gespräch. »Aber gerade die kleinbäuerlichen Betriebe überleben nur aufgrund des EU-Geldes.«

Keine Frage, Gerd Sonnleitner ist rhetorisch gut geschult. Nur so ist zu erklären, dass dem Zeitungsleser angst und bange um die deutschen Bauern wird, wenn ihr Präsident über deren Zukunft spricht. Ohne die »Grundsicherung« würde sie aber vor allem für die großen Betriebe düster aussehen. Nach einer Studie der Berliner Humboldt-Universität von 2006 (siehe Kapitel »Die Subventionslüge«) arbeiten die kleineren Betriebe wesentlich rentabler als die Agrarfabriken, von denen nur sehr wenige ohne die EU-Zahlungen überleben könnten. Eine fatale Entwicklung. Ausgerechnet die völlig unrentablen, nur mit Steuergeldern künstlich am Leben gehaltenen Großbetriebe sind die größte Gefahr für die kleineren und mittleren Höfe. Sie sind die Urheber für die Überversorgung der Märkte mit Fleisch und Milch und den Preisverfall vieler Produkte, was wiederum zu Lasten der bäuerlichen Betriebe geht. Denn die großen Konkurrenten, oft Empfänger von Millionen-Subventionen, können die niedrigeren Preise leicht über Produktionssteigerungen wieder ausgleichen. Ein absurder Zustand, zu dem vor allem der Bauernverband mit seiner massiven Unterstützung der großindustriellen Agrarwirtschaft beigetragen hat. Für viele der kleinbäuerlichen DBV-Mitglieder ist das kein Zufall, schließlich pflegen die Funktionäre zu den umsatzstarken und mächtigen Betrieben und Firmen im Agrarbusiness eine besondere Nähe.

Dazu tragen ihre vielen Pöstchen und Ämter bei. Die fünf DBV-Präsidialen, von Kritikern mittlerweile als Funktionärs-Millionäre gescholten, haben sich in einem längst die Peinlichkeitsgrenze überschreitenden Ausmaß mit lukrativen Mandaten gesegnet. Nicht einmal die Vorstände der Großbanken trauen sich heute noch eine derartige Ämtergier. Die DBV-Oberen aber kennen da keine Hemmungen. Zusammen mit den Präsidenten der achtzehn Landesbauernverbände bringen es die Agrarfunktionäre auf weit über hundert Mandate. Und das verhilft nicht nur zu dicken Nebeneinkünften, es sichert ihnen auch viel Macht und Einfluss – und macht abhängig. Schließlich sind es im Agrarbereich tätige Konzerne, Banken, Versicherungen und vor allem die Genossenschaften, die Sonnleitner und seine Kollegen des mächtigsten deutschen Berufs- und Lobbyverbandes in gutdotierte Gremien berufen.

Sonnleitner hat so viele Ämter angehäuft, dass ihm für die Bewirtschaftung seines geerbten landwirtschaftlichen Betriebs keine Zeit mehr verbleibt. Für sein 100-Hektar-Anwesen in Ruhstorf im Landkreis Passau hat er nach den EU-Richtlinien einen jährlichen Anspruch von rund 30 000 Euro an Subventionen und damit zwanzigmal mehr als der Durchschnitt der kleinen Bauern. Wie der Präsident eilen auch die übrigen Funktionäre des DBV von Termin zu Termin – die vielen Nebenjobs kosten Zeit. Allein Sonnleitner und seine beiden Stellvertreter Werner Hilse und Franz-Josef Möllers bringen es zusammen auf rund sechzig Funktionen und Ämter.

Gerd Sonnleitner*
– Präsident Deutscher Bauernverband (DBV)
– Präsident Bayerischer Bauernverband

---

* Alle mit * versehenen Mandate: Stand 2010/2011 – ohne Anspruch auf Vollständigkeit

- Aufsichtsrat BLV Buchverlag GmbH & Co. KG
- Aufsichtsratsvorsitzender bbv-service Versicherungsmakler GmbH
- Aufsichtsratsvorsitzender Deutscher Landwirtschaftsverlag GmbH
- Präsident Europäischer Bauernverband Copa
- Aufsichtsrat Messe AG Berlin
- Verwaltungsratsvorsitzender Landwirtschaftliche Rentenbank
- Verwaltungsrat Kreditanstalt für Wiederaufbau (KfW)
- Aufsichtsrat R+V Allgemeine Versicherung AG
- Aufsichtsrat Münchener & Magdeburger Agrarversicherung
- Präsidium Deutscher Raiffeisenverband (DVR)
- Aufsichtsratsvorsitzender Land-Data, Gesellschaft für Verarbeitung landwirtschaftlicher Daten mbH
- Mitglied im genossenschaftlichen Beirat der BayWa AG
- Mitglied im Kuratorium des Ifo-Instituts
- Vorsitzender der Fördergemeinschaft Nachhaltige Landwirtschaft (FNL)
- Mitglied der Hanns-Seidel-Stiftung
- Ex-officio-Kurator Stifterverband Deutsche Wissenschaft
- Gesamtausschuss der Deutschen Landwirtschafts-Gesellschaft (DLG)
- Präsidium der Deutschen Arbeitgeberverbände (BDA)
- Mitglied im Außenwirtschaftsbeirat des Bundesministeriums für Wirtschaft
- Vorstandsvorsitzender des Vereins Information.Medien. Agrar (IMA)
- Vorsitzender Zentralausschuss der Deutschen Landwirtschaft

Werner Hilse*
- Vizepräsident Deutscher Bauernverband (DBV)
- Präsident DBV-Landesverband Niedersachsen
- Vorstand der Deutschen Landwirtschafts-Gesellschaft (DLG)
- Vorsitzender Bundesverband der Stärkekartoffelerzeuger
- Vorsitzender des Vereins der Europäischen Stärkekartoffelerzeuger CESPU
- Stellvertretender Aufsichtsratsvorsitzender des niederländischen Stärkeherstellers AVEBE
- Vorsitzender der Union der Deutschen Kartoffelwirtschaft (UNIKA)
- Aufsichtsrat des Fleischkonzerns Vion Food Group
- Beirat Bundesbank-Hauptverwaltung in Bremen, Niedersachsen und Sachsen-Anhalt
- Aufsichtsrat Land-Data
- Vorstand des Vereins Information.Medien.Agrar (IMA)
- Beirat Agrarkreditgeschäft Nord/LB
- Stellvertretender Aufsichtsratsvorsitzender Deutscher Landwirtschaftsverlag GmbH
- Aufsichtsratsvorsitzender der Landvolkdienste GmbH
- Vorstand niedersächsisches Wirtschaftsforum Agrar – Handwerk – Industrie (nifa)
- Mitglied Verwaltungsrat Landwirtschaftliche Rentenbank
- Mitarbeit im Europäischen Bauernverband COPA
- Beiratsmitglied Agravis Raiffeisen AG

Franz-Josef Möllers*
- Vizepräsident Deutscher Bauernverband (DBV)
- Präsident Westfälisch-Lippischer Landwirtschaftsverband
- Vorsitzender DBV-Fachausschuss Schweinefleisch
- Vorsitzender Bundesmarktverband Vieh und Fleisch
- Aufsichtsratsvorsitzender Agravis Raiffeisen AG, Münster
- Aufsichtsrat Land-Data

- Aufsichtsratsvorsitzender Landwirtschaftsverlag GmbH, Münster
- Kuratorium Marketing-Organisation Westfalen-Initiative
- Aufsichtsrat WGZ-Bank
- Verwaltungsrat Landwirtschaftliche Rentenbank
- Beirat R+V Versicherung AG (bis September 2010)
- Aufsichtsratsvorsitzender WL Bank AG, Münster
- Präsidium und Präsidialausschuss Deutscher Raiffeisenverband
- Agrarbeirat Vereinigte Tierversicherung AG (R+V Versicherungsgruppe)
- Vorstand des Vereins Information.Medien.Agrar (IMA)
- Vorsitzender Stiftung Westfälische Landschaft

Die Funktionäre reden nicht viel über ihre Nebenjobs. Auch Mandatesammler Sonnleitner nicht.»Peinliche Posten?«, überschrieb die *Unabhängige Bauernstimme,* Verbandsblatt der alternativen Arbeitsgemeinschaft bäuerliche Landwirtschaft (AbL) im März 2009 einen Bericht über die einträglichen Aktivitäten des obersten DBV-Repräsentanten.»Der Bayerische Bauernverband«, war zu lesen,»reagiert in letzter Zeit mit Androhung rechtlicher Schritte, wenn die Posten seines Präsidenten Gerd Sonnleitner in- und außerhalb der Ernährungsindustrie veröffentlicht werden und wenn dabei auch nur ein kleiner Fehler Anlass für Unterlassungsforderungen gibt: zum Beispiel die Nennung von Ämtern, die abgelaufen sind, oder wenn Sonnleitner irgendwo ›Vorsitzender‹ und nicht ›Präsident‹ ist.« Für die kritische AbL-Zeitung war das der»Anlass, die folgende aktualisierte Auflistung zu veröffentlichen«[11] – und druckte prompt eine Aufstellung mit rund zwanzig Sonnleitner-Posten mit Stand vom 22. Januar 2009).

Die Ämterpatronage der Funktionäre macht angreifbar. Viele

der DBV-Mitglieder reagieren zunehmend gereizt auf ihre Verbandsvertreter und deren meist gut dotierte Nebentätigkeiten wie auf die von Hilse bei Vion und AVEBE. Laut Geschäftsbericht 2010 zahlte der niederländische Fleischkonzern Vion seinen acht Aufsichtsräten eine Vergütung von insgesamt 368 000 Euro im Jahr. Der Aufsichtsratsvorsitzende erhält in der Regel den doppelten und sein Stellvertreter den anderthalbfachen Betrag der übrigen Mitglieder. Aber auch für einfache Kontrolleure wie Hilse fällt noch ein stattliches Honorar an. Der ebenfalls achtköpfige Aufsichtsrat des niederländischen Stärkeherstellers AVEBE erhielt im Geschäftsjahr 2010/2011 ein Gesamthonorar von 285 000 Euro. Als stellvertretender Vorsitzender kassierte Hilse auch hier ein stattliches Zubrot. Und das sind nur zwei von zwanzig Pöstchen – da kommt im Laufe von Jahren ein fetter Euro-Batzen aufs Hilse-Konto. Die Landwirte, denen nach Abzug aller Kosten ein solcher Betrag übrig bleibt, sind in der Landwirtschaft allenfalls unter den Großagrariern zu finden. Dennoch sehen die Funktionäre keinen gesteigerten Erklärungsbedarf, auch Sonnleitner nicht. In einem Interview mit dem *Nordbayerischen Kurier* in Bayreuth räumte er im März 2010 ein, in 25 Aufsichts- und Beiräten vertreten zu sein[12] – eine Ämterhäufung, mit der außerhalb des Bauernverbandes wohl kaum jemand gleichziehen könnte. Diese Positionen dienten dazu, erklärte der Präsident den Journalisten, die Landwirtschaft zu stärken – und Sonnleitner selbst, finanziell zumindest. Doch über das Thema Eigennutz ließ sich der Funktionär nicht aus.

Auch der Bayerische Bauernverband wollte nach Angaben der Zeitung aus Bayreuth nichts über Sonnleitners Einnahmen aus seinen diversen Positionen mitteilen. Freimütig äußerte sich dagegen Erna Eckert aus dem Kreis Bayreuth, Mitglied im Bundesverband der Deutschen Milchviehhalter (BDM). »Abstoßend« fand sie laut *Kurier*[13] Sonnleitners viele Nebenjobs. Dessen Meinungsbildung, so die kritische Bäuerin, werde von wirtschaftlichen Interessen beeinflusst. Erna Eckert vertritt keine Einzelmeinung. Sonnleitner und Kollegen stehen auch bei anderen DBV-Mitgliedern in dem Verdacht, die Interessenpolitik zugunsten der Großen in der Agrarwirtschaft auch des eigenen Vorteils wegen zu betreiben. Schließlich verdanken die Funktionäre ihre lukrativen Nebenjobs überwiegend umsatzstarken Agrarfirmen, Banken, Versicherungen und einflussreichen Organisationen. Und die gehören nun mal zu den größten Profiteuren der industriellen Landwirtschaft.

Wie der Münchner Groß- und Einzelhandelskonzern BayWa AG, in dem Sonnleitner dem genossenschaftlichen Beirat angehört. Die 1923 als Bayerische Warenvermittlung gegründete Genossenschaft hat sich von dieser Struktur mittlerweile weit entfernt. Mit einem stattlichen Umsatz von rund 8 Milliarden Euro zählt das Unternehmen heute zu den Riesen unter den Agrarfirmen. BayWa-Mehrheitseigner sind die Bayerische Raiffeisen-Beteiligungs AG mit einem Anteil von 35,15 Prozent und die Raiffeisen Agrar Invest GmbH mit 25,04 Prozent. Die Münchner Firma ist der größte Einzelvermarkter für deutsches Tafelobst, vertreibt Heizöl, Kraft-, Brenn- und Schmierstoffe, Ökostrom, Ökogas und Futtermittel für die Tiermast und ist ein großer Anbieter von Landmaschinen und Baustoffen.

Vor dem Hintergrund wachsender Kritik an der auch massiv vom Bauernverband verteidigten Subventionspolitik, die den Geldregen vor allem über jene ausschüttet, die es am wenigsten nötig haben, taten Sonnleitner und die übrigen Funktionäre einiges für die Imagepolitur. Ein Ergebnis solcher Überlegungen ist der Verein Information.Medien.Agrar (IMA), in dem Sonnleitner den Posten eines Vorstandsvorsitzenden bekleidet. Die IMA wurde 2002 der Fördergemeinschaft Nachhaltige Landwirtschaft (FNL) angegliedert und müht sich um ein höheres Ansehen der industriellen Agrarwirtschaft.[14] In der FNL ist laut Bauernverband »die berufsständische Öffentlichkeitsarbeit ge-

bündelt«. Für AbL-Sprecher Eckehard Niemann eine Bestätigung dafür, »dass die Bauernverbandsspitze der Öffentlichkeit
nichts wesentlich anderes zu vermitteln hat als die Chemie-, Fut-
termittel- und Fleischkonzerne«.[15]

Die FNL als gemeinsames Sprachrohr von Landwirtschaft
und Industrie auszuwählen sagt viel aus über die politische
Richtung des Bauernverbandes. Der Präsident und seine Funktionäre haben sich damit auf einen Kungelkurs mit den Pesti-
zid-, Düngemittel- und Gentechnik-Konzernen BASF, Bayer,
Syngenta und Monsanto, den Vertretern der Geflügelwirtschaft,
der Mastkonzerne und mit den Genossenschaften begeben. Mit
einem Geschäftsführer aus der Chemie an der Seite bündeln
Sonnleiter und die FNL-Mitglieder von Monsanto, BASF, Bayer,
den Mastfabriken und den Fleischkonzernen ihre Interessen in
einer gemeinsamen Kampagne gegen die wachsende Kritik am
Agrarbusiness. Das Ziel ist die Imagepolitur der industriellen
Landwirtschaft – und die beginnt auf dem Papier. »Schon die
Namensgebung der FNL zeigt, dass ein Großteil der Arbeit von
Tarn-Organisationen dem Besetzen der Begriffe gilt«, heißt es in
einem Beitrag des Naturschutzbundes Deutschland.[16] Hinter
dem Konzept steckt eine schon in den 1990er Jahren begonnene
PR-Strategie, ausgebrütet von den FNL-Vorgängerorganisatio-
nen Förder-Gemeinschaft Integrierter Pflanzenbau (FIP) und
dem Institut für Landwirtschaft und Umwelt (ILU). Deren Be-
griffskosmetiker leisteten ganze Arbeit. Seither wird in der öffentlichen Debatte nicht mehr von Pestiziden, sondern lieber
von Pflanzenschutzmitteln gesprochen.

Aber erst mit Gründung der FNL wurde die Blenderei zur ge-
nerellen Vereinsstrategie erhoben. In ihren öffentlichen Erklä-
rungen gaben sich die Beteiligten viel Mühe, inhaltsschwere
Konzepte vorzuspiegeln. Das hörte sich dann so an: »Die FNL
erhebt den Anspruch, den Begriff der nachhaltigen Entwicklung
der Landwirtschaft mit Inhalten und Fakten zu füllen«, erklärte

FNL-Vorstandsmitglied Jochen Wulff nach dem Start des Vereins.[17] Welche Fakten dies sein könnten, legt Wulffs Werdegang nahe: Wulff kam schon 1968 zu Bayer und leitete in seiner langen Karriere diverse Geschäftsbereiche, zuletzt war er Chef der Schädlingsbekämpfungssparte. In der FNL vertrat er den Industrieverband Agrar. Bayer, so zeigt sich, spricht in der Fördergemeinschaft Nachhaltige Landwirtschaft mit vielen Stimmen.

Dass der Konzern dies in einer Organisation unter dem Vorsitz des deutschen Bauernpräsidenten Sonnleitner tun kann, war für die Chemiemanager nichts Ungewöhnliches. Sonnleitners Vorgänger, Constantin Freiherr Heereman, saß lange Jahre im Aufsichtsrat von Bayer. Man kennt sich, man schätzt sich.

Es hat viele verwundert, dass sich der oberste Bauernvertreter dazu hergab, durch seine Mitwirkung in der FNL die industriellen Belange so massiv zu unterstützen. Hier arbeitet Sonnleitner in der FNL seit Jahren eng mit Vertretern der Chemie zusammen. Geschäftsführer bis zum Jahre 2008 war der ehemalige Bayer-Manager Jürgen Fröhlich.[18] Bei seiner Verabschiedung in den Ruhestand verlieh ihm Sonnleitner die Ehrenplakette des Deutschen Bauernverbandes und lobte seine »sachkundige Nähe« zu den von Familien getragenen Bauernhöfen. Mancher im Bauernverband, der diese Aussage las, rieb sich verwundert die Augen. Fröhlichs Nachfolger wurde mit Gibfried Schenk[19] ebenfalls ein Vertreter der Chemie. Er hatte sechs Jahre lang die Pestizidgeschäfte der BASF für Mittel- und Südeuropa geleitet.

Als eine zentrale Aufgabe gibt die FNL laut Satzung an, »die Bevölkerung durch Öffentlichkeitsarbeit in Zusammenarbeit mit ihren Mitgliedern über die Bedeutung der Landwirtschaft für Staat und Gesellschaft ... zu unterrichten und auf ein besseres Verhältnis zwischen Stadt und Land hinzuwirken«. Hinter der diffusen Beschreibung steckt der Versuch, unter den Verbrauchern für die industrielle Landwirtschaft zu werben. Damit reagieren die FNL-Akteure auf die zunehmende öffentliche Kritik an der Macht des Bauernverbandes und der Agrokonzerne, die der Gesellschaft ein landwirtschaftliches System aufgezwungen haben, das mit seinen Methoden der Ausbeutung von Tier und Natur auf wachsenden Widerstand stößt.

Die FNL-Strategie basiert auf Schönfärberei. So werden für Propagandisten des Vereins selbst Mastfabriken zu Wohlfühleinrichtungen für Tiere. Ihr Zauberwort lautet »integrierte Landwirtschaft«. Reichlich wolkig heißt es dazu, sie verstärke die positiven Auswirkungen landwirtschaftlicher Praktiken auf die Umwelt und verringere deren negative Effekte, ohne die Wirtschaftlichkeit des Betriebes aus den Augen zu verlieren. Denn sie nutze Verfahren, »die auf die Gesundheit und das Wohlbefinden der Tiere ausgerichtet sind und Stress bei den Tieren vermeiden«.[20]

Die Realität haben die FNL-Werber weitgehend ausgeblendet, beispielsweise die Realität in den Ställen des Geflügelkonzerns Wiesenhof. Die in einer ARD-Reportage[21] geschilderten Zustände in einer Farm bei Cloppenburg, in der für Wiesenhof Puten gemästet werden, sorgten für viel Aufsehen, hauptsächlich durch den Blick in die Ställe, die von der Außenwelt hermetisch abgeriegelt sind. In dem Beitrag wurden Männer gezeigt, die Puten mit Tritten vor sich hertreiben und ihnen auf Kopf und Hals schlagen. Einer der Männer packt eine Pute am Hals und wirft sie quer durch die Halle. Zeugen berichten über Vorfälle in anderen Ställen, in denen tote Küken tagelang auf Bergen von Kot langsam verwesten.

Nicht einmal dieser Skandalbericht war für Sonnleitner ein Anlass, solche Verhältnisse klar und unmissverständlich zu kritisieren. Anstoß nahm er vielmehr daran, dass die Journalisten Bilder verwendet hatten, die Tierschützer durch illegalen Zutritt in einem Wiesenhof-Mastbetrieb aufgenommen hatten.[22] Mit realitätsfernen, aber stark idealisierten Werbebotschaften lenkt der FNL-Verein IMA ab von solchen Verhältnissen in den Tierfabriken, in denen Puten, Gänse und Enten am Ende der Mast unter ihrem Gewicht zusammenbrechen und Schweine und Hühner mit Antibiotika vollgestopft werden.

## Böse Parolen

»Leben auf dem Bauernhof« heißt die IMA-Initiative, mit der die FNL gegen die Kritik aus der industriellen Landwirtschaft idyllische Schilderungen aus dem Bauernstand setzt. Die Propaganda-Maschinerie der Agrarlobbyisten ist mächtig aktiv. Bereits im Klassenzimmer setzen die Abwiegler der FNL an: Die Schüler sollen davon überzeugt werden, dass es nicht nur auf der grünen Wiese, sondern auch in der Massentierhaltung glückliche Kühe gibt. In den »hellen und gut durchlüfteten Ställen können sich die Tiere frei bewegen«, erfahren die Schüler. Jede Kuh habe »einen eigenen Liegeplatz und freien Zugang zu Futter und frischem Wasser«. Was normal sein sollte, wird vom Verein schon wie eine Wellness-Einrichtung für Rinder gepriesen. »Gerade die Schülerinnen und Schüler höherer Klassenstufen sehen das Thema Tierhaltung oft sehr kontrovers«, werden die Pädagogen von den IMA-Werbern im *Leitfaden zur Unterrichtsgestaltung auf dem Bauernhof* belehrt. Sehr schnell fielen Begriffe wie »Massentierhaltung« oder/und »Antibiotika-Einsatz«. In der Anleitung für Lehrer heißt es: »Bleiben Sie hier sachlich und erklären Sie zum Beispiel: Eine Behandlung mit Medikamenten erfolgt beim Einzeltier nur nach vorheriger, absolut sicherer Diagnose durch den Tierarzt.«

Wie diese Darstellung zeigt, schreckt die FNL selbst vor einer massiven Verzerrung der Tatsachen nicht zurück. In Wirklichkeit hat sogar der Einsatz von Antibiotika in der Massentierhaltung erschreckende Ausmaße erreicht. Das belegt eine im November 2011 vorgelegte Studie über die Kontrollen in 182 Hähnchenmast-Betrieben. Das Ergebnis: Über 96 Prozent der Masthühner wurden mit Antibiotika behandelt. Trotz Verbots werden diese Arzneimittel in hohen Mengen nicht nur allein zur Prophylaxe eingesetzt, sondern auch als Dopingmittel für ein beschleunigtes Wachstum.

Die exzessive und nur auf Gewinnmaximierung zielende Ausbeutung von Tieren ist systembedingt. Sie ist eine Folge der industriellen Landwirtschaft, die aus allen natürlichen Ressourcen das Maximum herausholen will. Hinter diesem Handeln steht das Streben nach höheren Umsätzen und Gewinnen. Das nutzt allen Profiteuren des Systems: Mäster und Lieferanten von Futtermitteln und Tierarzneien steigern durch den wachsenden Bedarf und den anhaltenden Boom dieser Tierfabriken ebenso ihren Umsatz wie Schlachtkonzerne und Fleischverarbeiter. Und der Schulterschluss mit dem mächtigen Bauernverband garantiert den Beteiligten ein hohes Maß an politischem Einfluss und damit die Gewissheit, dass sich an diesen Zuständen nichts oder nur wenig ändert.

Der Kritik von Umweltverbänden begegneten die FNL-Akteuren mit der Strategie, der Öffentlichkeit das Bild einer kuscheligen Branche zu vermitteln. Die moderne Landwirtschaft, das ist für die IMA-Werber nach wie vor unverfälschte Natur, gehegt und gepflegt von ihren Vertretern, den bäuerlichen wie den industriellen gleichermaßen. Wie herrlich ist es doch immer noch auf dem Lande, wenn die FNL-Weichzeichner den Reiseführer spielen. So erfahren denn die Leser in den IMA-Publikationen etwas über den »kleinen Marienkäfer und die Tiere auf der Wiese« und über die »Nutzung von Erdbeere, Apfel & Co«. Eine weitere Aktion heißt »Bauernhof mobil on Tour«, die laut IMA-Newsletter vom 19. bis zum 21. Mai 2011 »mitten in Braunschweig, auf dem belebten Kohlmarkt Station machte. Zahlreiche Schulklassen und Kindergartengruppen mit insgesamt 810 Kindern« besuchten die »von der IMA betreuten Stationen zu den Themen Getreide und Milch«.

Wunschdenken à la FNL, das ganz und gar im Kontrast zum Geschehen im Lande steht. Überall formieren sich mittlerweile Bürgerinitiativen gegen den hauptsächlich im Osten und Norden ungebrochenen Bauboom von Mastfabriken. Über den wachsenden Widerstand berichtete am 27. April 2011 die *Hannoversche Allgemeine Zeitung:* »Dem Wandel der öffentlichen Meinung zugunsten des Tierschutzes passen sich immer mehr Landkreise in Niedersachsen an.« Das Land habe lange als ausgewiesener Verfechter der Massentierhaltung gegolten. Nun aber werde es »zunehmend schwierig, neue Großmastanlagen für Tausende Schweine oder Zigtausende Hähnchen zu bauen. Immer mehr Kommunen legen möglichen Investoren Steine in den Weg.«

Die Stimmung im Lande mag sein, wie sie will, die Rosarot-Maler der FNL mühen sich dennoch sisyphoshaft an ihrem idyllischen Bild von der Agrarindustrie. Wer ignoriert, hat auch nichts zu korrigieren. Und was geht es sie an, wenn Dauernörgler von Schnäbelkupieren oder von abgeschnittenen Ringelschwänzen labern? Dank des »nachhaltigen« Vereins erfahren nun die Menschen auf der FNL-Webseite, dass die Tierwelt im Stall ganz anders aussieht, als die Akteure der Umweltorganisationen der Öffentlichkeit weismachen. Demnach haben sich viele Kritiker völlig unnötig Adrenalin-Schüben ausgesetzt, wenn sie über die Zustände in den Mastställen gelesen hatten. So lernen wir denn dank FNL, dass die Mäster, jedenfalls die der Schweine, um ihre Tiere so besorgt sind wie manche Eltern nicht um ihre Kinder. »Was schenk ich meinem Schwein?«, fragen die Borstenviehfreunde um Sonnleitner und verbreiten die Antwort in ihrem Infodienst *Green Facts.* Die ständig um ihre Vierbeiner bemühten Halter erfahren durch die FNL, wie sie das Wohlbefinden im Stall noch steigern können. Ach, wie ist das deutsche Mast-

schwein doch zu beneiden: Es lebt auf einem Abenteuerspiel-
platz. Wir lernen, dass mitunter im Schweinestall mehr Spielzeug zu finden ist als in manchem Kinderzimmer.»Sehr beliebt
bei den Tieren ist der Pendelbalken«, schreibt die FNL,»an einer
frei über der Bucht hängenden Spielkette wird ein ca. 60 bis 70
Zentimeter langer Hartholzstab montiert. Die Schweine können
den Balken in Schwingungen versetzen und in das Holz beißen,
ohne sich zu verletzen. Alternativ können an der Spielkette auch
quietschende kleinere Bälle befestigt werden.«[23] Ein großer Teil
der Mastbetriebe füttert 10 000 Schweine und mehr, und alle
Tiere mit Spielzeugen versorgt – der Maststall von heute, eine
einzige Krabbelstube: Märchenstunde à la FNL.

Missstände kleinzureden, darin sind die DBV-Funktionäre
geübt. In ihren Reden blenden sie einen Teil der Landwirtschaft
oft einfach aus – den der Großagrarier und der Konzerne. In ihren Ansprachen an die bäuerlichen Mitglieder verstehen sie es
meisterhaft, immer wieder ein Wir-Gefühl herzustellen.»Wir
sind als Berufsstand eine große Gemeinschaft, eine große Familie«, verkündete der Präsident auf dem Bauerntag 2011 in Koblenz,»ich arbeite mit Freude und Leidenschaft für unseren Berufsstand.« Das von Sonnleitner und den Funktionärskollegen
vehement verteidigte System der Subventionen, das große Betriebe und Unternehmen bevorzugt und viele kleine Bauern die
Existenz gekostet hat, wird tunlichst ausgespart. Die Probleme
der Landwirtschaft werden aus Sicht des Präsidenten häufig von
außen in die Branche getragen. Mit»bösen Parolen etwa gegen
die Tierhaltung und den Fleischkonsum«. Sie stammten laut
Sonnleitner von»Nicht-Regierungsorganisationen«, womit un-
ausgesprochen die Vertreter von Umweltorganisationen gemeint
sein dürften. Und nicht nur die machen dem obersten Bauernvertreter zu schaffen. Sonnleitner:»Für uns stellt sich doch die
Frage, wie bekommen wir die Vorurteile und Zerrbilder aus den
Köpfen von Politikern und Journalisten.«[24]

Wiesenhof und die Tiermast generell – alles nur Zerrbilder? Den Begriff Tiermast vermeidet die DBV-Spitze tunlichst. Die zum Teil hanebüchenen Verhältnisse in diesen Anlagen werden wie von Sonnleitner auf der Grünen Woche 2011 ignoriert. Anstoß nimmt er vielmehr an »Kampfbegriffen« wie »industrialisierte Landwirtschaft« oder »Massentierhaltung«. Deutschland gehe, so Sonnleitner, »im Tierschutz weltweit führend voran«.[25] Mit dieser Argumentation wird eine Politik beschönigt, die auf einen extrem expansiven Ausbau der fleischproduzierenden Betriebe gesetzt und damit der Gesellschaft eine agrarindustrielle Entwicklung aufgezwungen hat, die von der überwiegenden Mehrheit abgelehnt wird.

»Der bisherige Weg«, schreibt der Sozialwissenschaftler und Publizist Meinhard Miegel in seinem Buch *Exit* über die Folgen der bisherigen Agrarpolitik, »erweist sich als Sackgasse. Wenn gegenwärtig bis zu achtzig Prozent der weltweit vorhandenen Agrarflächen mäßig bis stark erosionsgefährdet, Böden ausgelaugt, Gewässer mit Düngemitteln überfrachtet, die Artenvielfalt dezimiert und immer mehr Pflanzenschädlinge resistent sind, dann ist das nicht zuletzt das Erbe einer seit Jahrzehnten industriell geprägten Landwirtschaft.«

Die DBV-Spitze lässt jedoch nicht erkennen, dass sie aus dieser Lagebeschreibung Konsequenzen zu ziehen bereit ist. Einige der Funktionäre wie Sonnleitners Vize Werner Hilse sind mit ihren Betrieben selbst Teile des umstrittenen Systems. Der Präsident des Landesverbandes Landvolk Niedersachsen bewirtschaftet im Landkreis Lüchow-Dannenberg einen 330-Hektar-Hof, für den er nach den EU-Verteilungskriterien rechnerisch rund 99 000 Euro an Subventionen erhalten müsste.[26] Hilse und seine Frau sind zudem Miteigentümer einer Putenmastanlage in Darnebeck in Sachsen-Anhalt, die unter Gut Beetzendorf KG geführt wird. Gegen die Mastanlage gab es eine breite Bürgerbewegung, verhindern konnte sie den Betrieb nicht.[27]

Hilse reagiert allergisch, wenn er die von Umweltschützern häufig verwendeten Begriffe wie Tierfabriken hört. Bereits das Wort »Massentierhaltung« löst in ihm Widerstände aus. Auch für ihn ist das ein reiner »Kampfbegriff«. »Das sind Versuche«, sagte Hilse auf der Landesbauerntagung 2011, »moderne Tierhaltung als verwerfliches und unmoralisches Geschäft darzustellen.«[28] Man dürfe allerdings auch nicht das Bild einer »Agraridylle« zeichnen, dem die moderne und wirtschaftlich gesunde Landwirtschaft nicht entsprechen könne.[29] Nun ist Hilse selbst nicht gerade ein Beispiel für erfolgreiches Unternehmertum in einer modernen und gesunden Landwirtschaft. Das zeigen seine Aktivitäten im Osten Deutschlands, wo er jahrelang die Putenmastanlage in Beetzendorf betrieb, gemanagt von seiner Frau Karin als Geschäftsführerin. Der Umsatz lag bei einer Million Euro – ein Ergebnis, von dem die meisten Bauern nur träumen können. Doch wie Hilse in seinen Reden oft betont: Landwirtschaft ist keine Nostalgie. »Praktische Erfahrung reicht nicht mehr aus, um einen Betrieb zu führen«, sagt Hilse.[30] Auch unternehmerisches Können und technisches Wissen seien gefragt. Nach dieser Logik ist es mit Hilses Können allerdings nicht weit her: Die Zahlen der Geschäftsberichte seiner Beetzendorfer Puten GmbH & Co. KG ließen schon seit langem Schlimmes befürchten. Im Jahresabschluss für das Geschäftsjahr 2009/2010 erst war zu lesen: »Die Gesellschaft ist buchmäßig überschuldet, sie weist einen nicht durch Eigenkapital gedeckten Fehlbetrag in Höhe von 193 645,72 Euro aus. Insolvenzantragspflicht besteht noch nicht.«[31] Vor wenigen Wochen dann das Aus: »Die Gesellschaft ist aufgelöst. Die Gläubiger der Gesellschaft werden aufgefordert, sich bei ihr zu melden«, heißt es in einem Eintrag im »Elektronischen Bundesanzeiger« vom 9. Februar 2012.

Um Hilse freilich müssen sich die deutschen Bauern keine Sorgen machen – jedenfalls keine finanziellen. Der Landesbauernpräsident hat, wie seine vielen Nebenjobs zeigen, auch andere

Geldquellen. Das Ende der Putenfabrik ist nicht die erste Pleite für den Landesbauernpräsidenten. Bereits am 31. März 2008 musste er als Vorstandschef der Wittinger Ölmühle GmbH & Co. KG Insolvenz anmelden. Die Gläubiger des Biodieselherstellers verloren rund 2 Millionen Euro,[32] zwischenzeitlich ermittelte die Staatsanwaltschaft gegen Hilse wegen Insolvenzverschleppung. Er selbst hielt sich für unschuldig und sagte, er habe ein gutes Gewissen. Aus Hilses Umfeld war zu hören, er sei wohl »seinerzeit nicht ausreichend über die prekäre Lage« informiert worden.[33] Eine seltsame Begründung.

Bei so vielen Ämtern würde selbst jedes unternehmerische Multitalent schon mal den Überblick verlieren. Ähnlich erging es auch Udo Folgart, der schon mal offen einräumte: »Ich bin vom Tagesgeschäft der Gesellschaft zu weit weg, um über alles informiert zu sein.«[34] Wer die vielen Aktivitäten des einstigen LPG-Vorsitzenden kennt, kann das leicht nachvollziehen, denn Folgart, einer von Sonnleitners Stellvertretern, hat eine Menge Ämter und Aufgaben übernommen. Der Landesbauernpräsident von Brandenburg ist seit 1991 Geschäftsführer der Agro-Glien GmbH in Schönwalde-Glien. Die Firma ist ein landwirtschaftlicher Mischbetrieb mit Ackerbau, Grünland, Milchvieh und Mutterkühen und bearbeitet eine Ackerfläche von 1150 Hektar.[35]

Mit Subventionen von knapp 600 000 Euro aus dem Brüsseler Agrartopf zählt Folgarts Betrieb zwar längst nicht zu den Spitzenempfängern. Seine GmbH liegt aber weit über den durchschnittlichen Zahlungen. Im Jahre 2010 entfielen auf die Agro-Glien GmbH rund 280 000 Euro, die 50-prozentige Tochterfirma Biohofgesellschaft in Potsdam kassierte 317 000 Euro.[36] Vehement kämpft Folgart wie andere DBV-Funktionäre auch gegen die Einführung von Obergrenzen bei Subventionszahlungen.[37] Seit langem wird von einigen EU-Ländern eine Einschränkung der sechs- und siebenstelligen Zahlungen aus Brüssel gefordert. Bislang werden diese nach Flächengröße berechneten Subventionen auch für gepachtete Flächen gezahlt. Ein Anreiz für viele Großagrarier, sich Land zu pachten.

Während Gerd Sonnleitner die Vorzüge der chemischen Industrie schon im Klassenzimmer propagiert, hat sich sein Stellvertreter Udo Folgart einer anderen Industrie verschrieben: der Gentechnik. Regelmäßig fährt der deutsche Bauernfunktionär in den US-Bundesstaat Alabama, um sich dort von den Vorzügen der gentechnisch veränderten Baumwolle des Monsanto-Konzerns zu überzeugen.[38] Als SPD-Kanzlerkandidat Frank-Walter Steinmeier 2009 Folgart in sein Kompetenzteam berief, sorgte dieser umgehend mit einem Plädoyer für die Gen-Kartoffel des BASF-Konzerns für Aufregung.»Man sollte darüber nachdenken, den Anbau der Kartoffelsorte Amflora zuzulassen«, zitierte die Tageszeitung *taz* den Bauernführer aus Brandenburg, der früher in der SED[39] war und heute Agrarpolitik für die SPD machen will. Außerdem regte Folgart den Bau von mehr Großmastanlagen in Ostdeutschland an und forderte mehr Pragmatismus. Wörtlich:»Landwirtschaft ist in erster Linie Wirtschaft.«[40]

Das Interview brachte Folgart in Erklärungsnot. Als Gen-Partei wollte die SPD nicht in den Wahlkampf ziehen. Mit Tierfabriken ließen sich auch kaum Stimmen fangen. Was machte also Folgart? Er dementierte sich.»Ich habe dieses Interview nie autorisiert«, erklärte er. Tatsächlich aber hatte die *taz* das Tonband mit dem Gespräch abgeschrieben und mit seinen Originalaussagen Folgart vorgelegt. Der verweigerte aber die Freigabe, die *taz* druckte trotzdem. Manche seiner Aussagen sind so widersprüchlich, dass Folgart Grund hätte, sie zurückzuholen. Zum Beispiel die Äußerung, die Landwirtschaft sei in erster Linie Wirtschaft.[41] Denn drei Wochen vorher hatte er in der *Süddeutschen Zeitung* die Subventionen als»nötig« bezeichnet, weil es »der Markt allein nun mal nicht bringt«.

Folgart löste häufiger Verwunderung unter seinen Verbandsmitgliedern aus. Im Jahre 2010 sollten die Landwirte eine praktische Anschauung darüber erhalten, warum Folgart Grund hat, sich so massiv gegen Obergrenzen bei Subventionen auszusprechen. Als Eigentümer und Geschäftsführer der Agrargesellschaft Uetz-Bornim in Potsdam bemühte sich der DBV-Vize um den Kauf von Ackerland, das an kleinere Bauern verpachtet war. Folgart brauchte die Flächen zur »Arrondierung und Betriebserweiterung«, hieß es in den Kaufanfragen des 1300-Hektar-Betriebs.[42] Die betroffenen Kleinbauern sahen ihre Existenz bedroht. »Wir hängen mit Haus und Hof an diesen Flächen«, sagte ein betroffener Getreidebauer. »Wenn uns die Pacht gekündigt wird, können wir Insolvenz anmelden.«

Wie hatte doch der Großagrarier aus Schönwalde im vergangenen Bundestagswahlkampf versprochen: »Ich stehe für eine von Bauernfamilien getragene, vielfältig strukturierte Landwirtschaft«. Reden und Handeln ist im Kreis der oberen DBV-Vertreter nicht immer kompatibel. Der heftige Widerstand im Landesverband gegen Folgarts rüde Expansionspläne zwang ihn zu einem wortreichen und peinlichen Rückzug. Das sei »eine verselbstständigte Aktion eines örtlichen Betriebsleiters« gewesen, erklärte der Präsident. Als Chef sei er »vom Tagesgeschäft der Gesellschaft zu weit weg, um über alles informiert zu sein. Ich hätte mir das alles ersparen können, wenn man vorher mit mir gesprochen hätte«, sagte er in einem Interview mit der *Märkischen Allgemeinen Zeitung*.[43] Dann verblüffte er die Leser mit einer Offenbarung: Er wisse eigentlich gar nicht so genau, was in seinem Unternehmen vor sich gehe.

Folgarts Betriebsleiter musste das Desaster ausbaden, er wurde abgesetzt. Der Präsident selbst lehnte Konsequenzen ab. »Nein, ich gebe erst mal keine Ämter ab«, erklärte er in dem Interview auf die Frage, ob er eine seiner vielen öffentlichen Funktionen aufgeben werde.[44] »Das sind ja fast alles Wahlfunktionen, die in ein oder zwei Jahren sowieso auf dem Prüfstand stehen.« Im Vorstand des Landesverbandes stellte Folgart schließlich die Vertrauensfrage. Und wie zu erwarten sprachen ihm seine Funktionärskollegen prompt das Vertrauen aus. Was ist schon dabei, wenn der Landesbauernpräsident seine Wähler von ihren Ackern vertreiben will? Wie sagte Folgart doch? »Landwirtschaft ist vor allem Wirtschaft.« Plus Subventionen natürlich.

## Neidmotivierte Diskussion

Landwirtschaft heißt zunehmend auch Skandale um Lebens- und Futtermittel. Dioxine im Essen und in den Trögen wären durch eine strenge Kennzeichnung der Futtermittel, die so genannte offene Deklaration, weitgehend zu vermeiden. Aber nicht nur die großen Futtermittelhersteller, überwiegend Genossenschaften, auch Spitzenfunktionäre des Bauernverbandes wie DBV-Vize Möllers sprechen sich dagegen aus.

Der Streit um die Inhaltsangabe bei Futtermitteln tobt seit Jahrzehnten. Seit 1976 mussten die Zutaten auf den Schildern der Futtersäcke, den sogenannten Sackanhängern, nicht mehr prozentgenau aufgelistet werden. Die Politik hat sich damit dem Willen der Industrie gebeugt und gegen die Bauern entschieden, die durchaus wissen wollten, was sie an ihre Tiere verfütterten.

Die seltsame Laxheit hatte schlimme Folgen. Erst als ein Ekel-Bericht nach dem anderen die Bevölkerung aufschreckte, reagierte die Politik. Dass die EU-Kommission Anfang der 1990er Jahre verbot, Klärschlamm, Kot, Urin und Verpackungsmüll ins Viehfutter zu kippen, wurde schon als Erfolg gefeiert. Auch weiterhin brauchten die Futtermittelhersteller nicht anzugeben, ob und wie viel Tiermehl im Futter war, also wie viel von den zerkleinerten Artgenossen deutsche Rinder und Schweine zu fressen bekamen.»Eine einzige Mischfutterpoke mit mafiosen Strukturen« nannte Lutz Ribbe, Direktor der Radolfzeller Umweltstiftung Euronatur, die Branche der Futtermittelhersteller.[45] Nach dem BSE-Skandal wurde im Jahr 2001 von der EU-Kommission die Verfütterung von Tiermehl komplett verboten. Seitdem aber hat es eine vielstimmige Lobby aus Industrie und Verbänden erneut geschafft, die Beschränkungen wieder zu lockern. Während die Funktionäre ganz im Sinne der Hersteller handeln und argumentieren, klagen viele Bauern weiterhin darüber, dass sie nicht wissen, was exakt im Futter steckt, das sie ihren Tieren tagtäglich in den Trog kippen.

Die massenhaften Dioxin-Funde in Futtermitteln setzten Ende 2010 die Bundesregierung kräftig unter Druck. Der Hersteller Harles und Jentzsch hatte rund 150 000 Tonnen mit kontaminierten Industriefetten durchsetzte Futtermittel verkauft. Erst dann reagierten die Behörden und sperrten vorübergehend fast 6000 Bauernhöfe, die verseuchtes Futter bezogen hatten.[46] Verbraucher und Landwirte forderten danach schärfere Bestimmungen.»Wir Bauern kaufen die Katze nicht gern im Sack«, sagte Ulrike Müller, die agrarpolitische Sprecherin der Freien Wähler im Bayerischen Landtag.»Deshalb fordern wir die Wiedereinführung der offenen Deklaration bei Futtermitteln. Durch diese einfache Maßnahme fühlten sich die Bauern besser informiert und dadurch sicherer.«[47]

Doch die Hoffnung, dass nunmehr alle Inhaltsstoffe im Futter deklariert würden, erfüllte sich nicht. Die Lobby der Großmäster und Futtermittellieferanten, häufig Genossenschaften, konnten das verhindern. So wissen die Bauern auch heute noch nicht, was das gelieferte Tierfutter so alles enthält. Rücksichtnahme auf die Agroindustrie zum Nachteil der Verbraucher hat Tradition in der Politik. Es darf denn auch weiterhin gepanscht und vertuscht werden.

Knapp ein Jahr später, nachdem Bundesregierung und Länder in einem Aktionsplan schärfere Bestimmungen und Kontrollen beschlossen hatten, tauchte im Herbst 2011 erneut Dioxin in Futtermitteln auf – diesmal in Zuckerrübenschnitzeln der Kölner Zuckerfirma Pfeiffer & Langen.[48] Zwei der Werke hatten bereits 35 000 Tonnen ausgeliefert, da erst begann die Suche nach der Dioxinquelle. Den Bauern wurde verboten, das Futter weiter zu verwenden. Die Behörden vermuteten schließlich als Ursache die Verbrennung von verunreinigtem Koks bei der Zuckerrüben-Verarbeitung. Erregt hat der Vorgang die Öffentlichkeit kaum. Umweltskandale verlieren mit jeder Wiederholung ihren Schrecken. Damit rechnete offenbar auch die Politik, als sie Änderungen ankündigte, sie aber nicht umsetzte. Die Länder vor allem blockierten die Verschärfung. Von den zehn beschlossenen Maßnahmen wurden laut Thilo Bode, Chef der Verbraucherschutzorganisation Foodwatch, »so gut wie nichts umgesetzt. Und was umgesetzt wurde, ist so verwässert worden, dass es wirkungslos ist.«[49]

Die Rücksicht auf die Agrarlobby hat den Rahmen für das, was die Tiere völlig legal fressen dürften, weit gesteckt. »Rinder, Schweine und Hühner müssen zunehmend Abfall schlucken, der in den Unternehmen anfällt«, schrieb Susanne Donner von der *Wirtschaftswoche* im Juni 2011.[50] Und das ist völlig legal. Viele dieser Abfälle wirken selbst auf Fleischliebhaber wie Appetitzügler: Fischhäute, Kaffeesatz, Industriefette und die Chemikalie Glycerin sind einige der Zusatzstoffe, die im Futtertrog nicht vermutet werden – nicht einmal von einem Großteil der Bauern. Doch für Walter Staudacher ist das kein Grund, die Nase zu rümpfen. Diese Stoffe, zitiert das Blatt den Futtermittelexperten der Deutschen Landwirtschafts-Gesellschaft (DLG), würden über Tiermägen »veredelt«.

Die zynische Bewertung zeigt, dass Staudacher die Wirkung seiner Äußerung nicht sonderlich interessiert. Vielen Spitzenfunktionären ist die öffentliche Meinung zu ihren Statements und Entscheidungen nicht von Belang. Sie orientieren sich vielmehr an den Interessen der Genossenschaften, der Agrarfabriken und denen der Düngemittel-, Pestizid- und Gentechnik-Konzerne. Keine anderen Berufsverbände sind so eng mit den großen Firmen ihrer Branche verzahnt wie DBV und DLG. Wer sich durch den Wald von Aufsichtsräten, Verwaltungsräten und Beiräten schlägt, die mit Bauernvertretern besetzt sind, gerät schnell ins Staunen.

Der Münsteraner Futtermittelhersteller Agravis ist dafür ein gutes Beispiel: Dort gibt es neben dem von DBV-Vize Möllers geleiteten Aufsichtsrat auch einen Beirat. Wenn sich dieser Kreis trifft, wirkt er wie ein Kaffeekränzchen des Bauernverbandes. Zu den Mitgliedern zählen: Ex-Bundesbauernpräsident Constantin Freiherr Heereman, die Landesbauernpräsidenten Werner Schwarz (Schleswig-Holstein), Rainer Tietböhl (Mecklenburg-Vorpommern), Frank Zedler (Sachsen-Anhalt) Udo Folgart (Brandenburg) sowie diverse Kreisvorsitzende des DBV.[51]

Auch andere Genossenschaften machen für Bauernfunktionäre gern einen Platz in ihren Gremien frei. Der Vorteil liegt auf beiden Seiten: Eingefahrene Seilschaften wie die zwischen Bauernvertretern und Genossenschaften verlangen Rücksichten. Auf DBV- und DLG-Vertreter ist Verlass, wenn es um die Verteidigung des bisherigen Subventionssystems geht, an dem die Genossenschaften mit besonders hohen Geldgeschenken aus Brüssel partizipieren. Allein die Agravis Raiffeisen AG und ihre Töchter wurden im Jahr 2010 mit Subventionen in Höhe von über 1,1 Millionen Euro beschenkt.

Die meisten Kleinbauern hingegen mussten sich mit wenigen tausend Euro begnügen. Diese Ungerechtigkeit will die EU-Kommission nun beseitigen, die Zahlungen in der Höhe kappen und dafür die Subventionen für die kleinen Landwirte aufstocken. Ausgerechnet die Spitze des Bauernverbandes, dessen Mitglieder mehrheitlich von diesen Plänen profitieren könnten, hat dagegen energischen Widerstand angekündigt. In Ermangelung überzeugender Argumente greifen die Funktionäre bei der Verteidigung der bisherigen Verteilungskriterien zu völlig abwegigen und zugleich hilflos wirkenden Argumenten. Typisch dafür ist eine Äußerung von Wolfgang Vogel, sächsischer DBV-Präsident und Vorstandsvorsitzender der Landwirtschaftlichen Berufsgenossenschaft Mittel- und Ostdeutschland: »Damit ist die unsägliche, fachlich falsche und rein neidmotivierte Diskussion um die Kappung der Direktzahlungen auf das Brüsseler Parkett zurückgekehrt.«[52]

Auch Möllers meldete sich zu diesem Thema zu Wort. Das gewerbliche Wachstum in der Landwirtschaft sei eine einzige Entwicklungschance, erklärte er bei einer Podiumsdiskussion seines Verbandes Anfang 2011. Sie dürfe nicht unterbunden werden – schon gar nicht durch die Koppelung von Subventionen an ökologische Leistungen. Als ein Diskussionsteilnehmer den Abbau von Subventionen forderte, griff Möllers zu einer völlig abwegigen These. Subventionsabbau begünstige die industrielle Landwirtschaft und führe zu einem Wachstumstempo, das nicht mehr akzeptabel sei. »Jeder Dreh an der Subventionsschraube schlägt sofort um in einen beschleunigten Strukturwandel«, erklärte der Präsident den verblüfften Zuhörern.[53]

In der verqueren Logik des Franz-Josef Möllers spielen die Belange der Kleinbauern keine erhebliche Rolle, obwohl Studien zeigen, dass kleinere Betriebe wirtschaftlicher arbeiten. Wie die Berliner Humboldt-Universität feststellte, machen die Subventionen aus dem Europäischen Agrartopf bei Familienbetrieben durchschnittlich 30 Prozent des Jahresgewinnes aus – bei Großbetrieben dagegen 70 Prozent. Die allermeisten Großbauern wären ohne die Hilfsgelder längst pleite.

Der westfälisch-lippische Bauernpräsident ist bekannt dafür, dass er häufig Standpunkte vertritt, die von den Interessen vieler

Bauern und denen der Allgemeinheit weit entfernt sind. Wie nahezu alle seine Kollegen im Bauernverband setzt auch er sich, obwohl 80 Prozent der Verbraucher sie ablehnen, für die grüne Gentechnik ein. In einem im Juli 2002 veröffentlichten Aufsatz nannte der Bauernchef den Diskurs um die grüne Gentechnik »Zeitvergeudung«.[54] 2007 sprach er sich gegen das Verbot von Käfighaltung bei Hühnern aus. Als zwei Jahre vorher die Vorschrift in Kraft trat, dass ein Hof genug Arbeitskräfte haben musste, um jedes Schwein zumindest 20 Sekunden pro Tag zu betreuen, sprach Möllers von einem »Kuschel-Erlass«.[55]

Die Verschwendung staatlicher Mittel hat in keinem anderen Bereich derart groteske Formen angenommen wie in der Landwirtschaft. Wenn Golfklubs, Reitervereine und milliardenschwere Konzerne in einem derartigen Umfang Steuermittel abgreifen dürfen und der Bauernverband dieses System mit Erfolg verteidigen kann, dann sagt das viel aus über die Verflechtung seiner Vertreter mit den Empfängern aus der Industrie. So unangefochten ist die Machtstellung des Bauernverbandes, dass ihn die Meinung der überwiegend bäuerlichen Mitglieder hierzu wenig interessiert.

Beobachter der Aktivitäten von Sonnleitner, Hilse und Kollegen wundern sich immer wieder, wie die DBV-Oberen den Spagat schaffen, die Anliegen der Bauern zu vertreten und gleichzeitig das Streben großer Konzerne nach dicken Gewinnen zu unterstützen, die häufig auf Kosten der Landwirte erzielt werden. Das Schlachtunternehmen VION ist hierfür ein Beispiel. Hinter dem umstrittenen Fleischproduzenten Tönnies aus Rheda-Wiedenbrück ist die VION Food Group mit einem Marktanteil von über 18 Prozent der zweitgrößte deutsche Fleischerzeuger.[56] Seine beachtlichen Erfolge auf dem deutschen Markt verdankt Vion seiner aggressiven Übernahmepolitik. In nur wenigen Jahren kaufte der Konzern einen Schlachthof nach dem anderen, darunter auch die Firmen Nordfleisch und Südfleisch.[57] VION hält in Süddeutschland und im Osten Marktanteile von rund 50 Prozent und hat mit seiner Preispolitik bei den dortigen Schweinehaltern für viel Ärger gesorgt, denn das Unternehmen steht im Ruf, besonders niedrige Erzeugerpreise zu zahlen.

Dieser Vorwurf richtet sich zunehmend auch gegen die Genossenschaften, die dem Einfluss ihrer bäuerlichen Mitglieder längst entwachsen sind. Dank der massiven staatlichen Förderung expandierten die genossenschaftlichen Firmen in der Fleisch-, Molkerei- und Futtermittelwirtschaft zu mächtigen Konzernen mit einer oligopolartigen Macht – und das auch mit Hilfe der horrenden Brüsseler Zahlungen. Denn die höchsten Summen aus dem EU-Agrartopf werden nicht für die Produkte der Bauern gezahlt, sondern für die der großen Genossenschaften und der Ernährungsindustrie. Gezahlt werde nicht »für die Milch der Bauern«, schreibt Eckehard Niemann, Sprecher der Arbeitsgemeinschaft bäuerliche Landwirtschaft (AbL), »sondern für Butter, Magermilchpulver und Käse der Milchindustrie bzw. der Molkereien. Nicht für die Mastbullen ab Hof, sondern für die Schlachthälften aus den Groß-Schlachtereien. Nicht für das Getreide auf der landwirtschaftlichen Erzeugerstufe, sondern für Getreide-Großpartien auf der Großhandelsstufe des Landhandels.«[58] Die meisten Zahlungen aus dem EU-Subventionstopf, insgesamt rund 44 Milliarden Euro, wurden 2010 für landwirtschaftliche Flächen gewährt. Das sind im EU-Schnitt 260 Euro pro Hektar, in Deutschland je nach Bundesland zwischen 300 und 340 Euro pro Hektar. Das Geld bekamen allerdings nicht nur die Bauern, für die es eigentlich gedacht ist. An den Zahlungen partizipierten auch Konzerne, häufig mit Millionenbeträgen.

Die großen Genossenschaften sind mit Milliarden-Umsätzen zu wahren Giganten der Branche expandiert. Finanziert haben das rasante Wachstum deren Kunden, die Bauern. Nicht allein durch die niedrigen Erzeugerpreise, die ihnen von den Genossenschaften abgepresst wurden. Sie mussten zudem, wie Niemann schreibt, für ihre Anteile ständig höhere Summen aufbringen und gerieten beim Absatz ihrer Produkte in eine immer größere Abhängigkeit. Begründet wurde die ungleiche Partnerschaft mit dem gemeinsamen Interesse an einer stärkeren Position gegenüber der Nachfragemacht von Aldi, Lidl, Rewe, Metro, Tengelmann und Edeka.

Das Nachsehen bei diesem Bündnis hatten die Landwirte. Sie sollten schon bald erfahren, dass sich ihr Verband für bessere Erzeugerpreise nicht sonderlich starkmachte – bis heute nicht. Stattdessen einigten sich die Spitzen von Bauernverband und Raiffeisenverband auf eine Regelung, die den Bauern finanziell noch mehr zusetzte. Die Präsidenten der beiden Verbände sprachen sich 1998, so Niemann, für eine »zeitgemäße Interpretation des genossenschaftlichen Förderauftrags« aus.[59] Die von den Genossenschaften gezahlten Erzeugerpreise sollten kein vorrangiges Kriterium mehr sein. Den »Marktinvestitionen und der Kapitalausstattung der Genossenschaften« wurde eine gleichrangige Bewertung eingeräumt.[60] Eine für die Landwirtschaft fatale Absprache. Sie kommt einem Einverständnis des DBV zur Preisdrückerei der Genossenschaften gegenüber den Bauern gleich. Vor allem das Heer der kleinen Landwirte ist inzwischen in eine totale Abhängigkeit von Raiffeisen und Co. und den Molkerei-Konzernen geraten. Die Funktionäre der Bauern haben damit konsequent eine Politik verfolgt, die vorrangig die Interessen der Genossenschaften bedient.

Während der rot-grünen Koalition hatte die damalige Landwirtschaftsministerin Renate Künast den engen Filz zwischen DBV und den Genossenschaften angeprangert. Im Bewusstsein der eigenen Machtfülle ließen sich die Funktionäre von der Kritik nicht beeinflussen. So bekannte sich Sonnleitner auf einer Generalversammlung der Raiffeisen-Centralgenossenschaft wie zum Trotz »offen zu den Seilschaften und Netzwerken, die Frau Künast in der deutschen Landwirtschaft kritisiert«.[61] Für viele DBV-Mitglieder und Mitarbeiter der Umweltverbände ist dieser Filz eine Auswirkung der Ämterscheffelei an der Verbandsspitze. Durch die vielen gut dotierten Nebenjobs in Aufsichts- und Beiräten von Genossenschaften, deren Verbänden und in den Banken und Versicherungen aus dem landwirtschaftlichen Bereich haben sich Sonnleitner und seine Kollegen abhängig gemacht.

Seine Macht hat der DBV, die wohl einflussreichste deutsche Lobbygruppierung, durch ein raffiniertes System von Organisationen und Verbänden abgesichert. Eine davon ist der Zentralausschuss der deutschen Landwirtschaft (ZDL), in dem der Bauernverband zur Bündelung seiner Interessen den Raiffeisenverband, den Verband der Landwirtschaftskammern und die Deutsche Landwirtschaftsgesellschaft (DLG) mit untergebracht hat.[62] Unter dem Vorsitz des DBV-Präsidenten erfolgt »die Abstimmung der Meinungsbildung in Grundsatzfragen des gesamten landwirtschaftlichen Berufsstandes«. Der Kreis um Sonnleitner hat sich auch die »Wahrnehmung des Benennungs- bzw. Vorschlagrechts für Gremien zentraler landwirtschaftlicher Einrichtungen« vorbehalten.[63] In diesem Gremium wird so mancher Beirats- und Aufsichtsratsposten für Funktionäre ausgekungelt.

Die Macht des Bauernverbandes abzusichern, dazu hat entscheidend seine monopolartige Stellung im Bereich landwirtschaftlicher Publikationen beigetragen. Ob Hausfrau, Pferdenarr, Jäger, Imker, Gärtner, Agrartechniker, Milchbauer oder Schweine- und Rinderzüchter – sie alle werden bedient: mit Blättern und Büchern des Deutschen Landwirtschaftsverlags (DLV) und des Landwirtschaftsverlags Münster (LV). Die Verlage bringen es zusammen auf über 70 Einzeltitel und damit auf rund 90 Prozent aller Publikationen aus dem landwirtschaftlichen

Bereich und seinem weiteren Umfeld. Nur wenige europäische Verlagskonzerne besitzen eine vergleichbare Medienmacht bei landwirtschaftlichen Themen. Sogar in Polen, Großbritannien, Schweiz, Ungarn, Österreich und Russland sind die DLV und LV an über einem Dutzend Verlagen und Publikationen beteiligt.

Mit einem Anteil von 75 Prozent sind der Bayerische Bauernverband und der Bayerische Genossenschaftsverband über die BLV-Verlagsgesellschaft (Aufsichtsratsvorsitzender Sonnleitner) Mehrheitseigentümer des Landwirtschaftsverlags. Gesellschafter des Münsteraner Verlags sind der Westfälisch-Lippische Landwirtschaftsverband, der Rheinisch-Westfälische Genossenschaftsverband und die Stiftung Westfälische Landschaft.[64] Der verlegerische Einfluss in Münster ist auf eine Person konzentriert: Sonnleitners Vize Franz Möllers, einer der größten Pöstcheninhaber unter den Bauernfunktionären, ist hier gleich in dreifacher Funktion anzutreffen – als Landesbauern-Präsident, Vorsitzender des Direktoriums der Landschaftsstiftung und als Aufsichtsratschef des Verlags.[65]

Wer die Medien kontrolliert, kontrolliert auch die Meinungen. Diese Alltagsweisheit haben die Landeswirtschaftsverbände konsequent umgesetzt. »Unsere Printmedien erreichen sechs von zehn deutschen landwirtschaftlichen Betrieben mit mindestens fünf Hektar Nutzfläche«, schreibt der Deutsche Landwirtschaftsverlag in seiner Selbstdarstellung. Eine Propagandamaschine, die sich vorzüglich zur Mitgliederbindung an den Verband eignet. Mit einer Auflage von insgesamt 1,5 Millionen Lesern erreicht der Verlag jedes DBV-Mitglied, teilweise gleich mit mehreren Zeitschriften.[66] Zudem bieten beide Verlage wichtige Service-Leistungen an. Der DLV betreibt die größte europäische Börse für gebrauchte Land- und Baumaschinen und offeriert Internet-Informationen für Jäger, Förster, Forstunternehmer und Waldbesitzer: »Hier finden Sie alles zur Jagd, Natur, Wild, Pflege und Hege auf einen Klick.«[67]

Der Münsteraner Verlag ist auch ein gefragter Dienstleister: Er offeriert Angebote über Urlaub auf dem Bauernhof und unterhält eine Internet-Datenbank für den Pferdehandel. Mit *Top Agrar* bringt der LV die größte deutsche Agrarfachzeitschrift heraus und erreichte mit der neuen Publikation *Landlust* einen ungeahnten Erfolg. Darüber geriet der DBV-Präsident Sonnleitner auf dem Bauerntag im Juli 2011 geradezu ins Schwärmen. »Die Zeitschrift erreicht bald eine Millionenauflage«, ließ er die versammelten Bauern wissen. Ein Blatt für konfliktscheue Leser: *Landlust* blendet die Probleme der Landwirtschaft einfach aus. Klimawandel, Gentechnik oder Subventionen sind keine Themen für das Heile-Welt-Blatt. Stattdessen berichten die Reporter über »Höhensichere Bergschafe« oder »Die Wiege der Gartenzwerge«.

Die *Landlust* fällt unter den Publikationen der beiden Verlage keineswegs aus dem Rahmen: Kritische Berichte über Fehlentwicklungen in der Landwirtschaft sind auch aus den anderen Printmedien verbannt – eine Folge der absoluten Meinungshoheit der Funktionäre. So sind denn die Zeitschriften und Zeitungen des Deutschen Landwirtschaftsverlags und des Landwirtschaftsverlags Münster reine Schönwetterblätter. Wie der Bund für Umwelt und Naturschutz monierte, wird der Masse der Bauern damit eine Welt vorgespiegelt, die es gar nicht gibt. »In den Medien dieser beiden Verlage finden sich nur sehr selten Hinweise auf andere Bauernverbände«, sagt Reinhild Benning, die Leiterin des Referats Landwirtschaft beim Bund für Umwelt und Naturschutz. Obwohl in den vergangenen Jahren die Widerstände gegen den Bauernverband gewachsen sind und sich auch größere Gruppen bereits abgespalten haben, kommt diese Wirklichkeit bei den meisten Bauern gar nicht an – jedenfalls nicht durch die Lektüre der Standardblätter. Benning: »Meinungsvielfalt ist in diesen Magazinen ein Fremdwort.«[68]

Hinter der unkritischen Haltung stecken auch handfeste

wirtschaftliche Interessen. So berichtete im Jahre 2001 die *Unabhängige Bauernstimme*, die Zeitung des alternativen Verbandes Arbeitsgemeinschaft bäuerliche Landwirtschaft, dass es vor Jahren »nach einem leicht-kritischen Bericht in einem führenden Landwirtschaftsmagazin (über Unwohlsein von Bauern nach Pflanzenschutzarbeiten) eine Drohung relevanter Agrarchemie-Inserenten gegeben habe, eine Weile keine Anzeigen mehr zu schalten – mit sichtbarem Erfolg bis heute«.[69] Bei der engen Verbindung zwischen Funktionären und Industrie ist es für AbL-Sprecher Niemann daher auch nicht verwunderlich, »dass der Bauernverband mit den Pflanzenzüchtern eine Vereinbarung über die Erhebung von »Nachbaugebühren« vereinbart hat«. Wenn Bauern das von ihnen geerntete Getreide wieder als Saatgut verwenden, müssen sie dafür Gebühren zahlen.[70] Zu diesem Beispiel passt auch das gemeinsame Vorgehen des DBV und der Geflügel-Konzerne gegen ein Verbot der Käfighaltung und gegen die Kritik an der industriellen Putenmast und ihren Haltungsbedingungen.[71]

## Steuergeschenke für Großgrundbesitzer

Mit hundert Zimmern, kupfergedeckten Türmen und Türmchen, unzähligen Fenstern und Zinnen ist Schloss Ippenburg von seiner Größe her fast mit Balmoral vergleichbar, dem Landsitz der britischen Königsfamilie. Der Eigentümer des neugotischen Adelsgemäuers bei Osnabrück ist zwar nicht von königlichem Geblüt, auch die Ahnentafel des Philip Freiherr von dem Bussche bringt Verehrer der Blaublütigen nicht gerade in Verzückung, wenngleich der Nachweis des ostwestfälischen Rittergeschlechts bis ins 14. Jahrhundert zurückreicht. Da haben andere

Abkömmlinge aus der Kaste derer von und zu größere Koryphäen am Stammbaum hängen.

Doch der 62-jährige Diplomkaufmann und gelernte Landwirt hat in seiner Vita einiges aufzuweisen, was manchen Adelsprössling mit Neid erfüllen könnte. Der Freiherr bewirtschaftet mit Ippenburg ein ansehnliches Gut (300 Hektar Ackerland, 330 Hektar Wald) mit Schweinezucht, Forstwirtschaft und Gartenausstellungen.[72] In Kronitz, nordöstlich von Leipzig, hat er zusammen mit einem Partner einen Betrieb mit knapp 2000 Hektar Land gepachtet, auf dem überwiegend Brotgetreide wächst und nebenbei Rollrasen gezüchtet wird.[73] Wie alle Großgrundbesitzer wird auch er alimentiert: Auf beide Betriebe entfällt rein rechnerisch ein jährlicher Anspruch von rund 718 000 Euro Direktzahlungen von der EU.[74] Zum verarmten Adel gehört der Freiherr mithin nicht.

Der Mann mit den buschigen Augenbrauen und der dichten Haartolle, die ihm schon mal wie ein gespreizter Flügel in die linke Gesichtshälfte rutscht, leitete bis zum Jahr 2007 als Präsident die Deutsche Landwirtschaftsgesellschaft (DLG), in der im Gegensatz zum Bauernverband hauptsächlich Großagrarier mit üppigem Grundbesitz organisiert sind. Zwei Jahre zuvor war von dem Bussche in den Vorstand der KWS Saat AG eingetreten. Seit 2008 steht er als Vorstandssprecher an der Spitze des in rund 70 Ländern agierenden Konzerns,[75] der mittlerweile zu den zehn größten Saatgut-Firmen der Welt zählt und sich auch im Bereich der grünen Gentechnik engagiert. Der Führungsstil des 1950 geborenen von dem Bussche »ist kooperativ, sein Umgang weltmännisch«, schrieb anerkennend die FAZ im Januar 2004.

Was aber wäre von dem Bussche ohne dieses Balmoral auf niedersächsisch und ohne seine Frau? Ein Spitzenmanager immerhin, aber auch nicht mehr. Nunmehr aber ist der Name in vielen Köpfen verankert, und das ist vor allem das Verdienst von Freifrau Viktoria. Die Verfasserin von Gartenbüchern und Gartenkolumnen (»Die Rose ist die Hauptperson im Garten«) hat Ippenburg und seinen 10 000 Quadratmeter großen Schlosspark mit 7000 Rosen, einigen tausend Stauden und einem Meer von Sommerblumen zur Pilgerstätte von Gartenfreunden gemacht und sich selbst zum Anziehungspunkt vieler Journalisten, die etwas für die Rubrik suchen: erfolgreich, patent, erdverbunden und zudem noch adelig, eine ideale Sympathieträgerin.

»Auf den ersten Blick sieht das neogotische Schloss aus wie zum Prinzessin-Spielen, doch der Typ ist Victoria nicht«, informierte *Brigitte Woman*[76] in einer der beliebten Eine-von-uns-Darstellungen, die von den auf Erfolgsgeschichten fixierten Leserinnen so gern verschlungen werden. Und dafür ist die Freifrau, die »auch gern Schäferin in Argentinien geworden wäre«, geradezu eine ideale Besetzung. Statt für die Schafe in Argentinien, erfahren die Brigitte-Leserinnen, hat sich die einstige Kunststudentin für Philip und das Schloss entschieden, in dem sie sich anfangs auf dem Weg zum Klo verlaufen habe. »Und irgendwann hatte sie es der Familie – zu der bald vier Kinder gehörten – behaglich gemacht. Flure weiß lackiert, Decken rot gestrichen, moderne Gemälde aufgehängt, Strahler davor montiert.«

So handfest und gefühlig-verkitscht mag das Publikum die Erfolgreichen, eine wie die Freifrau und »Retterin des Schlossparks«, die selbst mit »Cordjeans und Sneakers« in den Blumenbeeten gärtnert. So auch mag die Adelsfamilie die öffentliche Darstellung über sich. Der Schlossherr aber kann ziemlich ruppig werden, wenn ihm eine Darstellung nicht gefällt. Das hat vor einigen Jahren der grüne Agrarpolitiker Friedrich Wilhelm Graefe zu Baringdorf, damals noch Mitglied im EU-Parlament, erfahren. In drei Gerichtsverfahren musste sich der grüne Landwirt aus Spenge bei Bielefeld für öffentliche Äußerungen verantworten, in denen er den Betrieb des Freiherrn in Sachsen-Anhalt als Beispiel für die hohen EU-Prämienzahlungen genannt hatte. Ausgangspunkt des Rechtsstreits war laut *Neue Westfälische*[77] ein Gespräch der beiden Kontrahenten auf der Grünen Woche 2002 in Berlin, in dem »beim Bier« der Freiherr erzählt hatte, dass er in Kronitz fünf Arbeitskräfte beschäftige.

Graefe zu Baringdorf hatte von dem Bussche dann vorgerechnet, dass er bei einer geschätzten Flächenprämie von 750 000 Euro mindestens 150 000 Euro je Arbeitskraft erhalte.

Graefe zu Baringdorf nutzte dieses Beispiel im Wahlkampf, um öffentlich auf die verfehlte Brüsseler Subventionspolitik aufmerksam zu machen. Der damalige DLG-Präsident von dem Bussche versuchte fortan, dem Grünen-Politiker gerichtlich verbieten zu lassen, ihn im Zusammenhang mit diesen Prämienzahlungen zu nennen. Im ersten Verfahren gab der adelige Manager und Funktionär an, nur zur Hälfte an dem Betrieb in Kronitz beteiligt zu sein. Mithin entfielen auf ihn je Arbeitskraft lediglich 75 000 Euro. Außerdem gab er seine Mitarbeiterzahl mit 13 an. »Die Wahrheit muss man sagen dürfen«, stellte das Gericht fest. Allerdings wurde Graefe zu Baringdorf verpflichtet, sich strikt an die Fakten zu halten. Der Hinweis bezog sich auf die von Baringdorf nicht korrekt wiedergegebenen Zahlen über die Arbeitskräfte und die Höhe der Prämien. Im zweiten Verfahren warf von dem Bussche seinem Kontrahenten einen Verstoß gegen diese Einigung vor.

Es kam zu einem weiteren Verfahren. Nunmehr wollte von dem Bussche dem Grünen generell untersagen lassen, ihn öffentlich im Zusammenhang mit Zahlungen aus Brüssel zu nennen. Journalisten bevölkerten den Zuhörerraum im Landgericht Bielefeld, als der beklagte »grüne« Landwirt seinem Kontrahenten von dem Bussche vorhielt, in seiner Funktion als DLG-Präsident für den Erhalt des gegenwärtigen Subventionssystems zu kämpfen. »Er ist die Speerspitze derer, die sich gegen eine Umgestaltung der Agrargelder wehren«, erklärte Graefe zu Baringdorf, »es wäre verrückt, ihn in der Auseinandersetzung nicht mehr nennen zu dürften.«[78] Die Richter entschieden zugunsten des grünen Politikers. Sie stellten damit die Meinungsfreiheit über das Schutzrecht der Privatsphäre.

Wie von dem Bussche würden gern auch andere Großagrarier, unterstützt von DLG und DBV, die Größe ihres Besitzes, vor allem aber die Höhe der Brüsseler Zuwendungen zur Privatsphäre erklären lassen. Teilweise ist es ihnen auch gelungen. Auf ihren Druck hin hält die Bundesregierung die Liste der Subventionsempfänger und die Höhe der Zahlungen unter Verschluss. Dennoch sickern immer mehr Details durch. Auch über die Zuwendungen an andere kapitalkräftige Investoren, die wie von dem Bussche nach der Wende landwirtschaftliche Großbetriebe mit reichlich Land an sich gerissen haben.

Eine absurde Agrarpolitik hat fatale Fakten geschaffen: Ostdeutschland ist zur Beute von Agrarindustriellen, branchenfremden Konzernen und Spekulanten geworden, angelockt von den durch die Steuerzahler aufgebrachten Subventionen. In kaum einer anderen Region Europas zeigen sich die negativen Folgen der weitgehend von den Bauern- und Landwirtschaftsverbänden und den Lobbyisten der Agrarindustrie massiv beeinflussten EU-Landwirtschaftspolitik so deutlich und auf eine so abstruse Weise wie in den neuen Bundesländern.

»Kapitalkräftige Investoren (Konzerne, Staats-, Investment-, Hedgefonds et cetera)«, schreibt Friedhelm Stodieck, »kaufen weltweit – auch in Deutschland – Land (›Landgrabbing‹) und sich damit in die Wertschöpfungskette ein.«[79] Vornehmlich in den neuen Bundesländern mit ihren großen zusammenhängenden landwirtschaftlichen Flächen. Hier haben sich Agrar-Konzerne und Holdings krakenhaft ausgebreitet und dominieren zunehmend die Tiermast. Eine abstruse Struktur ist zu besichtigen: Während kleinen und mittelständischen Betrieben das Überleben zunehmend Probleme bereitet, sind gleichzeitig Ackerland und Tiermast zu einem Spekulationsziel von Großinvestoren geworden. Nach ihren Landkäufen dürften sie sich auch noch großzügig aus dem EU-Subventionstopf bedienen.

Es war der Deutsche Bauernverband, der bei der Eingliederung der ostdeutschen Landwirtschaft in das westdeutsche Agrarsystem die entscheidenden Akzente zur gegenwärtigen Situation gesetzt hat. Sonnleitners Vorgänger Constantin Freiherr Heereman von Zuydtwyck, ein Großgrundbesitzer aus dem nördlichen Münsterland, war kurz nach der Wende in die DDR zum Bauerntag der »Vereinigung der gegenseitigen Bauernhilfe« gefahren. Er wollte verhindern, dass dem Deutschen Bauernverband im Osten eine Konkurrenz heranwuchs. Auf dem Bauerntag schlug Heereman die Fusion der einstigen DDR-Organisation mit seinem Verband vor. Zugeständnisse dafür waren unvermeidlich. In bewährter Tradition seines Verbandes lockte der Westdeutsche die Leiter der damaligen LPG-Nachfolgebetriebe mit der Aussicht, sich bald ebenfalls Präsidenten nennen zu dürfen. Vier der fünf ostdeutschen Landesbauernverbände wurden schließlich ehemaligen LPG-Funktionären zur Führung anvertraut.

Eine geschickte Strategie, denn die Fusion der beiden Verbände Ost und West ebnete den Weg in die ungestörte Agrarindustrialisierung durch Großinvestoren aus den Westen. Unter der Regie des mit noch größerem Einfluss gesegneten Bauernverbandes. Die großen Agrarflächen in Ostdeutschland und das spendable EU-Beihilfesystem zog sogar ausländische Konzerne in die neuen Bundesländer, vor allem Großmäster aus den Niederlanden, wo die Behörden keine neuen Anlagen mehr genehmigten. Einer von ihnen ist Adrian Straathof mit seiner Straathof-Holding, die in Fahrbinde in Mecklenburg-Vorpommern 100 000 Schweine mästet;[80] sein Landsmann, der Agrarindustrielle Harry van Gennip, bringt es in Sachsen-Anhalt auf 20 000 Schweine und 10 000 Säue.[81] Beiden Investoren werden Verbindungen zu großen Futtermittel-Konzernen nachgesagt.

Die ehemaligen landwirtschaftlichen Kombinate der DDR mit ihren großen Ackerflächen haben vor allem finanzstarke Landkäufer angelockt. Nach ihren Einkaufstouren dürfen sie sich dauerhaft auf jährliche Subventionen aus Brüssel freuen. Mit der Größe des gekauften Geländes steigen auch die Zuwendungen. Überaus reichlich ergießt sich der Geldregen über den Viehhandels-Unternehmer Jürgen Lindhorst aus Winsen an der Aller mit seiner ILW Holding AG. An zwölf ostdeutschen Standorten hat die Firma rund 17 000 Hektar Ackerland gekauft und betreibt dort nun eine industrielle Landwirtschaft mit 2000 Kühen, Bullenmast, Mutterkuhhaltung und hält zudem Beteiligungen an 40 Biogasanlagen.[82] Allein an EU-Flächenprämien fließen rund 5 Millionen Euro jährlich in die Lindhorst-Gruppe.[83] In seinem Beitrag für den »kritischen Agrarbericht 2010« hat Eckehard Niemann die größten Schweinemäster in Deutschland aufgelistet:

| Rang | Betrieb | Mastschweineplätze |
|---|---|---|
| 1. | Adrian Straathof, Medow, Fahrbinde | 100 000 |
| 2. | E. Arts und M. Bolder/Bolart, Vetschau | 70 000 |
| 3. | S. Schmidt/SAZA, Großkayna, Sietzsch | 43 000 |
| 4. | Kronseder/Saatzucht Steinach, Ballin | 35 000 |
| 5. | Leon und Erick van Dijck, Nuthe, Düben | 28 000 |
| 6. | Ökol. Agrar- und Biopark, Zerbst | 25 000 |
| 7. | Frdr. u. Jörg Ahlers, Wildeshausen | 25 000 |
| 8. | WULFA-Mast, Dinklage und Losten | 24 000 |
| 9. | Agrarunternehmen Barnstädt eG | 22 000 |
| 10. | Berend und Ako van der Velde, Tarthun | 20 000 |
| 11. | Harry v. Gennip, Hassleben, Gerbisbach | 20 000 |
| 12. | Jan und Mari van Genugten, Zollchow | 20 000 |
| 13. | Henry van Asten/Suimax, Nordhausen | 20 000 |
| 14. | Schweinemastanlage Todendorf eG | 20 000 |
| 15. | Anlage Mönchpiffel bei Allstedt | 20 000 |

| 16. | Fam. Osterhuber, Oschätzchen/Prieschka | 19 000 |
| 17. | Agrar-Service, Stremmen bei Riesa | 17 500 |
| 18. | Anlage Loburg | 17 500 |
| 19. | Voetdijk Liemershof, Ohrsleben | 16 800 |
| 20. | Schweinemast Zachun (v. Päpcke) | 16 500 |
| 21. | Poels Mastschweine, Rippershausen | 14 500 |
| 22. | Jos und Sjaak van Nooren, Weickelsdorf | 14 000 |
| 23. | Johannes M. Straathof, Wendisch Priborn | 13 000 |
| 24. | Gruppe Woestmann, Wallhausen | 12 000 |
| 25. | Mastanlage Walow | 12 000 |
| 26. | MFP Wanzleben-Blumenberg | 12 000 |
| 27. | Gebr. Dobbe, Klein Ziethen, Ferkelaufzucht | 11 000 |
| 28. | Thiermann GmbH, Kirchdorf (Nds.) | 11 000 |
| 29. | L. F. Verschelde/BLF/Genesus, Bernitt | 10 000 |
| 30. | Gebr. Kirketerp, Thiemendorf | 10 000 |

Die größten Schweinemäster (vorhandene plus geplante Mastschweineplätze, geschätzt, zum Teil an weiteren Standorten)[84]; Anmerkung: Bolart ist beteiligt an Großanlagen in Ungarn (Cano), Kronseder hat in den USA 65 000 Sauen.

Die hohen finanziellen Anreize locken immer mehr Firmen in die Landwirtschaft. Rund 29 000 Hektar hat allein die KTG Agrar AG erworben, vorwiegend in Ostdeutschland und in Litauen. »Der Gewinn der circa 30 konventionell und ökologisch bewirtschafteten Betriebe«, schrieb Niemann, »besteht zum großen Teil aus der Summe der Flächensubventionen und steht infolgedessen eher auf wackeligen Füßen.«[85] Das macht aber nichts. Niemann: »Die Aktionäre der börsengehandelten KTG sind vermutlich vor allem an der steuerlichen Abschreibung, an den steigenden Bodenpreisen im Osten und an einer Risikostreuung in Zeiten der Finanzkrise interessiert.«[86] Ein weiterer Großinvestor im Osten ist der Augsburger Getreidehändler Alexander Osterhuber, der 7000 Hektar Land erwarb und auf dem Gut Ferdinandshof in Mecklenburg-Vorpommern, auf dem einst die größte Bullenmast-Anlage der DDR betrieben wurde, mittlerweile 23 000 Rinder hält. Seine Familie mästet überdies in Sachsen rund 19 000 Schweine.[87]

Seit das Anlagerisiko auf den ramponierten Finanzmärkten unüberschaubar geworden ist, locken hohe Gewinnmargen immer mehr Branchenfremde in die Landwirtschaft, so auch Bernhard Termühlen, ehemaliger Vorstandschef des Finanzdienstleisters MLP. Der stets braungebrannte Finanzmanager, ein begeisterter Reiter, hat sich nach eigenen Angaben Tausende von Hektar Ackerland vornehmlich in Ostdeutschland zugelegt, aber auch in Polen und Rumänien.[88] »Wie eine Bernsteinkette ziehen sich die thermühlenschen Güter an der Ostseeküste entlang, von Angeln über Mecklenburg und Vorpommern bis nach Polen hinein« schrieb das *Manager Magazin*[89] über den Umfang seines Agrar-Engagements. Termühlen geht bei seinem Acker-Investment von einer Rendite in Höhe 4 bis 6 Prozent aus.[90] »In den neuen Bundesländern oder in Polen«, sagt der Neulandwirt, »sind die Renditen häufig höher und können auch 10 Prozent erreichen.« Das erklärt den Run auf Grund und Boden im Osten. »Die Preise für hochwertiges Ackerland liegen in Westdeutschland bei 20 000 bis 30 000 Euro je Hektar«, erklärt Termühlen die Begehrlichkeit nach Land, »in den neuen Bundesländern liegen sie noch bei weniger als der Hälfte.« Nahezu risikolose Schnäppchen. Termühlen: »Acker und Wald sind eine schöne Investition, die bleiben über Jahrzehnte wertstabil.«[91]

Wer noch nicht zum Zuge kam, begibt sich systematisch auf Suche. Die AgroEnergy AG und die Hamburger Business Development GmbH & Co. KG wollen im Osten 18 000 Hektar Land kaufen und dort fünfzehn Betriebe bewirtschaften. Der Aufsichtsrat der neuen AgroEnergy ist prominent besetzt.[92] Ihm gehört Michael Prinz zu Salm-Salm an, Präsident des Grundbesitzerverbandes. Als Anteilseigner (30 Prozent), Berater und Flächensucher wurde Matthias Graf von Westphalen aus dem sauerländischen Meschede gewonnen.[93] Mit den Gütern Dinkelburg, Fürstenberg, Laer, Rixdorf und Bök lässt er in Nordrhein-Westfalen, Schleswig-Holstein und Mecklenburg mehrere tausend Hektar bearbeiten, zum Teil unter den Namen Agricola und BFG KG.[94] Der Graf zählt zu den größten Grundeigentümern und zu den größten Subventionsempfängern der deutschen Landwirtschaft.

Vom Müll zur Tiermast: Die Familie Rethmann, Inhaber des Abfallentsorgungs-, Logistik- und Tierkörperverwertungskonzerns Remondis, hat sich ebenfalls in den Treck nach Osten eingereiht. Sie betreibt dort vier Güter mit insgesamt 6000 Hektar Land, 7000 Schweinemast-Plätzen, 800 Milchkühen und 550 Mastbullen.[95] Gerhard Wagner, Inhaber der Wimex Agrarprodukte Import und Export GmbH, mit sechzig Farmen in Europa und Deutschland einer der großen Produzenten von Bruteiern, kaufte in Sachsen-Anhalt 7000 Hektar Land. Zur Wagner-Gruppe gehören eigene Futtermühlen, die Wulfener Agrargesellschaft, die Gemüseproduktion Bördegarten und Gentechnik-Versuchsfelder der KWS Saat AG.[96]

Statt Aktien und Zertifikate nun Ackerland, Turbokühe, malträtierte Schweine und Hühner als Anlageobjekte. Wenn ein Staat reiche Investoren auf Kosten der Allgemeinheit derart mit zum Teil hohen Millionen-Zahlungen beglückt, weckt das Erinnerungen an die Privilegien einer elitären Kaste des 19. Jahrhunderts. Diese abwegige Klientelpolitik bewegt nicht nur die Umweltorganisationen, das Thema sorgt auch für Empörung unter den um ihre Existenz ringenden Kleinbauern. Auch unter den Verbrauchern mehren sich die Stimmen, die in der Agrarpolitik jegliches Maß an Vernunft vermissen. Die Richtung dafür haben Lobbyisten vorgegeben, deren Interessen die Politik hilflos und folgsam umsetzt. Entstanden sind so Strukturen, die an frühere Feudalzeiten erinnern. Von ihnen profitieren neben den angestammten und den neuen, oft branchenfremden Agrarindustriellen auch manche Funktionäre des Bauernverbandes und der Deutschen Landwirtschaftsgesellschaft.

Zwei der großen Nutznießer aus dem Lobbyistenkreis sind Wolfgang Nehring aus Oschersleben/Beckendorf (Sachsen-Anhalt) und Harald Isermeyer, Landwirt aus dem niedersächsischen Eickhorst. Der Agraringenieur Nehring ist Mitglied im Landesbauernverband Sachsen-Anhalt und gehört gleichzeitig dem DLG-Ausschuss an, der passenden Standesvertretung für Großagrarier.[97] Sein Kompagnon Isermeyer sitzt gar im Vorstand der DLG. Die zwei Unternehmer betreiben in Oschersleben/Beckendorf die Nehring-Isermeyer GbR und mit einem dritten Partner zusammen die NIB Agrar Service GbR,[98] die Dienstleistungen für landwirtschaftliche Maschinen anbietet. Für ihren 2047 Hektar großen Landbesitz in Sachsen-Anhalt kann das Investorengespann nach den Brüsseler Förderungsrichtlinien rechnerisch rund 690 000 Euro an Subventionen beanspruchen.[99]

Als Aufsichtsrat der Braunschweiger Nordzucker AG, des zweitgrößten europäischen Zuckerproduzenten, fällt Isermeyer ein überaus stattlicher Nebenverdienst zu, der bei weitem sogar das Nettoeinkommen der meisten Bauernfamilien übersteigt. Im Geschäftsjahr 2009/2010 kam Isermeyer als Chef des Kontrollgremiums auf Einkünfte von insgesamt 81 300 Euro, davon 39 000 Euro als feste Vergütung und 42 300 Euro als Sitzungsgeld.[100] Eine satte Steigerung gegenüber dem Geschäftsjahr 2008/9, als seine Gesamteinkünfte noch mit 46 846,88 Euro angegeben wurden.[101]

Der Konzern hatte kein leichtes Jahr hinter sich. So berichtet der Vorstand von Nordzucker in der Bilanz 2009/2010 vom »Preisdruck am Zuckermarkt« und von einem »immer schwierigeren Wettbewerbsumfeld«.[102] Keine Rede also von einem

248

Superjahr für das Unternehmen, dafür aber für Isermeyer. Sein satter Zuschlag hat manchen in der Branche verwundert. Auch Geschäftspartner Nehring bessert mit einem Nebenjob im Zuckerkonzern seine Finanzen auf. Der dort als »Landwirt« aus Beckendorf geführte Unternehmer gehört dem Vorstand der Nordzucker Holding AG an.[103]

»In Zeiten der Agrarindustrialisierung und der neoliberalen Globalisierung«, schreibt der Agrarkritiker Niemann, »orientiert sich der Bauernverband immer deutlicher an den Interessen einer Minderheit von Großbetrieben und geht immer engere Bindungen mit der Ernährungsindustrie und dem Agrarbusiness ein, oft zu Lasten seiner Mitglieder.«[104] Dieser Trend setzt sich sogar noch fort. Anfang des Jahres 2010 vereinbarten die Bundesregierung und die ostdeutschen Länder, dass bei der weiteren Privatisierung ehemaliger LPG-Ackerflächen die Großbetriebe bevorzugt werden sollen. Zu diesem Zeitpunkt hortete der Bund immerhin noch 420 000 Hektar Land.[105]

Längst nicht alle Landwirte dürfen kaufen. Der neue Verteilungsschlüssel folgt dem einfachen Prinzip, wer bereits im Osten viel Land gekauft oder gepachtet hat, soll bei der weiteren Verteilung bevorzugt werden. Damit kommen wiederum nur die Großen zum Zuge. Das zeige einmal mehr, empörte sich Friedhelm Stodieck, »dass es weder den Landespolitikern noch den sie unterstützenden Landesbauernverbänden um Strukturvielfalt und Chancengleichheit in der ostdeutschen Landwirtschaft geht.«[106]

Die ungerechte Vergabepraxis könnte dennoch kippen. Der Bauer Franz Joachim Bienstein will sie zu Fall bringen. Er ist selbst ein Opfer einer Politik, die seit Jahren kleine Landwirte wie ihn benachteiligt. Bienstein hatte in den 1990er Jahren in Mecklenburg-Vorpommern einen landwirtschaftlichen Betrieb gegründet und sich mehrfach um weitere Ackerflächen bemüht. Doch die Bodenverwertungs- und -verwaltungsgesellschaft

(BVVG), die im Auftrag des Bundes ehemalige volkseigene Land-
und Waldflächen privatisiert, hatte Biensteins Ersuchen abgelehnt.[107] Wegen dieser Vergabepraxis hat er nun den Europäischen Gerichtshof (EuGH) angerufen.

Wer viel hat, dem wird noch mehr gegeben. Allein die zehn
größten Betriebe in der Umgebung von Berlin und Brandenburg
erhalten so viele Subventionen wie alle dreitausend Bauern im
bayerischen Landkreis Cham zusammen. Während sich die
Großagrarier die Taschen füllen, bekommt die Hälfte aller deutschen Landwirte aus dem EU-Topf weniger als 5000 Euro im
Jahr. Das entspricht in der Summe etwa 7 Prozent der gesamten
Agrarsubventionen. Dagegen werden 85 Prozent aller Mittel auf
nur 20 Prozent der Agrarbetriebe verteilt.

Das System der einseitigen Begünstigung hat stets die Zustimmung des Bauernverbandes und seiner Funktionäre gefunden. Massiv setzte sich der DBV dafür ein, dass die 2010 auf Betreiben der EU-Kommission veröffentlichte Liste mit den größten
Subventionsempfängern und den ihnen zugeflossenen Beträ-
gen künftig unter Verschluss bleiben wird. Diese Zahlen machen allzu deutlich, dass der Bauernverband sich schon lange
von der Interessenvertretung für die Masse der klein- und mittel-
bäuerlichen Mitglieder verabschiedet hat. Bis dahin hatte Sonnleitner behauptet, die Subventionen seien eine »Grundsicherung« der deutschen Kleinbauern. Nunmehr aber hat es die
überwiegende Zahl der DBV-Mitglieder schwarz auf weiß, dass
das Wirken ihrer Funktionäre den Interessen der Agrarfabriken,
der Großmäster, der Gentechnik- und Düngemittelkonzerne
und der riesigen Genossenschafts-Firmen genutzt hat.

Mehrfach hat die EU-Kommission Versuche unternommen,
die Subventionstöpfe umzuschichten. Bislang werden rund
77 Prozent des EU-Agrarhaushalts von 53 Milliarden Euro an Di-
rektsubventionen gezahlt, aber nur 22 Prozent für Umweltmaß-
nahmen und für die Entwicklung im ländlichen Raum. Eine

Verringerung der Direktzahlungen zugunsten der zweiten Etat-säule, die vor allem den kleineren Betrieben Vorteile verschaffen würde, scheiterte bislang stets an den Widerständen von Frankreich und Deutschland. Das Veto von Berlin wurde wesentlich beeinflusst durch die Meinungsvorgaben von Bauernverband und Deutscher Landwirtschaftsgesellschaft.

Der größte Gegner der Bauernfunktionäre und Großagrarier heißt Dacion Ciolos. Der rumänische EU-Agrarkommissar will nämlich die Direktzahlungen an die großen europäischen Landwirtschaftsbetriebe reduzieren – ein Bestreben, das ganz im Sinne der kleineren Bauern sein müsste. »Die Direktzahlungen«, schreibt Reinhild Benning, Argarexpertin des BUND, »werden nach dem Prinzip Gießkanne ausgeschüttet: Im EU-Schnitt erhält ein Bauer rund 260 Euro je Hektar. In Deutschland sind es gut 340 Euro. Klar, dass dann die Großbetriebe auch die höchsten Direktzahlungen erhalten – statt der umweltfreundlichen Höfe.«[108]

Direktzahlungen gewährt die EU neben der Ackerfläche auch für Arbeitskräfte. Wie undifferenziert hier zum Teil gigantische Summen verteilt werden, verdeutlicht der Münchner Argar- und Wirtschaftsjournalist Reinhold Bonfig im Vergleich zweier Großbetriebe mit je 2000 Hektar, die beide 600 000 Euro an Direktzahlungen erhalten. Während der Gemischtbetrieb mit rund fünfzig Mitarbeitern nur 12 000 Euro pro Arbeitskraft bekommt, erhält der reine Ackerbaubetrieb mit rund fünf angestellten Helfern je Arbeitskraft 120 000 Euro an Direktzahlungen. Die Mehrzahl der Arbeitskräfte, schreibt Bonfig, »werden nach der Saison entlassen, die dann aus der Arbeitslosenversicherung alimentiert werden. Zu Beginn der nächsten Saison werden sie wieder eingestellt. Derartige Betriebe kalkulieren mit rund 20 000 Euro Kosten für die Arbeitskraft. Bleiben 500 000 Euro übrig als ›Reingewinn‹ aus den Direktzahlungen, hinzu kommt der Betrag aus der Produktion.« Der wirtschaftliche Irrsinn als Methode. Für den Agrarexperten Bonfig ist es nicht nachvollziehbar, dass sich hiergegen kein massiver Widerstand formiert:»Knapp bemittelte Rentner, Sozialhilfe- und Arbeitslosengeld-II-Empfänger, Ein-Euro-Jobber sowie die übrig gebliebenen Kleinbauern im Vollerwerb müssten eigentlich wütend sein ob der staatlich sanktionierten Ungerechtigkeit, den großen Agrarbetrieben und den Unternehmen der Industrie riesige Summen aufs Konto zu schieben.«[109]

Ein entschiedener Gegner dieser Subventionen aus dem staatlichen Füllhorn ist auch Lutz Ribbe, Direktor der Umweltpolitischen Abteilung der Stiftung EuroNatur:»Das derzeitige System der Agrarsubventionen fördert den Raubbau an der Natur.«[110] Dennoch wird sich daran nichts ändern. Dafür sorgen schon die großen Abkassierer. Vor allem im Osten der Republik, wo nur schwer feststellbar ist, wie viele Manager, branchenfremde Industrielle, Futtermittellieferanten und Tierärzte mittlerweile mit Staatshilfe Großgrundbesitzer geworden sind – direkt oder über stille Beteiligungen.

Sorgen um ihre neuen Pfründe müssen sie sich aber nicht machen. Aus dem Aigner-Ministerium ist zu hören, dass eine Kappung der Zahlungen an Großbetriebe nicht akzeptiert werde. So dürfen denn auch Rodo Schneider, einstiger Manager des Fleischkonzerns Moksel, und sein Sohn weiterhin zusammen mit jährlichen Überweisungen aus Brüssel in Millionenhöhe rechnen. Seit der Wende betreibt Schneider junior in Hohen-Wangelin einen Betrieb mit 1500 Hektar Land und 10 000 Rindern, Vater Schneider kaufte das Gut Borken und hält dort rund 5000 Mutterkühe.[111]

# Die Subventionslüge

## Staatsgelder für den Schießstand

Das kleine Brandenburger Städtchen Seelow, ganz am östlichen Rande Deutschlands gelegen, kann auf eine lange Tradition zurückblicken. Schon im Jahr 1252 wurde es als Dorf Villa Zelou in einer Urkunde des Erzbischofs von Magdeburg erwähnt. Die Stadtchronik berichtet, 1497 seien zwei Windmühlen errichtet worden. 1630 brannte Seelow weitgehend nieder, hundert Jahre später standen dort wieder 59 ziegelgedeckte und 150 strohgedeckte Häuser sowie 115 Scheunen. 2010 hat der Schützenverein Seelow 236 081 Euro aus dem EU-Haushalt erhalten, hundertmal mehr als die große Mehrheit der deutschen Bauern. Auf die Frage, was denn der Verein mit dem vielen Geld gemacht habe, ob etwa auf dem acht Hektar großen Waldgrundstück größere Pflegemaßnahmen zu bezahlen waren, antwortet Vereinsvorstand Fritz Busse ganz unverblümt:»Nein. Wir haben davon einen neuen Schießstand gebaut.«

Die 150 Vereinsmitglieder konnten ihr Glück kaum fassen. 1996 mussten sie ihrem lauten Hobby noch in einem Druckwaffenschießstand in einem ehemaligen Kohlenkeller nachgehen, 2011 konnten sie bei der Einweihung der Trainingsstätte für Luftdruckwaffen richtig protzen. Acht Schießbahnen gibt es nun: Das Gebäude hat eine nutzbare Fläche von 331 Quadratmetern, allein der Trainingsraum misst 175 Quadratmeter. Nach Auskunft von Vereinsvorstand Busse ist alles hochmodern. Einfach sei der Weg zum neuen Super-Schießstand aber nicht gewesen. Busse: »Wir mussten sehr viele Formulare ausfüllen. Das war eine Menge Arbeit.« Und so funktioniert die Agrarpolitik der Europäischen Union heute: Es wird nicht die Arbeit belohnt, die der Bauer auf dem Acker oder in der Scheune verrichtet. Wer einen richtigen Reibach mit den EU-Fördergeldern machen will, muss seine Schaffenskraft auf das Ausfüllen von Anträgen konzentrieren. Merke: Wird das richtige Formblatt verwendet, beschenken die Agrarhaushälter fast jeden. Der Bauer im herkömmlichen Sinn dagegen bleibt größtenteils auf der Strecke.

Die deutschen Bauern, so die landläufige Meinung, sind dem Steuerzahler eine Menge wert. Kein anderer Topf im europäischen Haushalt reicht auch nur annährend an die 60 Milliarden Euro heran, die in der EU jährlich für die Landwirtschaft zurückgelegt werden. Jeder vierte Euro, der an Steuern gezahlt wird, fließt in die Unterstützung des Agrarsektors. Jeder deutsche Steuerzahler berappt hierfür jährlich rund 100 Euro. Er lebt dabei in der Vorstellung, sein Geld diene einem guten Zweck: dem kleinen Bauern, der sich täglich in der großen, globalen Agrarwirtschaft behaupten muss. Ein schöner Gedanke. Doch er spiegelt nicht die Realität.

Der Senn auf der Alm und seine glücklichen Kühe, dieses idyllische Bild von gestern wird immer dann hervorgekramt in Reden und auf Plakaten, wenn der Bauernstand mit einer Sympathiewerbung von den umstrittenen Methoden der Agrarindustrie ablenken will. Wüsste der Steuerzahler, was tatsächlich mit den Milliarden geschieht, die jährlich aus dem unüberschaubaren Agrarhaushalt verteilt werden, käme er vielleicht ins Grübeln. Wüsste er, wie sich Konzerne und Funktionäre mit seinen Abgaben die Taschen füllen, während die Kleinbauern ums Überleben kämpfen, der deutsche Wähler würde womöglich zögern, wenn er das nächste Mal in einer Wahlkabine steht.

Landwirtschaftsministerin Ilse Aigner stempelte deshalb diese Information einfach als geheim. Nicht einmal ein Ultimatum der Europäischen Kommission, spätestens zum 30. April 2009 die Liste der deutschen Agrarprofiteure zu veröffentlichen, konnte die CSU-Politikerin davon abbringen. Noch Monate verstrichen, bevor Aigner ihre Blockade aufgab und in Deutschland endlich das möglich wurde, was in mehr als einem Dutzend anderer EU-Staaten gängige Praxis ist: Der Steuerzahler darf sehen, in welche Schatullen seine Abgaben via Agrarsubventionen verschwinden. Der Einblick in diese bislang geheim gehaltenen Zahlungen sät Zweifel an der Glaubwürdigkeit und der Unabhängigkeit von Politikern, die sich derart in den Dienst von Lobbyisten stellen. Deutsche Konzerne, deutscher Adel, deutsche Großagrarier und deutsche Spitzenfunktionäre sind diejenigen, die sich mit beiden Händen aus dem Topf der Agrarsubventionen bedienen. Der in der Politik so idealisierte deutsche Kleinbauer dagegen wird nur mit Kleinbeträgen abgespeist.

50 Prozent aller Betriebe, so zeigen es die offiziellen Fördergeldtabellen des Agrarministeriums, fallen in die Förderkategorie »bis 5000 Euro«. Zwar klingt dies auf den ersten Blick nicht schlecht – wer würde sich nicht über 5000 Euro Unterstützung pro Jahr freuen? Doch der Schein trügt. Die 190 000 Betriebe in Deutschland, die in dieser Kategorie geführt werden, erhalten 303 Millionen Euro, also 1590 Euro pro Betrieb. Ganz anders dagegen sieht es in der obersten Förderetage der deutschen Landwirtschaft aus. Hier sind nur 6000 Betriebe vertreten, dreißig mal weniger als in der ersten Gruppe. Trotzdem kassieren sie mehr als fünfmal so viel wie die große Masse ihrer Kollegen: stolze 1,6 Milliarden Euro. Fast ein Drittel aller Mittel entfiel damit auf 1,6 Prozent aller Betriebe. 50 Prozent aller Landwirte mussten sich dagegen mit lediglich 5,4 Prozent der Fördermittel begnügen.

## Nutella und der Etikettenschwindel

Wohin fließen sie, die vielen Milliarden Euro aus dem Agrarhaushalt? Die Antwort dürfte viele Steuerzahler überraschen: Mit ihren Geldern, die vermeintlich für den kleinen Landwirtschaftsbetrieb bestimmt sind, subventioniert die Europäische Union zum Beispiel die Herstellung von Nutella – mit jährlich 1,2 Millionen Euro. Es dürfte wenige Konzerne in Europa geben, mit denen die Bürger in einer ähnlichen Hass- und Liebesbeziehung stehen wie zum Nutella-Hersteller Ferrero. 1946 im italienischen Alba gegründet, wuchs Ferrero in den vergangenen Jahrzehnten zu dem Lebensmittelgiganten heran, den wir heute kennen. Im Jahresumsatz von mehr als 6 Milliarden Euro stecken unzählige Schokoriegel wie Duplo und Hanuta, Süßigkeiten wie Ferrero-Küsschen, die Milch-Schnitte, die Kinder-Überraschungseier und eben Nutella. Die Verkäufe laufen blendend. Würde man allein die Nutella-Gläser aneinanderreihen, die Ferrero jährlich von seinem Schokoladenaufstrich verkauft, so könnte man mit dieser Nutella-Kette viermal den Mond umschlingen.

Doch so beliebt Nutella vor allem bei Kindern ist, so argwöhnisch betrachten viele Eltern inzwischen die Zutatenliste. Laut Nutella-Werbung beginnt ein Tag erst dann richtig, wenn er mit Nutella anfängt, die Nuss-Nougat-Creme sei »eine gesunde Alternative« zu anderen Brotaufstrichen. Eine Analyse der Zutaten lässt daran Zweifel aufkommen: Können Eltern es eigentlich verantworten, ihren Zöglingen jeden Tag einen Brotaufstrich zu servieren, der zu 55 Prozent aus Zucker besteht? Nach den Vorgaben der amerikanischen Gesundheitsbehörde FDA enthält Nutella ein »gefährliches Maß an gesättigten Fetten«. Gesättigte Fette sind in den Vereinigten Staaten die Hauptursache für Übergewicht, Herzerkrankungen und Diabetes.

Nicht nur in Amerika, auch in Europa verdunkeln sich die Geschäftsaussichten für Ferrero. Das EU-Parlament verabschiedete 2010 eine Regelung, wonach für jedes Produkt der jeweilige Anteil am täglichen durchschnittlichen Zucker-, Salz- oder Fettbedarf in Prozent ausgewiesen werden soll. Überschreiten zwei dieser Werte eine bestimmte Grenze, darf das Produkt nicht mehr als »gesund« beworben werden. Mediziner fordern gar, statt Firmen wie Ferrero mit Steuergeldern zu beschenken, sie mit einer Gesundheitsabgabe zu belasten. Sie machen die Süßwarenhersteller dafür verantwortlich, dass mit ihren kalorienhaltigen Schleckereien bereits Kinder zu Diabetikern werden, für deren jahrzehntelange Behandlung die Allgemeinheit aufkommen muss.

Der Nutella-Hersteller hat es derzeit mit massiven Angriffen von vielen Seiten zu tun. Die Gesundheitsinitiative der Europäischen Parlamentarier allein war Grund genug für Ferrero, den nationalen und internationalen Notstand auszurufen. »Die ganze europäische Süßwarenindustrie ist gefährdet. Bald wird man Nutella wie Zigaretten behandeln. Man wird uns zwingen, auf das Glas ein Etikett mit der Schrift ›Achtung, dieses Produkt macht übergewichtig!‹ zu kleben«, sagte Ferreros Vizepräsident Francesco Paolo Fulci im Juni 2010. Die Pläne der EU-Politiker seien ein »Angriff auf Italiens Süßwarentradition«.

Die Logik des Ferrero-Managers lässt staunen. Irreführende Werbung ist in vielen Ländern seit Jahren verboten. Warum sollte es also Ferrero erlaubt sein, den Zucker-Schocker Nutella als gesundes Kinderfrühstück für jeden Tag der Woche zu bewerben? Vor Kurzem erst, im November 2011, hatte das Oberlandesgericht Frankfurt das Nutella-Etikett als »irreführend« beanstandet und eine Änderung der Inhaltsangaben verlangt. So beziehen sich die Prozentzahlen für Vitamin- und Mineralstoffe auf 100 Gramm Nutella, die Angaben über die Anteile von Fett und Kohlehydraten hingegen nur auf 15 Gramm. Wer auf die angegebenen Mengen von Vitaminen kommen will, muss demnach ein Viertel Glas vertilgen. Er hat dann nicht 4,7 Gramm, sondern gleich 31 Gramm Fett verspeist. Ferrero muss auf Anordnung des Gerichts nun die Angaben auf dem Glas ändern – andernfalls droht ein Ordnungsgeld von 250 000 Euro, Revision wurde nicht zugelassen. Verbraucher orientierten sich eher an den Prozentzahlen in der Tabelle auf dem Etikett, argumentierten die Richter, sie könnten daher leicht übersehen, dass die Bezugsgrößen variieren. Kläger gegen das Unternehmen war der Bundesverband der Verbraucherzentralen.

»Das ist schon dreist, wenn Produkte so gesundgerechnet werden«, erklärte Armin Valet, Lebensmittelchemiker der Verbraucherzentrale Hamburg. Irreführende Angaben enthielten auch die Milch-Schnitten. Nach dem Urteil bestehe auch hier Handlungsbedarf. Gleichfalls Anstoß nehmen die Verbraucherschützer an der häufig in kleiner Schrift aufgedruckten Nährwerttabelle, aber auch an unrealistischen Portionsgrößen. Das gelte auch für andere Produkte. So werde bei einer 175-Gramm-Packung Chips etwa der Nährstoffgehalt nicht nur für 100 Gramm, sondern auch für eine Portion von 35 Gramm angegeben, als würde der Kunde, so Valet, nur ein Fünftel der Packung am Tag essen.

Es muss dieselbe Logik sein, mit der Ferrero auf seinen Werbespruch für die Milch-Schnitte kam. »Schmeckt leicht. Belastet nicht. Ideal für zwischendurch«, lautet der Slogan für das Erfolgsprodukt, das sich ebenso wie Nutella vor allem an Kinder richtet. Dabei zeigt ein Blick auf die Zutaten: Die Milch-Schnitte hat einen Zucker- und Fettgehalt von rund 60 Prozent. Die internationale Verbraucherorganisation Foodwatch nahm die Werbung für die Milch-Schnitte zum Anlass, Ferrero im Juni 2011 den Goldenen Windbeutel für die dreisteste Werbelüge des Jahres zu verleihen. »Die Milch-Schnitte hat mehr Zucker, mehr Fett und mehr Kalorien als eine Schoko-Sahnetorte«, kritisierte

Anne Markwardt, Leiterin der Foodwatch-Kampagne gegen Etikettenschwindel. Die Ferrero-Manager würden ihre Kunden nach Strich und Faden täuschen, wenn sie ein solches Produkt als sportlich-leichte Zwischenmahlzeit bewerben. Markwardt: »Mit einer so krass irreführenden Werbung trägt Ferrero eine erhebliche Mitverantwortung dafür, dass in Deutschland bereits 15 Prozent der Kinder als übergewichtig gelten.«

Es ist wohl keine Übertreibung, wenn man dem Subventionsempfänger Ferrero ein häufig gespanntes Verhältnis zu Tatsachen bescheinigt. Unangenehme Fakten über die Zusammensetzung seiner Erfolgsprodukte blendet der Konzern einfach aus, und wenn doch jemand danach fragt, hat man dafür keine Zeit. So erlebte es zum Beispiel die Albert-Schweitzer-Stiftung: Sie setzt sich für die Abschaffung der Käfighaltung von Hühnern ein und fragte 2010 bei Ferrero nach, ob sich der Konzern wohl vorstellen könne, seine Milch-Schnitte auch ohne den Missbrauch von Tieren herzustellen. Die Antwort von Ferrero: »Wir erhalten täglich eine Vielzahl ähnlicher Anfragen, denen allen nachzukommen unsere Möglichkeiten bei weitem übersteigen würde.«

So stellt man sich bei Ferrero den Umgang mit der Realität vor. Die Feststellung, dass die Leckereien für Kinder vor allem aus Fett und Zucker bestehen, bedeutet nach dieser Lesart einen Angriff auf die italienische Süßwarentradition; die Bitte, doch bei ihrem Bezug von Eiern die Lieferanten danach auszusuchen, ob sie ihre Hühner in Käfige zwängen, war für den milliardenschweren Lebensmittelriesen zunächst eine Überforderung. Es dauerte viele Wochen, bis jemand in der Zentrale dann doch noch merkte, welche Image-Katastrophe sich nach der Anfrage der Tierschützer anbahnte.

Sollte im öffentlichen Bewusstsein die Kalorienbombe Milch-Schnitte immer gleich mit Käfig-Hühnern in Verbindung gebracht werden, hätte wohl kein idyllischer Werbespot mehr geholfen. Nach einer Unterschriftenaktion der Tierschützer lenkte

Ferrero ein: Ab 2012 will der Nutella-Konzern keine Eier mehr aus Käfighaltung beziehen. Ein gewisser Druck, so zeigt sich immer wieder, ist bei Ferrero Voraussetzung dafür, dass etwas geschieht. Mal kann das ein öffentlicher Pranger sein, mal das Rechnungsprüfungsamt.

Die deutsche Zentrale von Ferrero liegt im hessischen Stadt-allendorf. Und Zuckerwerte und Hühnerkäfige hin oder her – jede Kommune könnte glücklich sein, ein so blühendes Unternehmen wie Ferrero in seinen Grenzen zu beherbergen. In Stadtallendorf allerdings ging man mit diesem Glück auf eine ganz erstaunliche Art um: Man schenkte Ferrero zweistellige Millionenbeträge. Die Finanzverwaltung der CDU-regierten Kommune, so stellte sich Jahre später heraus, setzte als Gewerbe-steuer-Vorauszahlung für Ferrero 1993 und 1994 eine Summe von 6,8 Millionen D-Mark an – einen Bruchteil des tatsächlichen Wertes. Nach einer Untersuchung des Rechnungsprüfungsam-tes des Landkreises Marburg-Biedenkopf musste Ferrero sechs Jahre später 52 Millionen D-Mark nachzahlen. Trotzdem war es für den Nutella-Hersteller ein gutes Geschäft. Experten schät-zen, Ferrero habe durch die niedrigeren Vorauszahlungen einen Zinsgewinn von mehreren Millionen D-Mark vereinnahmt.

Zwischen dem Konzern und der CDU im Bund hat es, wie erst sehr viel später herauskam, eine klebrige Nähe besonderer Art gegeben. Sie endete mit einem Strafgeld – nicht für Ferrero, sondern für die CDU. 2004 stellte der Bundestag bei der Aufklä-rung der Schwarzgeldaffäre der CDU fest, dass Ferrero allein zwischen 1994 und 1998 mehr als eine viertel Million Euro an die Union gespendet hatte. Die Christdemokraten hatten das aber nicht angegeben, ebenso wenig wie die vielen tausend Euro, die schon seit den 1980er Jahren von Ferrero in die Kassen der Christsozialen geflossen waren. Der damalige Bundestagspräsi-dent Thierse verdonnerte die CDU deshalb zu einer Strafzah-lung von 511 000 Euro.

Ferrero mag ein gutes Beispiel dafür sein, wie die europäische Agrarpolitik funktioniert. Die vom Volk gewählten Vertreter sorgen für eine Politik, die in erster Linie nicht die ökologisch sinnvoll handelnden Landwirte unterstützt, sondern Großkonzerne, deren Produkte zur Verfettung der Gesellschaft beitragen. Diese Konzerne revanchieren sich dann, indem sie einen Teil der erhaltenen Subventionen an die Parteien weiterleiten, denen sie diese Beihilfen verdanken. So haben alle etwas davon: die Konzerne ihre Subventionen, die Parteien ihre Spenden und die Bürger ihre Schokoriegel – und die Rechnung für alles natürlich. Das Traurige am Subventionsmillionär Ferrero: Er ist kein Einzelfall. Wohin man auch schaut in der Empfängerliste der EU-Agrargelder, immer wieder fallen Namen ins Auge, die den Bürger am System zweifeln lassen. Mehr noch als der Nutella-Fabrikant erhielt der Fleischhersteller Tönnies im selben Zeitraum aus den EU-Kassen: 2,7 Millionen Euro.

## Millionen an einen Spanner-Konzern

Tönnies. Wenn sich beim deutschen Bürger bei diesem Namen gemischte Gefühle einstellen, so gibt es hierfür gute Gründe. Einerseits ist Clemens Tönnies für Zehntausende von Fußballfans ein Idol: Als Aufsichtsratsvorsitzender von Schalke 04 machte er Millionen locker, um Weltstars wie Raúl in den Ruhrpott zu locken. Doch sein Unternehmen, Europas größter Schweinefleischvermarkter mit einem Jahresumsatz von 4,3 Milliarden Euro, machte in der Vergangenheit auch immer wieder Schlagzeilen mit Wanderarbeitern einer ganz anderen Art.

Rheda-Wiedenbrück, Ostwestfalen. Der Parkplatz vor der Zentrale des Fleischimperiums von Clemens Tönnies zeigt auf einen Blick, wie sein Unternehmen tickt. Hunderte von Autos, die hier stehen, tragen polnische Kennzeichen. Bus um Bus fährt vor, um immer neue Ladungen von Rumänen und Ungarn auszuspucken. Bei Schichtwechsel wirkt das Gelände wie ein osteuropäisches Flüchtlingslager. Es ist ein Bild, das Tönnies schon eine Rüge von höchster Stelle einbrachte.

Gerd Andres, Staatssekretär im Bundesarbeitsministerium, nannte Tönnies 2007 als Beispiel für unhaltbare Zustände in der Fleischindustrie. Tönnies beschäftige im Werk in Rheda-Wiedenbrück nur einen Bruchteil deutscher Mitarbeiter, die überwiegende Mehrheit stamme aus Osteuropa, sagte Andres. Ein solches Ausmaß und eine solche Ausnutzung von Wanderarbeit sei nicht hinnehmbar. Erstaunlich an dieser Aussage ist zweierlei. Einerseits blieb sowohl der öffentliche Aufschrei als auch eine rechtliche Überprüfung der Zustände in Rheda-Wiedenbrück aus, andererseits nahm Staatssekretär Andres seine Schelte nur wenige Wochen später wieder zurück. Nach einem Werksbesuch äußerte sich der Politiker plötzlich in höchsten Tönen über Tönnies. Diejenigen, die sich nicht nur alle Jubeljahre, sondern ständig mit der Fleischindustrie im Allgemeinen und Tönnies im Besonderen beschäftigen, konnten die Kehrtwende kaum nachvollziehen. Die Osteuropäer, die für die Knochenarbeit in den Zerlegewerken teilweise nur 5,50 Euro pro Stunde verdienen, gehörten schon zu den bevorzugten Kräften, prangerte die Gewerkschaft Nahrung-Genuss-Gaststätten an. Keine Seltenheit in dieser Branche seien auch Sklavenlöhne von 3 Euro und weniger.

Die Behauptung von Clemens Tönnies, er würde ja gern Deutsche einstellen, es gebe nur zu wenig, die diese Arbeit machen wollten, empfanden die Gewerkschafter als perfide. Als Marktführer trage Tönnies die Hauptverantwortung dafür, dass in der Branche Dumpinglöhne vorherrschten, von denen kein Deutscher leben könne. Wer weniger als 3 Euro die Stunde verdient, kann in der Tat nur in Sammellagern hausen, die sich um die Fleischwerke Deutschlands herum gebildet haben: Satellitendörfer rund um ihre blutigen Zentren.

So zeigte sich in den vergangenen Jahren immer wieder, dass noch einiges mehr im Argen liegt als die Bezahlung. Bei Tönnies werden die meist osteuropäischen Männer und Frauen nach Betreten des Werksgeländes auf Schritt und Tritt überwacht – am Band, in den Umkleidekabinen, auf den Toiletten. Die Totalkontrolle, die *Report Mainz* im Jahr 2008 ans Tageslicht brachte, sorgte bei Arbeitsrechtlern für Entsetzen, beim Unternehmen für kuriose Erklärungskapriolen. Tatsächlich gebe es Videoüberwachung im Unternehmen, teilte Tönnies mit. Dies geschehe aber zu einem guten Zweck, nämlich aus hygienischen Gründen. Dabei würden zwar Garderoben gefilmt, nicht aber Duschen und Toiletten. Außerdem seien die Arbeitnehmervertreter informiert und hätten diesem System ausdrücklich zugestimmt. Seltsam: Tönnies ist für seine Abneigung gegen organisierte Mitarbeiter seit Jahren bekannt. Im fraglichen Fleischwerk gab es folgerichtig weder einen Betriebsrat noch eine sonstige gesetzlich legitimierte Arbeitnehmervertretung. Wie also konnten die Arbeitnehmervertreter der Überwachung zustimmen, wenn es diese Vertreter gar nicht gab? Und obendrein: Mitarbeiter in dem Werk beteuerten, die Kameras seien selbstverständlich auch in den Toiletten angebracht.

Peter Schaar, der Bundesbeauftragte für den Datenschutz, griff nach Bekanntwerden der Big-Brother-Affäre bei Tönnies zu scharfen Worten: »Dieser Intimbereich ist besonders geschützt, und wenn hier heimliche Spanneraufnahmen sogar noch von der Unternehmensleitung durchgeführt werden, dann ist das nicht nur moralisch, sondern auch rechtlich zu verurteilen und entsprechend zu sanktionieren.«[1] Tönnies wurde nicht sanktioniert, wird aber stattdessen weiterhin reichlich subventioniert.

Sonderzahlungen sind in der Branche sehr beliebt – das gilt nicht nur für Subventionen. Die Staatsanwaltschaften Oldenburg und Bielefeld stießen 2009 bei ihren Ermittlungen in Sachen Tönnies auf einen ganz besonderen Geldfluss: Ein auf Zypern ansässiges Unternehmen ließ sich dafür bezahlen, dass es potenziellen Subunternehmern von Tönnies »Informations- und Kontaktmaterial für einen erfolgreichen Werkvertrag« mit Europas Marktführer garantierte. Wie diese Garantie geleistet werden konnte und warum sie ausgerechnet aus Zypern erfolgte, beantwortete Tönnies nicht – jedenfalls nicht öffentlich. Bekannt wurde jedoch, dass für diese Sonderleistung eine Rechnung über 5 bis 8 Prozent des Umsatzes geschrieben wurde – und die Subunternehmer zahlten. Die Staatsanwaltschaft hielt es nach ihren Untersuchungen für wahrscheinlich, dass im Umfeld von Tönnies Schmiergeldzahlungen als Betriebsausgaben deklariert wurden und die Beteiligten damit den Staat betrogen. Im August 2011 stellte das Landgericht Essen das Verfahren gegen den Angeklagten Tönnies und sieben leitende Mitarbeiter gegen eine saftige Geldauflage in Höhe von insgesamt 2,9 Millionen Euro ein.

## Geschenke für die Aristokratie

Die Frage, ob Millionen von Steuergeldern für einen Hersteller dickmachender Süßigkeiten richtig angelegt sind, ist ebenso berechtigt wie die Frage nach dem Sinn, dass ein Fleischhersteller in solchen Ausmaßen alimentiert wird, der seine Mitarbeiter zu Hungerlöhnen beschäftigt und sie ausspähen lässt. In diesem Umfeld gibt es eine Reihe von Absonderlichkeiten. Befremdlich muten ebenfalls Zahlungen an Unternehmen an, die nichts produzieren, sondern nur transportieren.

Einer der Profiteure der unsinnigen EU-Spendierlaune ist die

KOLOR Ost-West-Handelsgesellschaft mbH in Berlin, die im Jahr 2008 über 1,44 Millionen Euro aus dem Europäischen Ausrichtungs- und Garantiefonds der Landwirtschaft dafür erhielt, dass sie Fleisch einkauft und nach eigenen Angaben vor allem nach Russland, Weißrussland und Litauen exportiert. Damit kein Ende der Brüsseler Skurrilitäten bei der Geldverteilung. Die Empfängerliste der europäischen Agrarsubventionen hält noch viele weitere Überraschungen bereit, zum Beispiel satte Fördergelder für den deutschen Adel.

Viktor Prinz von Ratibor und Corvey kassierte für seinen Forstbetrieb zwischen 2002 und 2006 mehr als 1,3 Millionen Euro, Baronin Karin von Ullmann für ihr Galopper-Gestüt Schlenderhan in der Nähe von Köln im selben Zeitraum 521 000 Euro. Wer reich ist, wird dank Brüssel noch reicher, so könnte das Credo der EU-Haushälter lauten. Das Vermögen der Baronin wurde zur fraglichen Zeit als milliardenhoch geschätzt.

Den Gedanken, dass wohl nur in Deutschland derart überzogene Subventionen gezahlt werden, muss der Leser des europäischen Agrarhaushaltes nach der Lektüre verwerfen. Im Gegenteil: Was dem Deutschen Adel recht ist, ist den ausländischen Blaublütlern nur billig. In Großbritannien zählt traditionell das Staatsoberhaupt höchstpersönlich zu den größten Empfängern von Steuergeschenken. Königin Elisabeth erhält für ihren Landbesitz pro Jahr mehr als 500 000 Euro. Der Prinz von Wales musste sich dagegen mit 100 000 Euro bescheiden. Auf dem europäischen Festland erhielt Prinz Albert von Monaco rund 300 000 Euro Unterstützung pro Jahr für seine Landwirtschaftsbetriebe in Frankreich.

Dass sich ausgerechnet die reichsten und vermeintlich edelsten Mitglieder einer Gesellschaft an den vom Steuerzahler gefüllten Töpfen bedienen, dürfte für das gemeine Volk schon ärgerlich genug sein. Doch die Schamlosigkeit macht hier nicht halt. Landauf, landab bedienen sich die Volksvertreter auch gleich selbst. So war es der britische Abgeordnete Richard Benyon, der 2011 den geballten Zorn seiner Wähler erregte. Benyon, seines Zeichens Minister für Umwelt und Fischerei, zählt zu den reichsten und blaublütigsten Politikern der Insel. Der Ururgroßenkel des Premierministers Lord Salisbury kann seinen Stammbaum ein halbes Jahrtausend zurückverfolgen – bis zurück zu William Cecil, dem Chefberater von Königin Elisabeth I. im 16. Jahrhundert. Im Laufe der Zeit sammelte sich für die Familie von Benyon einiges an – unter anderem ein 8000 Hektar großer Landbesitz. Und für diesen Landbesitz erhielten Benyon und seine Verwandten allein zwischen 1999 und 2009 mehr als 2 Millionen Euro. Die Summe war wohl selbst Benyon nicht ganz geheuer. Jedenfalls legte der Minister nach 2009 allergrößten Wert darauf, dass die genauen Zahlen der Steuerbegünstigungen seitdem unter der Decke blieben. Für diesen Zweck brachte er sogar einen eigenen Gesetzesentwurf ein. Seine Politikerkollegen hatten trotzdem einige Zweifel. Der Abgeordnete Paul Flynn etwa bezeichnete Benyons Haltung als einfach unhaltbar. »Das Ganze ist in vielerlei Hinsicht falsch«, sagte Flynn. »Wie können Minister von EU-Zahlungen profitieren und gleichzeitig Gesetze vorschlagen, mit denen die Veröffentlichung dieser Zahlungen geheim gehalten wird?«

Die Frage des Abgeordneten Benyon ist eine Frage, die man sich an vielen Orten in Europa stellen darf. Überall paart sich die Zahlung von sechs- und siebenstelligen Subventionen an die obersten Schichten der Gesellschaft mit dem dringenden Wunsch, ihre genaue Höhe zu verschleiern. So wie in Großbritannien die Zuwendungen an Minister Benyon unter die zu schützende Privatsphäre fiel und nur durch schnüffelnde Reporter ans Licht kamen, so bedurfte es auch in Frankreich der Recherchen von Journalisten, um die Politiker auszumachen, die sich mit den Fördergeldern die Taschen füllten. Demnach flossen allein an Senator Rémy Pointereau mehr als 120 000 Euro pro Jahr.

Gleich doppelt profitierte Cees Veerman, der niederländische Agrarminister: Er erhielt 168 000 Euro für seine Ländereien in Frankreich und 22 000 Euro für die in Holland. Veerman war einer der wichtigsten Widersacher bei der geplanten Reform von Agrarsubventionen. Als sein Premierminister Jan Peter Balkenende eine Änderung der Zahlungen unterstützte, drohte Veerman mit seinem Rücktritt. In Dänemark bekamen vier Bundesminister beziehungsweise ihre Familien Hilfsgelder aus dem Agrarbudget; die dänische EU-Kommissarin für Landwirtschaft und ländliche Entwicklung, Mariann Fischer Boel, profitierte zwar nicht selbst, doch ihr Ehemann schon: mit mehr als 50 000 Euro pro Jahr. Vollkommen schamlos ist die Politik in Bulgarien. Dort erhielt die 26-jährige Tochter des ehemaligen Landwirtschaftsministers Dimitar Peichev 700 000 Euro.

Das Centre for European Policy Studies (CEPS), eine europäische Denkfabrik mit Sitz in Brüssel, beschrieb die Zahlung von Subventionen aus dem Agrarhaushalt an Politiker als eine Art legalisierte Korruption. »So versteht man, warum in der Agrarpolitik der Europäischen Union immer wieder im Namen der gesellschaftlichen Solidarität riesige Geldsummen an Großgrundbesitzer transferiert werden«, schrieb der CEPS-Autor Richard Baldwin in einer Studie unter dem Titel »Wer zahlt die Agrarsubventionen für die Queen?«.[2] Er nannte die Agrarpolitik der Union einen »dooH-niboR-Plan«. Das steht für Robin Hood – rückwärts geschrieben. Anders gesagt: Die EU-Politiker nehmen von den Armen und geben den Reichen.

Es mag nur wenig trösten, dass Korruption kein europäisches Phänomen ist. Ein Blick über den großen Teich verrät, dass diese Art, Politik zu machen, auch im Land der unbegrenzten Möglichkeiten längst gute Tradition hat. So saßen in 2011 im US-Kongress allein 23 Abgeordnete, die seit Jahren ganz persönlich von den amerikanischen Agrarsubventionen profitierten: 6 Demokraten und 17 Republikaner. Ausgerechnet der Tea-Party-Vertreter Stephen Fincher aus Tennessee besetzt mit mehr als 3 Millionen Dollar Unterstützung seit 1995 die Spitzenposition. Dabei wettert der Rechtsausleger der Republikaner emphatisch gegen jegliche Einmischung des Staates in die Wirtschaft. Fincher, der sich selbst einen Patrioten nennt und als Beruf »Landwirt und Gospel-Sänger« angibt, sah bei der Konfrontation mit einem Reporter des Fernsehsenders ABC jedenfalls nicht gut aus. Gefragt, ob dies bedeute, er wolle auf seine üppigen Subventionsgelder verzichten, antwortete Fincher: »Wir brauchen ein besseres System. Aber eine solche Entscheidung liegt noch weit entfernt.«

Und das ist auch gut so, mögen die Nutznießer der großen Geldumschichtung zugunsten der Großagrarier denken. Solange weltweit die Agrarpolitik von Politikern bestimmt wird, die vom Status quo selbst bestens leben, so lange wird sich an dem System kaum etwas ändern. So dürfen die Subventionen weiter fließen, selbst die verrücktesten.


## Agrarsubventionen für den Panzerhersteller


Je tiefer der Bürger in die Abgründe der Subventionsvergabe einsteigt, desto klarer wird, warum die Begünstigten in der Vergangenheit alles dafür taten, um die Einzelheiten zu verbergen. Denn wenn dem Bürger schon unverständlich ist, warum Nutella-Hersteller Ferrero mit seinen Steuergeldern überschüttet wird, wie soll er dann diese Subventionsempfänger einschätzen: Lufthansa, Rheinmetall und RWE?

Die »Erklärung« für die Zahlungen an die Industriegiganten zeigt, dass sich hier ein System verselbständigt hat, in dem jeder Eingeweihte einfach abgreift, was die EU-Paragrafen hergeben.

So stützen sich die sechsstelligen Fördergelder für die Lufthansa auf den Gedanken, dass deren Catering-Tochter LSG Sky Chefs bei der Bordverpflegung auf außereuropäischen Flügen Agrarprodukte exportiert. Aus den eingeschweißten Brötchen mit Wurst und Käse in 10 000 Metern Höhe leitet sich daher ein Anspruch auf Fördergelder ab – und die Lufthansa nimmt ihn wahr. Einer ähnlichen Logik folgen die fast 600 000 Euro, die allein 2008 an den Energiekonzern RWE flossen. Die findigen Dax-Manager wiesen Land, das bei der Rekultivierung von stillgelegten Braunkohlegruben entstand, flugs als landwirtschaftliche Nutzfläche aus. Die Großaktionäre des RWE, unter anderem die Allianz, die Schweizer UBS Bank und amerikanische Finanzfonds, wissen diese Sondereinkünfte sicher zu schätzen.

Als wären Agrarsubventionen für eine Fluglinie und einen Atomkonzern nicht genug, findet sich auf der Förderliste der Europäischen Union noch ein anderer sonderbarer Empfänger: der milliardenschwere Rüstungskonzern Rheinmetall. Warum nur stehen einem Panzerhersteller Gelder aus dem europäischen Agrartopf zu? Der Grund ist simpel: Die Rüstungsmanager entdeckten ein Förderprogramm für die Entwicklung abgelegener ländlicher Gebiete und sahen darin eine Chance, ihren erweiterten Schießstand zu subventionieren. So kassierte die Forstverwaltung Rheinmetall Waffe Munition GmbH 2009 knapp 84 000 Euro für die Waldumwandlung auf ihrem Kanonenschießplatz Unterlüß nördlich des niedersächsischen Naturparks Südheide. Das Übungsgelände, das sich laut Rheinmetall als »Außenfeuerstellung für eingeführte Munition« eignet, auf dem auch »diverse Schießbahnen« betrieben werden, erhält damit eine überraschende Zweitfunktion als Geldbeschaffer.

Der Irrsinn deutscher Agrarsubventionen kennt keine Grenzen. So flossen rund 1,4 Millionen Euro der europäischen Steuerzahler an Zigarettenkonzerne, darunter auch an die Branchengiganten British American Tobacco mit Sitz in London und

Japan Tobacco in Tokio. Die Vorstellung, dass tatsächlich Fördergelder aus dem EU-Agrartopf ihren Weg zu internationalen, hochprofitablen Zigarettenkonglomeraten fanden, erschließt sich weder auf den ersten noch auf den zweiten Blick. Gibt nicht die Europäische Union Jahr für Jahr rund 16 Millionen Euro für ihre Werbekampagne gegen das Rauchen aus? Und weisen die Gesundheitsexperten in Brüssel nicht ständig darauf hin, dass Jahr für Jahr 650 000 Europäer an den Folgen ihres Zigarettenkonsums sterben?

Der gesunde Menschenverstand allein ist nicht hilfreich bei der Verarbeitung dieser Widersprüche. Völlig unverständlich ist, dass auch die bayerische Landesregierung British American Tobacco, den zweitgrößten Zigarettenhersteller der Welt, finanziell unterstützt. Weil der Tabakspezialist in seinen Anlagen in Bayern eine ganz besonders innovative Technik entwickelt haben soll, hat der Freistaat zwischen 2007 und 2009 exakt 531 510 Euro aus dem EU-Topf für den Konzern freigegeben. Der asiatische Konkurrent Japan Tobacco erhielt 142 921 Euro aus Polen für die Weiterbildung der dort beschäftigten Mitarbeiter, der polnische Hersteller International Tobacco Machinery brachte es sogar auf 888 770 Euro. Sie wurden nach Unternehmensangaben für die Entwicklung neuer Filtertechnologien und Filtermaschinen ausgegeben.

Auf solch abwegige Zahlungen würde kein Bürger kommen, aber Geldverschleudern ist eine Tugend der Politik. Da gibt eine Abteilung in der undurchschaubaren Welt der Europäischen Agrarpolitik Geld aus, um den Bürgern das Rauchen zu verleiden, eine andere bewilligt Millionen, um den Herstellern von Zigaretten zu helfen. Es ist kein Wunder, dass sich im Laufe der Jahre auch unter den Bürgern herumgesprochen hat: Im Zweifel zahlt der Staat für jeden Unfug.

## Staatlich geförderte Golfspieler

Jeden kleinen Bauern muss erzürnen, wenn er erfährt, dass neben den Waffenfreunden aus Seelow im Jahr 2010 auch die Schützenvereine aus Karlshagen, Ferdinandshof, Merzen und Schönberg Subventionen aus dem EU-Agrartopf abkassierten: jeder Einzelne mehr als 20 000 Euro. Damit nicht genug. Die Jagdgenossenschaft aus Wahlhausen erhielt 18 423 Euro, der Angelclub Warburg 1209 Euro und die Pferdezuchtgenossenschaft Traunstein 13 227 Euro.

Wenn Pferdezüchter Geld bekommen, warum dann nicht auch die Reiter? Auch diese Frage beantwortet die Datenbank der Bundesanstalt für Landwirtschaft und Ernährung eindeutig: Natürlich dürfen deutsche Reiter zugreifen, und zwar kräftig. Rund 150 verschiedene Reitvereine, Gestüte und Reitgemeinschaften finden sich unter den Empfängern von EU-Zahlungen. Ein Pferde- und Ponyhof in Calau erhielt 1228 Euro, ein Reiterhof in Travemünde 2407 Euro und ein Reiterhof in Bernau 15 270 Euro. Spitzenreiter in dieser Förderkategorie war der Reit-, Fahr- und Tourismusverein in Osterburg: Ihm wurden 63 365 Euro zugeschlagen.

Die Zahlungsmodalitäten der Europäischen Union sind mitunter geradezu schizophren. Wie anders ist es zu erklären, dass ein deutscher Durchschnittsbauer nur wenige hundert Euro mehr erhält als der Golf-Club Großensee? Sogar zehnmal mehr Fördergelder als der normale Landwirt verbuchte mit 17 000 Euro im Jahr 2010 der Segel- und Wassersportverein Schweriner Außensee. Der Eisenbahner-Sportverein in Hagenow erhielt 24 750 Euro, der Fußball-Sportverein Rot-Weiß Kummerow bekam 40 111 Euro und der Tennisverein Blau-Weiß Karlshagen 49 899 Euro.

All diese Zahlen, diese absurden Ausgaben für Waffenfreunde, Pferdeliebhaber und Tennisspieler, liefern reichlich Gründe für einen tiefen Verdruss unter Bauern und Verbrauchern, die sich für ein bescheidenes Einkommen redlich quälen müssen. Die Vorstellung, dass ein Tennisverein 2010 dreißigmal mehr Fördermittel erhielt als ein Bauer, wird den Bürgern nicht begreiflich zu machen sein. Da hilft es auch nicht, dass die Verschwendung keine deutsche Besonderheit ist. Europaweit bereichern sich findige Antragsspezialisten, wo sie nur können. Ein Billardsalon in Dänemark brachte es fertig, 31 515 Euro Subventionsgelder zu kassieren. Ein Akkordeonclub in Schweden beantragte und bekam 59 585 Euro. Der Eiskunstlaufverein Ons Genoegen aus Holland holte sich 162 444 Euro ab, und die niederländischen Fußballer von Sint Maarten sackten gar 354 567 Euro Fördergelder ein.

Dass hier etwas nicht stimmt, ist inzwischen auch dem Europäischen Rechnungshof aufgefallen – allerdings mit einigen Jahren Verspätung. Während seit geraumer Zeit versprengte Politiker und Aktivisten immer wieder auf die Missstände der Förderpolitik aufmerksam machen, dauerte es bis zum Juni 2011, ehe die Kontrollbehörde einen ersten Sonderbericht zu den Subventionszahlungen in Europa vorlegte. Die Rechnungsprüfer untersuchten vor allem die sogenannte Betriebsprämienregelung. Sie ist das wichtigste Instrument zur finanziellen Unterstützung der Inhaber landwirtschaftlicher Betriebe. Die Betriebsprämienregelung wird von der Mehrheit der Mitgliedstaaten angewandt, die damit verbundenen Ausgaben beliefen sich im Jahr 2009 auf rund 28,8 Milliarden Euro.

»Der Rechnungshof«, heißt es in dem Bericht, »deckte Fälle auf, in denen das System Investitionen von Wirtschaftsteilnehmern Vorschub leistete, die wenig Interesse an der Landwirtschaft als Tätigkeit haben und nur darauf aus sind, das mit der Betriebsprämienregelung verbundene garantierte Einkommen zu beziehen.« In der Tat, was haben Schützen, Fußball-, Golfspieler und Eiskunstläufer mit der Landwirtschaft zu tun? Und warum konnten sie sich dennoch 2010 aus dem EU-Agrartopf bedienen? Dass sie dies konnten, erklärt der Rechnungshof so: »Es ist nur recht vage definiert, welche Voraussetzungen erfüllt sein müssen, damit eine Fläche für EU-Beihilfen in Betracht kommt, und was eine beihilfefähige landwirtschaftliche Tätigkeit darstellt.«

Nun ist jeder Cent Steuergeld, der in Zeiten knapper Kassen für neue Pferdesättel, Schlittschuhe oder Tennisrasen verschleudert wird, ein Cent zu viel. Und dennoch kann jeder Antragsfuchs auf einen noch größeren Abstauber zeigen. Die echten Subventionskönige aber sitzen in den Chefetagen der Konzerne und der großen Genossenschaften mit Milliardenumsatz. Ihr Lobbyeinfluss, gepaart mit dem des Bauernverbandes, verhindert seit Jahren überfällige Veränderungen. Doch während die Landwirte von der restlichen Bevölkerung wegen der milliardenschweren Agrarhilfen oft als Bittsteller und Schmarotzer angefeindet wurden, bekamen sie von den Zahlungen kaum etwas mit. Immer größer wurden die Beträge, die Europas Staaten für die Unterstützung der Bauern aufbringen mussten, beim Kleinbauern aber kam davon nicht viel an. Es ist wie bei Reagans Voodoo: Das Geld, das eigentlich für »unten« bestimmt ist, wurde überwiegend »oben« ausgeschüttet.

## Ein normales Geschäft

Lille, Nordfrankreich. Die Stadt mit einer fast tausendjährigen Geschichte ist der Sitz des größten Subventionsempfängers Europas: Tereos. Mehr als 3 Milliarden Euro Jahresumsatz kann das Konglomerat an der belgischen Grenze ausweisen, erarbeitet mit der Herstellung von Zucker, Stärke und Alkohol. Die leichtesten Gewinne aber fährt Tereos mit dem Ausfüllen von Formularen aus: Allein 2009 erhielt das Unternehmen 178 Millionen Euro aus den europäischen Fördertöpfen.

Dass der Spitzenreiter im Subventionsrennen ausgerechnet aus Frankreich kommt, ist kein Zufall. Mit mehr als 10 Milliarden Euro Unterstützung ist Frankreich der größte Umverteilungsprofiteur in ganz Europa. Und auch hier begegnet dem Beobachter ein inzwischen vertrautes Phänomen: Obwohl in Frankreich wie anderswo in Europa die meisten Subventionen nicht an die französischen Bauern, sondern an die französische Industrie fließen, erklären Politiker im Lande das Beharren auf den bestehenden Strukturen als nationale Pflichtaufgabe.

Schon als Innenminister sträubte sich Nicolas Sarkozy mit Händen und Füßen gegen selbst die zartesten Reformbemühungen im Agrarsektor. In einem Zeitungsbeitrag schrieb Sarkozy im Herbst 2005:»Die geplante Reform des Subventionssystems ist nicht akzeptabel. Sie würde das Ende Europas als landwirtschaftliche Macht bedeuten.«[3] Fünf Jahre später wurde Sarkozy, diesmal als Staatspräsident, noch schärfer im Ton. Er wäre eher bereit, eine Krise Europas zu riskieren, als eine Reform der Agrarpolitik zuzulassen, sagte Sorkozy im März 2010. Dann versprach er feierlich:»Ich werde unsere Landwirtschaft nicht sterben lassen.«[4] Das sind Worte, welche die französische Zuckerindustrie mit ihren riesigen Plantagen in aller Welt gern hören wird, so irreführend sie auch sein mögen.

| Rang | Land | Subventionen |
|------|------|--------------|
| 1. | Frankreich | 10,0 Milliarden Euro |
| 2. | Spanien | 7,5 Milliarden Euro |
| 3. | Deutschland | 7,0 Milliarden Euro |
| 4. | Italien | 6,2 Milliarden Euro |
| 5. | Großbritannien | 4,1 Milliarden Euro |

| 6. | Polen | 4,0 Milliarden Euro |
|----|-------|---------------------|
| 7. | Griechenland | 3,0 Milliarden Euro |
| 8. | Rumänien | 2,1 Milliarden Euro |
| 9. | Irland | 1,7 Milliarden Euro |
| 10. | Ungarn | 1,5 Milliarden Euro |

Subventionsempfänger nach Ländern 2010

Tereos etwa bezieht große Mengen seiner Zuckerproduktion aus Brasilien und Mosambik. Dort will Tereos auch in Zukunft weiterwachsen – mit freundlicher Unterstützung der französischen Politik und des europäischen Steuerzahlers. Dabei ist Tereos keine Ausnahme. Auch die Nummer 2 der europäischen Spitzensubventionsempfänger kommt aus der Zuckerindustrie: Saint Louis Sucre aus Paris vereinnahmte 2009 allein 144 Millionen Euro. Auf Platz 3 folgte der polnische Zuckerkonzern Krajowa Spółka Cukrowa mit 135 Millionen Euro. Der spanische Konkurrent Azucarera Ebro steckte 119 Millionen Euro ein. Europaweit liegt damit die Zuckerindustrie einsam auf dem ersten Platz, wenn es um das Abgreifen von Steuergeldern geht. Auch in Deutschland rangiert mit der Südzucker AG aus Mannheim, die 43 Millionen Euro einsackte, ein Vertreter dieses Wirtschaftszweiges auf den vorderen Plätzen der Empfängerliste. Darauf zu finden ist auch der Zuckerexporteur August Töpfer. Die EU-Zahlungen an das Hamburger Unternehmen sind besonders heikel, weil im Jahre 2008 die Staatsanwaltschaft gegen die Firma ein Ermittlungsverfahren wegen Subventionsbetruges einleitete.

Das Handelshaus Töpfer soll sich zwischen 2000 und 2006 EU-Gelder in Höhe von 370 Millionen Euro erschwindelt haben. Die Ermittler hegten den Verdacht, dass in einem Silo im Freihafen preiswerter Rohzucker aus Drittländern mit subventionsberechtigtem Rübenzucker vermischt wurde. Für den Export dieser Mischungen sollen die vollen Subventionsbeträge kassiert worden sein. Der Schwindel fiel auf, als in den Abrechnungen für die Ausgleichszahlungen Mengenangaben gemacht wurden, die das Fassungsvermögen des Lagerhauses von August Töpfer im Hamburger Hafen weit überstiegen. »In den Papieren sind größere Mengen angegeben worden, als eigentlich durch das Silo laufen konnten«, sagte Zollfahndungssprecher Dietmar Schulze.[5] Im Juni 2009 hatte der Zoll 35 Objekte durchsucht. Laut Staatsanwaltschaft bestehe der Verdacht des Subventionsbetrugs, der Urkundenfälschung und der Steuerhinterziehung.

| Rang | Unternehmen | Land | Branche | Subventionen |
|------|-------------|------|---------|--------------|
| 1. | Tereos | Frankreich | Zucker | 178 Mill. Euro |
| 2. | Saint Louis Sucre | Frankreich | Zucker | 144 Mill. Euro |
| 3. | Krajowa Spółka Cukrowa | Polen | Zucker | 135 Mill. Euro |
| 4. | Azucarera Ebro | Spanien | Zucker | 119 Mill. Euro |
| 5. | Raffinierie Tirlemontoise Suikerraffnadererij | Belgien | Zucker | 81 Mill. Euro |
| 6. | Societe Fondiaria Industriale Romagnolas | Italien | Handel | 75 Mill. Euro |
| 7. | Koninklijke Cooperatie Cosun | Niederlande | Handel | 71 Mill. Euro |
| 8. | Südzucker Polska | Polen | Zucker | 66 Mill. Euro |
| 9. | Cristal Union | Frankreich | Zucker | 57 Mill. Euro |
| 10. | Doux | Frankreich | Fleisch | 56 Mill. Euro |

Subventionsempfänger nach Unternehmen 2009

Der Töpfer-Anwalt wies die Vorwürfe zurück:»Sie sind nicht gerechtfertigt.«

Die Nummer 2 beim Einwerben von Fördergeldern ist nach der Zuckerindustrie die Milchwirtschaft. Und natürlich sind es auch hier wieder nicht die kleinen Milchbauern, denen die Steuermillionen zugutekommen. Von ihnen müssen jeden Tag elf ihren Hof aus wirtschaftlichen Gründen für immer schließen – verdrängt von der viele Male größeren Konkurrenz. Denn es ist nicht die Kuh auf der idyllischen Wiese, die in Europa gefördert wird. Sie taucht bei den wirklichen Empfängern der Steuergelder nur als Werbefigur auf, als ein beschauliches Bild aus vergangenen Tagen, während die echte Milchproduktion so organisiert wird, wie es eben am effektivsten ist: in riesigen Anlagen, computergesteuert, mit minimalem Einsatz der Natur. Niemals würde die Milchindustrie in der Öffentlichkeit mit den riesigen Kuhställen werben, mit denen sie ihr Geschäft macht: mit menschenleeren Hallen von bedrückender Enge für die Kühe, die dicht an dicht stehen, keine Weide mehr sehen und mit eiweißhaltigem Futter auf Rekordmilchmengen getrimmt sind. Mit solchen Zuständen ist in der Werbung nicht viel Staat zu machen. Da muss dann die Kuh von der Alm ran, zwischen Klee und Enzian auf einer Blumenwiese grasend. Die großen Gelder aus Brüssel werden jedoch nicht dafür gezahlt, in den Ställen würdigere und artgerechtere Verhältnisse zu finanzieren. Sie fließen vielmehr in die großen Molkereikonzerne wie Nordmilch. Die Firma sicherte sich allein 2009 satte 51 Millionen Euro an Zuschuss. Sie steht in dem Ruf, viel zu kassieren, aber wenig abzugeben. Die Nordmilch, klagen Bauern in ihrem Einzugsbereich, zahle besonders niedrige Milchpreise.

Freilich, wer deutschen Agrarmanagern auf den Kopf zusagt, sie würden sich an den Steuergeldern der Bürger gütlich tun, erfährt harsche Widerrede.»Im hohen Maße geschäftsschädigend«, nannte BayWa-Vorstandschef Klaus Josef Lutz die Darstellung des Bundesanstalt für Landwirtschaft und Ernährung, sein Groß- und Einzelhandelskonzern habe im Jahr 2010 von der Europäischen Union 13,4 Millionen Euro Agrarsubventionen erhalten. Sein Konzern habe zwar Getreide an die Europäische Union verkauft und in deren Auftrag gelagert, dies sei aber keine Subvention, wetterte Lutz. Auch die Kieler Hauptgenossenschaft Nord empörte sich über ihre Nennung in der Liste der Subventionsempfänger und nannte die EU-Zahlungen an das Unternehmen »normales Geschäft«. Dass die Europäische Union ihre Produkte zu einem staatlich festgelegten Preis kaufte, der mit Marktwirtschaft nichts zu tun hat, erwähnten beide Unternehmen nicht.

Die 19 Millionen Euro, die 2010 von der EU an die Kieler Hauptgenossenschaft Nord flossen, als »normales Geschäft« zu bezeichnen, veranschaulicht beeindruckend, welche Einstellung die Subventionsmillionäre pflegen. Das bestehende System, mit dem sich alle Beteiligten so gut angefreundet haben, darf auf gar keinen Fall angetastet werden. Da helfen auch keine Ermahnungen von irgendwelchen Pfennigfuchsern, zum Beispiel von denen des Europäischen Rechnungshofs.

Die Zahlungen des Europäischen Agrarhaushaltes kämen hauptsächlich einer kleinen Zahl großer Begünstigter zugute, schrieben die Gutachter des Sonderberichts zur Gemeinsamen Agrarpolitik. Dies sei schädlich; mehr noch, in einigen Mitgliedstaaten werde der Eintritt neuer Wettbewerber in den Agrarmarkt durch die Zahlungen behindert. Anders gesagt: Die Subventionen dienen zur Abschottung des Marktes.

Der Bericht der Rechnungshofprüfer ist generell für die europäische Agrarpolitik alles andere als schmeichelhaft. Wie einseitig und ungerecht das Zahlungssystem aufgebaut ist, wird an der Kritik der Geldflüsse deutlich. Besonders stark profitieren hiervon unwirtschaftliche Großunternehmen. Diese seien, so die Prüfer, von sich aus nicht überlebensfähig, blieben aber dank der reichlichen Subventionen trotzdem am Markt und verstopften ihn. Das marktwirtschaftliche Prinzip, nach dem unrentable Betriebe vom Markt verschwinden und gut aufgestellte Unternehmen ihre Position ausbauen können, kommt in der vom Verteilungsdirigismus gesteuerten EU-Landwirtschaft nicht zur Entfaltung. Auch eine besonders sinnvolle Kombination von ökologischer Bewirtschaftung und Prämienzahlungen wurde nach den Feststellungen des Rechnungshofs nicht realisiert.

Die desaströsen Zustände auf den EU-Agrarmärkten machen deutlich, dass es höchste Zeit zum Umdenken ist. »Agrarsubventionen müssen zielgerichtet eingesetzt werden und konkrete Nachhaltigkeitsziele wie Klima-, Arten- und Gewässerschutz befördern«, erklärte Reinhild Benning vom BUND, »nur dann haben kleinere Höfe, die oft mehr Hecken, Feldränder und Baumbestände ausweisen, und alle Betriebe, die die Umwelt schonen und pflegen, eine Chance auf einen Ausgleich für diese Umweltleistungen.« Die nach Größe verteilten Subventionen fördern jedoch den Trend zu immer größeren Betrieben, sie ebnen auf diese Weise den Weg zu immer mehr Unwirtschaftlichkeit.

Mit großem Weitblick hatte Professor Hermann Priebe diese Entwicklung bereits vor über vierzig Jahren vorausgesagt. Der damalige Institutsleiter für ländliche Strukturforschung an der Universität Frankfurt/Main rechnete in einem kenntnisreichen und anhand überzeugender Thesen 1970 veröffentlichten Buch[6] den Politikern vor, dass ihre Pläne genau die gegenteilige Wirkung haben würden wie gewünscht. Wer immer größere Höfe fördere, müsse auch mit immer mehr Produktion rechnen, erklärte der Wissenschaftler. Nicht ohne Humor merkte er an, wie schlimm es um einen Wirtschaftszweig bestellt sein müsse, in dem der zuständige Staatssekretär Theodor Sonnemann ungestraft sagen durfte: »Wir können es uns einfach nicht leisten, Agrarpolitik mit dem ökonomischen Verstande zu betreiben.«

Was aber passiert, wenn Agrarpolitik ohne ökonomischen Verstand betrieben wird? Die Politik, warnte Priebe, locke die Bauern mit ihren Subventionen in eine »Investitionsfalle«. Mit den steigenden Ausgaben für immer leistungsfähigere Maschinen entstehe ein gleichstarker Zwang zur Produktionssteigerung. Die Folge sei eine »Erzeugungsschlacht« in der europäischen Landwirtschaft, die sich verheerend auf die große Masse der Bauern auswirken würde. Schon vor über vierzig Jahre warnte Priebe mit folgenden Worten: »Die Europäische Wirtschaftsgemeinschaft ist mit riesigen Schritten dabei, auf agrarischem Gebiet ein autarker Wirtschaftsblock zu werden, der den Welthandel durch Überschüsse bedroht.« Eine Umkehr in der Politik sei dringend geboten, mahnte der Frankfurter Professor. »In der Entwicklung ländlicher Räume gibt es nur einen Weg nach vorn: eine voll arbeitsteilige, möglichst vielseitige Wirtschaftsstruktur und damit soziale Eingliederung der Landwirte in eine stärkere regionale Bevölkerung.«

Doch wie in der Redewendung vom Speck und den Mäusen ließen sich die Bauern, getrieben von ihren Verbandsfunktionären, in eine ihre Existenz bedrohende Falle locken. Eine gewaltige Material- und Geldschlacht, aus der die hochsubventionierten Großbetriebe die größeren Vorteile zogen, hat in den vergangenen vierzig Jahren viele kleinere Landwirte zur Aufgabe ihrer Höfe gezwungen. Die Regie bei dieser Entwicklung führte der Bauernverband mit seinem Drang nach permanenten Produktionssteigerungen. Mit dem von den Funktionären stets vehement verteidigten System, wonach jene viel bekommen, die ohnehin viel haben, legte der DBV den Grundstein zur agrarindustriellen Entwicklung mit ihren abwegigen Strukturen. Die heutige Fehlentwicklung basiert somit auf den politischen Zielen des Bauernverbandes.

## Kleine Betriebe profitabler

Wie prophetisch Pribes damalige Warnungen waren, zeigt eine Studie der Berliner Humboldt-Universität und der Politikberatung Agripol von 2006, in der die Verteilungseffekte der EU-Direktzahlungen in der deutschen Landwirtschaft analysiert wurden.[7] Das Ergebnis hat für große Überraschungen gesorgt. Die Autoren belegen, dass die Direktzahlungen an natürliche Personen, also Familienbetriebe, durchschnittlich rund 30 Prozent des Jahresgewinnes ausmachen, bei den Großbetrieben aber immerhin rund 70 Prozent. Mit anderen Worten, die mit EU-Geldern vollgepumpten Agrarfabriken wären ohne diese Zahlungen nicht lebensfähig. Die Familienbetriebe dagegen arbeiteten wesentlich effektiver, würden dafür aber von der Politik nicht belohnt.

Die Studie zeigt ferner, dass die Subventionspolitik ein einziges Förderprogramm zur Züchtung von Großbetrieben ist, um sie anschließend mit EU-Geldern durchzufüttern. »Die überwältigende Mehrheit dieser Unternehmen würde ohne diese Zahlungen nur ein negatives Wirtschaftsergebnis erzielen«, schreiben die Autoren. Die Direktzahlungen seien mithin ein Beitrag zur Ungleichheit und zur Fehlentwicklung in der Landwirtschaft. Die Großempfänger und die mit ihnen verbundenen Lobbyisten hätten mit ihrer Durchsetzungsmacht eine Agrarpolitik befördert, die zu den größten wirtschaftlichen Irrtümern zählt.

Die Ausführungen der Autoren legen den Gedanken nahe, dass die so viel wirtschaftlicher arbeitenden Familienbetriebe künftig stärker gefördert werden sollten – ein Konzept, das der neue EU-Agrarkommissar Dacia Ciolos gegen den Widerstand der Politik in Berlin und Paris durchsetzen will. Den beiden Regierungen passt vor allem nicht, dass Ciolos die Zahlungen an Großunternehmen begrenzen will. Eine Zielsetzung, die der großen Mehrheit der kleineren landwirtschaftlichen Betriebe zugutekäme.»Eine Kappung der Summe aller Direktzahlungen bei 100 000 bzw. 300 000 Euro würde kleinere und mittlere Unternehmen nicht treffen« schreiben die Autoren.»Solche Obergrenzen hätten allerdings einen deutlichen Effekt auf sehr große Agrarbetriebe und -firmen. Mit wenigen Ausnahmen würden bei einer Kappungsgrenze nahezu alle Agrarunternehmen Verluste machen. Die Direktzahlungen kommen bevorzugt jenen Unternehmen zu Gute, die andernfalls wirtschaftlich nicht lebensfähig wären.«

Die Berliner Wissenschaftler hatten für ihre Studie 11 756 einzelne Betrieben und 481 größere Agrarfirmen analysiert. Welchen Einfluss die Direktzahlungen auf den wirtschaftlichen Erfolg haben, beschreibt die Untersuchung an einzelnen Beispielen. Symptomatisch ist hierfür der Vergleich zwischen einem kleineren Betrieb, der insgesamt einen Gewinn von 40 313 Euro bei einer Subventionszahlung von 13 756 Euro erzielte. Das größere Agrarunternehmen wies einen Gewinn von 134 432 Euro aus, der allerdings zum weitaus größten Teil auf den EU-Zuschüssen in Höhe von 97 535 Euro beruhte. Das Beispiel macht deutlich, dass kleinere Betriebe wesentlich effektiver arbeiten. Die Analyse belegt damit auch, dass die meisten großen Agrarfirmen ohne die Brüsseler Gelder nicht überleben können. Eine Kappung der Subventionen auf eine Höchstgrenze von 100 000 Euro würde gerade sie besonders hart treffen, die Familienbetriebe dagegen so gut wie gar nicht. Aber nahezu alle Agrarfirmen, die Subventionen von zum Teil weit über der Grenze von 100 000 Euro erhalten, hätten keine Überlebenschancen mehr, sie müssten bei einer solchen Regelung aufgeben.

Die Studie der Humboldt-Universität stammt aus dem Jahre 2006 – geändert hat sich seitdem nichts. Landauf, landab stellen sich die Agrarpolitiker mannhaft vor den großen Geldtopf und geben lauthals vor, für das Wohl der kleinen Bauern zu kämpfen.

Tatsächlich aber haben Sonnleitner und seine Spitzenfunktionäre mit ihrer Verbandsstrategie hauptsächlich die Großen der Branche im Auge. Nach Angaben des Agrarnetzwerkes Farmsubsidy.org steigt die Zahl der Unternehmen, die mehr als eine Million Euro pro Jahr an Subventionen erhalten, stetig an: Waren es 2009 in der EU noch 1212 Adressaten, die eine siebenstellige Summe zugesprochen bekamen, so zählte die Branche 2010 schon 1330 Subventionsmillionäre – große Agrarfirmen natürlich. »Ich bemühe mich seit zehn Jahren um mehr Transparenz bei den Agrarsubventionen«, sagte Nils Mulvad, Mitgründer von Farmsubsidy.org. »Transparenz ist sehr wichtig. Das hilft dem Bürger zu verstehen, wohin die Subventionen fließen und warum. Und es ist ein Mittel gegen Verschwendung und Bereicherung.«

## Der Bauernkönig

»Er ist dran«, sagt die Sekretärin von Ministerin Ilse Aigner und stellt sofort durch. Wenn Sonnleitner anruft, dann wissen die Mitarbeiter im Bundeslandwirtschaftsministerium, was sie zu tun haben. Der Präsident des Deutschen Bauernverbandes und Präsident des bayerischen Ablegers vertritt gegenüber der Politik die Interessen von 380 000 Landwirten. Eine geballte Vertretung von Wählerstimmen, ein mächtiges Pfund, mit dem Sonnleitner gern wuchert.

Dabei rumort es in seinem Verband schon seit Jahren. Sonnleitner, so die Kritik, vertrete eben nicht die Interessen, für die er sich einzusetzen vorgibt. »Auf keinen Fall akzeptabel« sei es, dass der Name und die Summe der Subventionen veröffentlicht würden, schrieb Sonnleitner schon 2006 an Bundeswirtschaftsminister Michael Glos, als der Wunsch nach mehr Transparenz bei den Subventionen verstärkt in der Öffentlichkeit diskutiert wurde. Sonnleitner wollte so offenbar eine Eskalation dieser Debatte verhindern.

Im Glos-Brief warnte Sonnleitner vor der »Gefahr einer demotivierenden Neiddebatte«. Nach Landwirtschaftsminister Seehofer übernahm auch seine Nachfolgerin Aigner in ihren Reden den Begriff. Keine Frage: Der Bauernpräsident hat seine Politiker gut im Griff. Die müssen ebenfalls fürchten, zur Zielscheibe der Kritik an der Verteilung der EU-Subventionen zu werden. Zeigt doch die Empfängerliste deutlich, in welchem Umfang sich Konzerne, Großbetriebe und sogar agrarfremde Einrichtungen auf Kosten der kleinen Bauern via Subventionen bereichern – eine Verteilung, die nicht zuletzt der Bauernverband mit seinen politischen Helfern in den jeweiligen Bundesregierungen durchgesetzt hat.

Da hat es Sinn, dass der Bauernverband sich so energisch gegen eine Veröffentlichung einsetzt. Und dafür findet er die Zustimmung der entscheidenden Leute in der Politik, zum Beispiel von einem wie Horst Seehofer (CSU), der während seiner kompletten Amtszeit als Bundeslandwirtschaftsminister strikt gegen eine Offenlegung der Liste war. Seine Begründung: Die Bekanntgabe solcher Zahlen provoziere eine »Neiddiskussion auf den Dörfern«. Ein abwegiger Gedanke, mitgenommen offenbar aus Seehofers vielen Gesprächen mit den Spitzenfunktionären des Bauernverbandes. Das DBV-Präsidium will das gegenwärtige Gießkannenprinzip und somit auch den Geldsegen für die Großagrarier beibehalten. Die obersten Bauernvertreter versuchen bei jeder Gelegenheit, die Diskussionen hierüber mit dem Neidargument im Keim zu ersticken. So haben denn auch Seehofer und mit ihm Teile der CSU dieses Argument übernommen. Dass ein öffentlicher Diskurs die Ungerechtigkeit dieses Systems der Allgemeinheit überaus deutlich vor Augen führt, scheinen sie nicht riskieren zu wollen.

Seehofers Parteifreunde selbst profitieren von diesem System. Während sich der Durchschnittsbauer mit 1590 Euro im Jahr zufriedengeben muss, erhielten Bayerns CSU-Agrarminister Helmut Brunner rund 7000 Euro, der CSU-Europaabgeordnete Albert Deß 13 000 Euro, der CSU-Landtagsabgeordnete Albert Füracker 43 000 Euro und sein CSU-Kollege Philipp Graf von und zu Lerchenfeld rund 100 000 Euro Zuwendungen aus dem segensreichen Agrar-Förderprogramm.

Datenschutz sei Datenschutz, hieß es aus der CSU. Als einziges Bundesland weigerte sich Bayern unter Seehofer, die Empfänger der Agrarsubventionen ins Internet zu stellen, so wie es die EU-Kommission noch im Jahre 2009 verlangt hatte. Selbst als der Bayerische Oberste Rechnungshof warnte, mit seiner Weigerung zur Transparenz riskiere der Freistaat eine Strafe von 12,7 Millionen Euro zuzüglich 700 000 Euro Zwangsgeld pro Tag, blieb die Union stur. Erst als sich EU-Kommissarin Mariann Fischer Boel einschaltete, endete die Informationsblockade. Zumindest ein Jahr lang konnten die Bürger selbst im Internet nachlesen, dass Sonnleitners Erklärung, die Subventionen seien eine »Grundsicherung« der deutschen Kleinbauern, nicht die ganze Wahrheit war. Die Politik des Bauernverbandes so vorgeführt zu sehen, das war dem Präsidenten denn ganz und gar nicht recht. Auf einem Aktionstag in Berlin maulte er, die Veröffentlichung der Empfängerlisten sei »unfair«. Vielleicht wäre »peinlich« das passendere Wort gewesen.

Immerhin reichte die Offenlegung, damit jedes Verbandsmitglied eine Vorstellung davon bekam, warum sein Präsident sich so vehement gegen die Einführung von Subventionsobergrenzen eingesetzt hatte. Denn Sonnleitner, dessen Hof ebenfalls jährlich mit 36 000 Euro subventioniert wird, hat sich zusammen mit seinen Präsidiumskollegen stets für die Akteure einer Gruppe starkgemacht, die besonders hohe Summen abkassieren. Zu den großen Profiteuren zählen auch die Genossenschaften, deren Verbände und Banken. Und dort erzielen viele der Funktionäre in Aufsichts- und Beiratspositionen teilweise stattliche Nebenverdienste.

Zu erfahren, dass selbst Golfclubs, Schützen-, Tennis- und Segelvereine sogar mehr aus dem EU-Topf abgreifen dürfen, als kleineren Landwirte daraus zusteht, hat die Stimmung gegen die DBV-Oberen mächtig aufgeheizt. Diese Zahlungsströme und die für sie erhellenden Einblicke in die Liste der Empfänger haben vielen Mitglieder deutlich gemacht, dass ihre Interessen bei Sonnleitner und Kollegen nicht sonderlich gut aufgehoben sind.

Nach nur einem Jahr konnten das DBV-Präsidium und die Spitzenempfänger der Subventionen wieder aufatmen. Zwei Bauern aus Hessen hatten vor dem Europäischen Gerichtshof in Luxemburg gegen die Veröffentlichung der Subventionszahlungen geklagt – im November 2010 bekamen sie recht. Die Veröffentlichung der Namen privater Subventionsempfänger sei mit dem Persönlichkeitsschutz nicht vereinbar, begründeten die Richter ihre Entscheidung. Wenn also künftig britische und deutsche Adelige, französische Politiker oder bulgarische Töchter von Landwirtschaftsministern ein paar hunderttausend Euro extra aus den Agrartöpfen beziehen, so bleibt das den Bürgern verborgen.

Allerdings haben die Lobbyisten der Agrarindustrie zur Beibehaltung des gegenwärtigen Systems noch eine Hürde zu nehmen: Der EU-Kommissar Ciolos möchte endlich die in der Höhe teilweise horrenden Zahlungen begrenzen. Der Bauernverband aber will das unbedingt verhindern – und in seiner Gefolgschaft auch die Bundesregierung mit ihrem Veto.

Da macht es nichts, dass die Ciolos-Pläne vor allem den kleineren Landwirte zugutekämen. Die können sich über die Position der Spitzenfunktionäre nur wundern. Manche von ihnen fragen sich nun, ob ein Realitätsverlust oder eine bewusste Täuschung vorliegt, wenn der DBV-Präsident behauptet, die geplante EU-Reform sei der Tod des kleinen Bauern. Ganz gleich, welche Studien man ihm vorhält, ganz gleich welche Ergebnisse der EU-Rechnungshof vorlegt, Sonnleiter bleibt bei seiner These: »Wir brauchen die Direktzahlungen in ihrer jetzigen Gesamtsumme. Die Zahlungen sind für die Betriebe lebensnotwendig.«

Die Rolle des deutschen Steuerzahlers in der Welt des Gert Sonnleitner lässt sich so zusammenfassen: Zahlen? Ja! Fragen? Nein!

# Nachwort

Das Wort hat eine magische Wirkung: Agrarwende. Die Ansichten hierüber können gegensätzlicher nicht sein. Bundeslandwirtschaftsministerin Ilse Aigner verbindet damit einen Schritt »zurück ins vorige Jahrhundert«.[1] Völlig anders urteilt Hubert Weiger. Für den Vorsitzenden des Bundes für Umwelt und Naturschutz Deutschland (BUND) wäre das die Ablösung eines »Systems himmelschreiender Ungerechtigkeit«.[2]

Der Begriff Agrarwende umschreibt den Ausstieg aus der industriellen Landwirtschaft und das Ende der Füllhornpolitik, bei der laut Weiger »80 Prozent der Subventionen an nur 20 Prozent der Agrarbetriebe fließen«. Die Brüsseler Kommission will das ändern und die Höhe der Subventionen im Einzelfall auf 300 000 Euro begrenzen – immer noch viel, aber wenigstens ein Anfang. Die heutigen Millionenzahlungen an gewinn- und umsatzstarke Genossenschafts-, Molkerei- und Fleischkonzerne sollen dann der ökologischen Landwirtschaft zugutekommen.

Die Agrarwende wäre die Abkehr von der Gigantomanie und die Rückkehr zu einem schonenden Umgang mit natürlichen Ressourcen, auch mit Lebensmitteln. Die skandalöse Ausbeutung von Tier und Umwelt würde ebenso gestoppt wie die von den multinationalen Tierkonzernen verursachte Rassenselektion unter Nutztieren. Mit ihrer Konzentration auf wenige Hybridlinien haben die Zucht- und Mastmultis einen verheerenden Kahlschlag in der genetischen Vielfalt verursacht.

Ob bei Geflügel, Schweinen oder Rindern – nur wenige Zuchtlinien beherrschen noch den Markt.[3] Die Genetik für Masthähnchen und Legehennen ist im Besitz von lediglich sechs Konzernen. Weltmarktführer ist die deutsche Erich-Wes-johann-Gruppe.[4] Ein Drittel der Weltproduktion von Schweine-fleisch, die Hälfte der Eier, zwei Drittel der Milchproduktion und drei Viertel des Geflügelfleisches stammen nach Angaben der Welternährungsbehörde FAO inzwischen von wenigen industriellen Rassen beziehungsweise Linien ab.[5] Besonders gravierend ist die Lage bei Enten: Wer in einem Restaurant in Berlin, Paris oder New York eine Entenbrust bestellt, wird mit hoher Wahrscheinlichkeit ein Produkt aus den Zuchtlinien eines einzigen Konzerns zu verzehren – der thailändischen Bangkok Ranch Group.[6]

Das Artensterben bedroht alle Nutztierarten. Lediglich noch drei Rassen, die auf hohe Milch- und Fleischmengen gezüchtet wurden, dominieren den deutschen Rinderbestand, über ein Dutzend Arten sind dagegen vom Aussterben bedroht.[7] »Sollte sich der Prozess ihrer Verdrängung weiter fortsetzen«, warnt der Agrarwissenschaftler Professor Günter Biedermann von der Uni Kassel, »käme dies in vielfältiger Hinsicht einem unwiederbringlichen Verlust und einer bedauerlichen genetischen Verarmung unserer hiesigen Rinderzucht gleich.«[8]

Ähnliche Strukturen herrschen auf dem Markt für Saatgut. Nur drei Konzerne (Monsanto, DuPont, Syngenta) halten weltweit über 50 Prozent der Patente auf Pflanzen.[9] »Schätzungsweise 75 Prozent aller Nutzpflanzen«, heißt es in einer Studie mit dem Titel *Agropoly*,[10] »gingen im 20. Jahrhundert unwiederbringlich verloren.« Über viele Jahre hinweg haben die Autoren dieser Studie, Mitarbeiter der Schweizer Umweltorganisation Erklärung von Bern und vom Berliner Forum Umwelt und Entwicklung, die Weltagrarmärkte analysiert. Ihr Fazit: »Saatgut, Jungtiere, Futtermittel, Dünger – was früher auf dem Bauernhof selbst produziert werden konnte, sind heute separate Sektoren der industrialisierten und globalisierten Wertschöpfungskette für Nahrungsmittel. Das schwächste Glied in dieser Kette sind diejenigen, welche die Lebensmittel anbauen und produzieren: die Bäuerinnen und Bauern.«

Die umsatzstarken Agrarriesen werden zu einer zunehmenden Bedrohung demokratischer Gesellschaften. Ihre kaum noch zu kontrollierende wirtschaftliche Dominanz ist das Ergebnis einer über Jahrzehnte hinweg geförderten industrialisierten Landwirtschaft, in der sich großagrarische Strukturen immer stärker durchgesetzt haben. Ähnlich dem Finanzbereich, auf dem Hedgefonds und Investmentbanken mit Billionen-Beträgen unkontrolliert zocken dürfen, haben sich auch die global agierenden Tier-, Düngemittel-, Gentechnik- und Futtermittelkonzerne zu supranationalen Machtgebilden entwickelt, gegen die einzelne Regierungen wenig ausrichten.

Seit das Geschehen auf dem Acker und in den Ställen verstärkt von den ökonomischen Interessen dieses mächtigen Agrarkartells bestimmt wird, hat die Maßlosigkeit in Produktion und Angebot von Nahrungsmitteln, von denen große Teile auf dem Müll landen, geradezu dekadente Dimensionen erreicht. Sie führen aber nicht, wie es die Vernunft gebietet, zu einer Drosselung von Herstellung und Konsum. Im Gegenteil: Die großen Marktteilnehmer, fixiert auf eine möglichst hohe Verzinsung des eingesetzten Kapitals, erhöhen ständig ihre Produktionskapazitäten; gleichzeitig müssen Hybridlinien von Schweinen, Hühnern und Rindern mit immer größeren Fleisch- und Milchmengen die Renditen verbessern.

Zu verantworten haben diese Entwicklung die EU und ihre Mitgliedstaaten, die über Jahrzehnte hinweg dreistellige Milliardenbeträge in die europäischen Agrarmärkte gepumpt und damit Begehrlichkeiten geschaffen haben, die politisch nicht mehr beherrschbar sind. Die großen Summen flossen hauptsächlich in die Kassen von Konzernen und Großagrariern und verhalfen ihnen damit zu einer Größe und Lobbymacht, die zu brechen nun heftigste Widerstände auslöst. Gegen die Brüsseler

Pläne, die Zahlungen in der Höhe zu begrenzen, hat sich in Deutschland eine einflussreiche Gruppierung formiert, an ihrer Spitze der Deutsche Bauernverband.

Die Funktionäre wehren sich massiv gegen den Umbau des Subventionssystems – mit völlig abwegigen Argumenten.»Eine Kappung der Zahlungen«, verkündete im Oktober 2011 Bauernpräsident Gerd Sonnleitner,»wäre unverantwortlich. Wir wollen Gerechtigkeit. Es darf weder bei den kleinen oder mittleren Höfen noch bei den größeren Betrieben gekürzt werden.«[11] Klientelpolitik à la Bauernverband: Kleinere und mittlere Landwirte wären von den Kürzungen überhaupt nicht betroffen. Wenn aber Sonnleitner auch sie zu den Benachteiligten zählt, fällt es kaum auf, wenn er und seine Funktionäre sich für die Pfründensicherung der agrarindustriellen Marktteilnehmer vehement ins Zeug legen.

Die Kungelei des Bauernverbandes stößt zunehmend auf Kritik.»Die EU-Kommission«, erklärte BUND-Chef Weiger,[12]»hat endlich verstanden, dass die Agrarpolitik nicht eine Klientelpolitik mehr sein darf, die vornehmlich großen Betrieben zugutekommt.« Die Befürworter der Brüsseler Pläne verstärken ihren Druck auf die Agrarindustrie. Rund 160 Bürgerinitiativen haben sich bundesweit dem Ziel verschrieben, den Bau neuer Tierfabriken zu verhindern. Das erfordert viel Einsatz, immerhin befinden sich bundesweit rund 900 Mast- und Tierzuchtfabriken in Planung oder im Bau.[13]

Die Widerstände zeigen Wirkung: Im Emsland mit seinen 30 Millionen vorhandenen und elf Millionen beantragten Hähnchenmastplätzen hat das Netzwerk Bauernhöfe statt Agrarfabriken immerhin erreicht, dass der Landkreis alle Genehmigungsverfahren auf Eis gelegt hat.[14] Auch in anderen Bundesländern diskutieren Parteien und die kommunalen Spitzenverbände über ein Bauverbot von Agrarfabriken. Der massive Protest beeinflusst zunehmend das politische Handeln. So hat der niedersächsische Landwirtschaftsminister Gert Lindemann einen strengeren Tierschutz in der Landwirtschaft angekündigt – und das in einem Bundesland, in dem skandalöse Zustände in Tierfabriken von der Landesregierung und den Kommunen jahrelang toleriert wurden.

Solche Entwicklungen ermutigen; sie bescheren den Aktivisten für eine andere Agrarpolitik einen regen Zulauf. Rund 23 000 Bauern, Umwelt-, Tierschützer und Verbraucher nutzten die Grüne Woche im Januar 2012 in Berlin, um in einer Demonstration mit Rekordbeteiligung vor dem Kanzleramt die Agrarwende zu fordern. Sie verlangten von Kanzlerin Angela Merkel, Subventionen künftig an ökologische und soziale sowie an Kriterien des Tierschutzes zu koppeln. Die deutsche Landwirtschaft müsse an Stelle von genverändertem Soja verstärkt heimisches Futter einsetzen, außerdem seien sämtliche Subventionen für die Fleischexporte zu stoppen. Solange die Agrarindustrie das Sagen habe, kritisierte Hubert Weiger, »wird es Maiswüsten, Soja-Monokulturen und Palmölplantagen geben«.

Argumente, die weder die Bundesregierung noch den Bauernverband erreichen. Sie beharren auf ihrem Kurs der ständigen Leistungssteigerung und schieben dafür abwegige Begründungen vor. Weil man die Herausforderungen der Welternährung und der Energieerzeugung ernst nähme, erklärte Sonnleitner auf einer Pressekonferenz am 18. Januar 2012 in Berlin, bräuchte man jeden Hektar landwirtschaftlicher Nutzfläche.[15] Gedanken um die Ernährung der Welt treiben auch Ilse Aigner um. Sie nahm die Proteste vor dem Kanzleramt zum Anlass, den Demonstranten Ignoranz gegenüber diesem Problem vorzuwerfen. Die seien gewiss satt, so die Ministerin, »aber eine Milliarde Menschen auf dieser Welt sind es nicht«.[16]

Doch welche Rolle spielt die Realität, wenn es um politische und wirtschaftliche Interessen geht? Längst ist nämlich bekannt und von den Wissenschaftlern des Weltagrarberichts eindrucksvoll belegt, dass die Agrarindustrie in Europa, den USA und Kanada mit der Ausbeutung der Nahrungsmittel-Rohstoffe das Hungerdesaster wesentlich verursacht und verschlimmert hat. Schließlich beanspruchen die unzähligen Mastfabriken für ihre Futtermittel gigantische Ackerflächen in Südamerika zum Anbau von genverändertem Soja und behindern in diesen Ländern dadurch die Eigenversorgung mit Lebensmitteln.

Gleichwohl hält die Bundesregierung am gegenwärtigen System der Verschwendung fest. »Wir brauchen keine Agrarwende«, erklärte beispielsweise Ilse Aigner auf der Grünen Woche 2012.[17] Dennoch wird auch sie diese Entwicklung nicht aufhalten können. Die Bewegung der Bürgerinitiativen, glaubt Eckehard Niemann, werde sich verstärken und europaweit ausdehnen. Der AbL-Sprecher ist sich sicher: Bauernhöfe statt Agrarfabriken – diese Bewegung wird sich durchsetzen. Doch die Dominanz der großen Genossenschaftskonzerne und Tiermultis wird auch sie nicht brechen können.

# Anmerkungen

## Einleitung

1 Harald von Witzke, Steffen Noleppa: Verteilungseffekte der EU, Direktzahlungen in der deutschen Landwirtschaft. Ein Bericht für den German Marshall Fund of the United States, 2006.

2 »Die Futtermittel-Connection, Dioxin-Opfer leiden unter dem Bauernverbands-Raiffeisen-Filz«, *Unabhängige Bauernstimme*, Februar 2011.

3 Elektronischer Bundesanzeiger: Agravis-Geschäftsbericht 2010.

4 Oxfam Deutschland: Bittere Bananen – Ausbeuterische Arbeitsbedingungen in Ecuador in der Lieferkette Deutscher Supermarktketten, 2011.

5 Ebd.

6 Stefan Kreutzberger/Valentin Thurn: Die Essensvernichter. Warum die Hälfte der Lebensmittel im Müll landet und wer dafür verantwortlich ist, Köln 2011.

7 »Putenmäster wegen kranker Tiere verurteilt«, *Hannoversche Allgemeine Zeitung*, 21. 8. 2010. Antrag der Fraktion Bündnis 90/Die Grünen im Landtag: »Mehr Tierschutz in der Putenhaltung«, 28. 9. 2010. S. Petermann, H.-H. Fiedler: »Eingriffe am Schnabel von Wirtschaftsgeflügel«, *Tierärztliche Umschau 54*, 1999, S. 8–19.

8 Romuald Schaber: Blutmilch. Wie die Bauern ums Überleben kämpfen, München 2010.

9 Bauernhöfe statt Agrarfabriken: »Forderungen des Netzwerkes ›Bauernhöfe statt Agrarfabriken‹ zur Eröffnung der 75. Internationalen Grünen Woche am 14. 1. 2010 in Berlin«, Positionspapier, Berlin 2010.

10 Eckehard Niemann: »Gegenwind für Agrarfabriken, Bürgerinitiativen verhindern Tierfabriken und stoßen politische Regelungen an«, *Der Kritische Agrarbericht 2012*.

11 Entwurf eines Gesetzes zur Stärkung der Innenentwicklung in den Städten und Gemeinden und weiterer Fortentwicklung des Städtebaurechts, Stand 14. 2. 2012.

12 Novelle des Bundesbaugesetzes (BauGB): Vorschläge zur Weiterentwicklung mit dem Ziel der Stärkung der Innenentwicklung und Förderung des Flächensparens.

13 Ebd.

14 www.weltagrarbericht.de.

15 Ebd.

16 Bund Ökologische Lebensmittelwirtschaft: Schadensbericht Gentechnik, 2009. Naturschutzbund Deutschland, Martha Mertens: Glyphosat & Agrogentechnik. Risiken des Anbaus herbizidresistenter Pflanzen für Mensch und Umwelt, Berlin, 2011.

17 Kreutzberger/Thurn: Die Essensvernichter.

18 Ebd.

19 Brigitte Behrens:»Taten statt warten«, Nachwort in Kreutzberger/Thurn: Die Essensvernichter.

20 WWF: Fische und Meeresfrüchte. Hintergründe der Bewertung im Einkaufsführer, Zürich 2004.

21 *Geo,* November 2011, S. 37.

22 »Zur Kasse, Brummis«, *Stern,* 14. 9. 2000, S. 58.

23 Peter Weinbrenner, Uni Kassel: Produktlinienanalyse Joghurt, »Ein Joghurt kommt in Fahrt«.

24 www.transgen.de/anbau/eu_international/159.doku.html

25 Gen-ethisches Netzwerk: Raps-Saatgut verunreinigt, Oktober 2007.

26 www.welt.de/wirtschaft/article4396769/Investoren-sind-auf-der-Jagd-nach-Ackerland.html.

27 Harald Schumann: Die Hungermacher. Wie Deutsche Bank, Goldman Sachs & Co. auf Kosten der Ärmsten mit Lebensmitteln spekulieren. Foodwatch Report 2011, Berlin 2011.

28 »World Bankchief warns on food threat«, *Financial Times,* 14. 4. 2011.

29 Schumann: Die Hungermacher.

30  Welthungerhilfe: »Finanzspekulationen verschärfen den Hunger«, Brennpunkt 20, 2011.
31  *Der Spiegel*, 29. 8. 2011, S. 75.
32  »Hungermacher Ackermann«, *Frankf. Rundschau*, 18. 10. 2011.
33  *Der Spiegel*, 29. 8. 2011
34  Tanja Busse: »Landwirtschaft am Scheideweg«, *Das Parlament*, 1. 10. 2010, www.bundestag.de/dasparlament/2010/05-06/Beilage/001.html.
35  Ebd.

## Grüne Gentechnik

1   Regenwald Report 5/2010.
2   Friends of the Earth International: Monsanto. Wer profitiert von Gentechnik? Monsanto und der Gentech-Hype der Unternehmen.
3   Jeffrey M. Smith: Trojanische Saaten, München 2004.
4   *Spiegel online*, 3. 6. 2007.
5   Friends of the Earth International: Monsanto. Wer profitiert von Gentechnik?
6   Deutschlandradio, Thomas Spang: US-Regierung dringt auch unter Obama auf Zulassung von grüner Gentechnik, 26.1. 2011.
7   SAG – Schweizerische Arbeitsgruppe Gentechnologie: Bt-Toxine aus Gentech-Pflanzen im Blut von Schwangeren und Föten, 1. 6. 2011.
8   N. Benachour, H. Sipahutar u. a.: »Time- and Dose-Dependent Effects of roundup on Human Embryonic and Placental Cells«, *Archives of Environmental Contamination and Toxicology* 53, 2007, S. 126–133.
9   Smith: Trojanische Saaten, Robin: Mit Gift und Genen.
10  Steve Druker, www.biointegrity.org.
11  www.foe.org/major-us-environmental-groups-call-full-environmental-review-genetically-engineered-salmon. – Lisa Richwine: Biotech Salmon safe for eating. 3. 9. 2010.

12 Deutschlandradio, 26. 1. 2011.

13 Marie-Monique Robin: Mit Gift und Genen. Wie der Biotech-Konzern Monsanto unsere Welt verändert, 2009. Zitate folgen der Taschenbuch-Ausgabe von 2010. (Originalausgabe: Le monde selon Monsanto. De la dioxime aux OGM, une multinationale qui vous veut du bien, 2008).

14 Robin: Mit Gift und Genen.

15 Smith: Trojanische Saaten, zitiert nach Michael Grunwald: »Monsanto Held Liable for PCB Dumping«, Washington Post, 23. 2. 2002.

16 Robin: Mit Gift und Genen, S. 35.

17 United States Environmental Protection Agency: Technical report evaluation of Monsanto's polychlorinated biphenyl (PCB). Process for PCB losses at the Anniston Plant, März 2005, www.epa.gov/region4/waste/sf/annisonsf/10302197.

18 Robin: Mit Gift und Genen, S. 38. Anhörung eines Anwohners, »Trial transcript, Owens vs. Monsanto«, CV-96-J-440-E, N. D. Alabama, 5. 4. 2001, S. 551.

19 Robin: Mit Gift und Genen, S. 40.

20 Ebd.

21 Ebd.

22 Ebd.

23 Ebd., S. 46, 47.

24 Ebd., S. 40, 48, 49.

25 Raymond R. Suskind u. a.: »Progress report. Patients form Monsanto Chemical Company, Nitro, West Virginia«, Unpublished Kettering Report, 20. 7. 1950.

26 Robin: Mit Gift und Genen, S. 59, 61, 62.

27 Jane Mager Stellman: »The extent und patterns of usage of Agent Orange and other herbicides in Vietnam«, Nature, 17. 4. 2003. Le Monde, 26. 4. 2005.

28 Plaintiffs' Brief, 3. 10. 1989. Robert Allen, The Dioxin War. Truth and Lies About a Perfect Poison, London, 2004.

29 Robin: Mit Gift und Genen, S. 74. Robert Reinhold: »Missouri now fears 100 sites could be tainted by dioxin«, New York Times,

18. 1. 1983, *New York Times*, 13. 8. 1983, 18. 11. 1983, 29. 11. 1983, 1. 12. 1983.

30 Plaintiffs' Brief, 3. 10. 1989. Marylin Fingerhut, »Cancer mortality in workers exposed to 2,3,7,8-tetrachlordibenzo-p-dioxin«, *New England Journal of Medicine*, Bd. 324, Nr. 4, 24. 1. 1991, S. 212–218. Judith Zack, William R. Gaffey: »A mortality study of workers employed at the Monsanto company plant in Nitro, West Virginia«, op. cit. Alastair Hay, Ellen Silberberg: »Assessing the risk of dioxin exposure«, *Nature* 315, 9. 5. 1985, S. 102 f.

31 Renate D. Kimbrough: »Epidemiology and pathology of a tetrachlorodibenzodioxin poising episode«, *Archives of Environmental Health, The Lancet*, 2. 4. 1977, S. 748. Coleman D. Carter: »Tetrachlorodibenzodio-xin in horse arenas«, *Science*, 16. 5. 1975.

32 Reinhold: »Missouri now fears 100 sites could be tainted by dioxin«, *New York Times*, 18. 1. 1983. Robin, S. 55, 56.

33 *New York Times*, 13. 8. 1983, 18. und 29. 11. 1983, 1. 12. 1983.

34 EPA: Drinking Water Criteria Document for 2,3,7,8-Tetrachlorodibenzo-p-dioxin. Office of Research and Development, ECAO-CIN-405, April 1988.

35 *Harrowsmith*, März/April 1990.

36 Cate Jenkins: »Memo to Raymond Loehr: Newly revealed from Monsanto in an epidemiological study used by EPA to assess human health effects form dioxins«, 23. 2. 1990.

37 »Key dioxin study, a fraud, EPA says«, *Charleston Gazette*, 23. 3. 1990.

38 Robin: Mit Gift und Genen, S. 89, 90.

39 Ebd., S. 71.

40 Elmo R. Zumwalt: »Report to the Secretary of the Department of Veterans' Affairs on the association between adverse health effects and exposure to Agent Orange«, 5. 5. 1990, www.gulfwarvets.com/ao.html.

41 Aron Blair: »Herbicides a non-Hodgkin's lymphoma: New evidence from a study of Sasketchawan farmers«, *Journal of the National Cancer Institute* 82, 1990, S. 544 f.

42 Pier Alberto Bertazzi u. a.: »Cancer incidence in a population

accidentally exposed to 2,3,7,8-Tetrachlordibenzo-PARA-dioxin«, *Epidemiology* 4, September 1993, S. 398–406.

43 Lennart Hardell und A. Sanström:»Case-control study: Soft-tissue sarcomas and exposure to phenoxyacetic acids or chlorphenols«, *British Journal of Cancer* 39, 1979, S. 711–717. Mikael Eriksson, Lennart Hardell u. a.:»Soft-tissue sarcoma and exposure to chemical substances: A case referent study«, *British Journal of Industrial Medicine* 38, 1981, S. 27–33. Lennart Hardell und Mikael Eriksson:»The association between soft-tissue sarcomas and exposure to phenoxyacetic acids: A new case referent study«, *Cancer* 62, 1988, S. 652–666.

44 Robin: Mit Gift und Genen, S. 98, 99.

45 »Renowned cancer scientist was paid by chemical firm for 20 years«, *The Guardian*, 8. Dezember 2006.

46 *New Scientist*, 20. 3. 2005.

47 Robin: Mit Gift und Genen, S. 102, 103.

48 Ebd., S. 105, 106.

49 *New York Times*, 10. 3. 2005.

## Unter Goldgräbern

1 Dieses und auch andere Zitate, für die keine Quellenangaben genannt sind, basieren auf Gesprächen mit dem Autor.

2 Rat für Nachhaltige Entwicklung: Geteiltes Echo auf »Forschungsstrategie Bioökonomie« der Bundesregierung, 25. 11. 2010.

3 Wachstum. Bildung. Zusammenhalt. Koalitionsvertrag zwischen CDU, CSU und FDP, 17. Legislaturperiode, S. 64.

4 Heike Moldenhauer:»Rückblick 2010: Keiner will's gewesen sein«, *Der kritische Agrarbericht* 2011.

5 BioÖkonomieRat: Kompetenzen bündeln, Rahmenbedingungen verbessern, internationale Partnerschaften eingehen. Erste Empfehlungen zum Forschungsfeld Bioökonomie in Deutschland, Berlin 2009.

6 Bundesministerium für Bildung und Forschung: Nationale Forschungsstrategie BioÖkonomie 2030, 2010.

7 Annette Schavan: »Vorwort«, Nationale Forschungsstrategie BioÖkonomie 2030, Bonn 2010.

8 *Der Spiegel*, Nr. 38/2011.

9 Berichte aus dem BioÖkonomieRat, Positionspapier Arbeitsgruppe Tier, 2010.

10 Marie Trigona: »Study released in Argentina puts glyphosate under fire«, *Americas Program Report*, 13. 7. 2009, http://www.cip-americas.org/archives/1765, 2009. Marcela Valente: Health Argentina: »Scientists reveal effects of glyphosate«, *Inter Press Service*, 15. 4. 2009, http://ipsnews.net/news.asp?idnews=46516.

11 Bund Ökologische Lebensmittelwirtschaft: Schadensbericht Gentechnik, März 2009.

12 W. Brien Henry, Dale L. Shaner und Mark S. West: »Shikimate accumulation in sunflower, wheat and proso millet after glyphosate application«, *Weed Science* 55, 2007, S. 1–5.

13 Naturschutzbund Deutschland, Martha Mertens: Glyphosat & Agrogentechnik. Risiken des Anbaus herbizidresistenter Pflanzen für Mensch und Umwelt, Berlin 2011.

14 S. Benitez-Leite, M. A. Macchi und M. Acosta: »Malformaciones congenitas asociadas a agrotóxicos«, *Revista chilena de pediatría*. 80, 2009, S. 237–247.

15 M. Antoniou, P. Brack, A. Carrasco, J. Fagan, M. Habib, P. Kageyama, C. Leifert, R. O. Nodari, W. Pengue, W. 2010. GV-Soja – Nachhaltig? Verantwortungsbewusst? http.//www.gmwatch.eu/images,pdf/gm_full_ger_v3.pdf.

16 David A. Savitz, Tye Arbuckle, Diane Kaczor und Kathryn M. Curtis: »Male pesticide exposure and pregnancy outcome«. *American Journal of Epidemiology* 146, 1997, S. 1025–1036.

17 Charles M. Benbrook: »Impacts of genetically modified crops on pesticide use: The first thirteen years«, Critical Issue Report, 2009.

18 Ebd.

19 www.weedscience.org.

20 Naturschutzbund Deutschland, Martha Mertens: Glyphosat & Agrogentechnik, April 2011.

21 www.bvl.bund.de/DE/04_Pflanzenschutzmittel/05_Fachmeldungen/2010/psm_Anwendungsbeobachtungen_tallowamin-Mittel.html.

22 Naturschutzbund Deutschland, Martha Mertens: Glyphosat & Agrogentechnik.

23 Christoph Then: Vorsicht »Giftmischer«. Gentechnisch veränderte Pflanzen in Futter- und Lebensmitteln, München 2011.

24 www.nachrichten.at/art14855,735092; http://www.giesseneranzeiger.de/11263583.htm; www.oekonews.at/?mdoc_id=1063420; http://www.biosicherheit.de/1358.g.html.

25 Anita Idel: Die Kuh ist kein Klima-Killer! Wie die Agrarindustrie die Erde verwüstet und was wir dagegen tun können, Schweisfurth-Stiftung, 2010.

26 Umweltbundesamt: Auswirkungen von Stickstoffeinträgen in naturnahe terrestrische Ökosysteme – Stoffhaushalt, Klima und Biodiversität, Workshop 10.–11. 2. 2009.

27 www.fuereinebesserewelt.info/nabu-dokumentarfilm.de

28 M. S. Heard u. a.: »Weeds in field with contrasting conventional and genetically modified herbicide-tolerants crops. Effects on individual species«, Philosophical Transactions of the Royal Society B: *Biological Sciences* 358, 2003, S. 1833–1846.

29 Naturschutzbund Deutschland, Martha Mertens: Glyphosat & Agrogentechnik.

### Eine Art »Tea Party«

1 Dr. Christel Happach-Kasan, MdB, an Hubert A. Weinzierl, Brief liegt vor.

2 Angelika Hilbeck und Jörg Schmidt, »Another view on Bt proteins. How specific are they and what else might they do«, *Biopesticide International,* 2006.

3 Aziz Aris und Samuel Leblanc: »Maternal and fetal exposure to pesticides associated to genetically modified foods in Eastern

Townships of Quebec, Canada«, *Reproductive Toxicology*, Mai 2011.

4　A. Finamore u. a.:»Intestinal and peripheral immune response to MON810 maize ingestion in weaning and old mice«, *Journal of Agricultural and Food Chemistry* 56, 2008, S. 11533–11539.

5　Stine Kroghsbo u. a.:»Immunotoxicological studies of genetically modified rice expressing PHA-E lectin or Bt toxin in Wistar rats«, *Toxicology* 245, 2008, S. 24–34.

6　G.-E. Séralini, D. Cellier, J.S. de Vendomois:»New analysis of a rat feeding study with a genetically modified maize reveals signs of hepatorenal toxicity.« *Archives of Environmental Contamination and Toxicology* 52, 596–602, 2007.

7　R. Mesnage u. a.: Cytotoxicity on human cells of Cry 1 AB und Cry 1 Ac Bt insecticidal toxins alone or with a glyphosate-based herbicide, *Journal of Applied Toxicology*, 2012.

8　Then: Vorsicht»Giftmischer«.

9　Steve Butzen, David Dorhout, Paula Davis:»Spread of Western Bean Cutworm in die U. S. Corn Belt«, *Crop Insights* 17, 2007.

10　http://elkhorn.unk.edu/epublic/pages/publication/D.jsp?publi cationId=344.

11　www.dowagro.com/herculex/news/20070619b.htm.

12　Then: Vorsicht»Giftmischer«.

13　Ebd.

14　Alexander J. Stein, Emilio Rodríguez-Cerezo:»The global pipeline of new GM crops. Implications of asynchronous approval for international trade«, *JRC Scientific and Technical Reports*, EUR 23846 EN, 2009.

15　Lou M. Gallagher: Bt Brinjal Event EEr1 The Scope und Adequacy of the GEAC Toxicological Risk Assessment, Review of Oral Toxicity Studies in Rats, 2010.

16　Christoph Then, Sylvia Hamberger: Gentechnisch veränderte Pappeln – eine ökologische Zeitbombe?, Ein Report von Testbiotech in Zusammenarbeit mit der Gesellschaft für ökologische Forschung, München 2010.

17　Thomas Pickardt, André de Kathen:»Literaturstudie zur Stabilität transgen-vermittelter Merkmale in gentechnisch veränderten Pflanzen mit dem Schwerpunkt transgene Gehölzarten und Stabilitätsgene«, Forschungsbericht 201 67 4307/02, Umweltbundesamt, 2002.

18 National Research Council: Genetically Modified Pest-Protected Plants. Science and Regulation, Washington 2000.

19 P. Sharma u. a.:»Synergistic activity between Bacillus thuringiensis CryiAb und CryiAc toxins against maize stem borer (Chilo partellus Swinhoe)«, *Letters in Applied Microbiology* 51 (1), 2010, S. 42–47.

20 R. I. Vazquez u. a.:»Bacillus thuringiensis CryiAc protoxin is a potent systemic and mucosal adjuvant«, *Scandinavian Journal of Immunology* 49, 1999, S. 578–584.

21 Christop Then, Andreas Bauer-Panskus:»... wurde sichergestellt, dass die Daten den Erwartungen entsprachen ...«, Industrie und Europäische Lebensmittelbehörde EFSA untergraben Risikoabschätzung bei genetisch veränderten Mais SmartStax, München 2011.

22 Testbiotech:»...ensured that the data were consistent with expectations ...« – How industry and EFSA have been systematically undermining the risk assessment of ›SmartStax‹, Report by Christoph Then and Andreas Bauer-Panskus, June 2011.

23 Ebd.

## Die Herrschaft der Amigos

1 Ebd.

2 Ebd.

3 Europäisches Parlament, Europäischer Rat: Richtlinie 2001/18/ EG über die absichtliche Freisetzung genetisch veränderter Organismen in die Umwelt, 12. 3. 2001.

4 L. B. Obrist, A. Dutton, R. Albajes, R. Bigler, 2006, Exposure of arthropod predators by Cry 1 Ab toxin in Bt maize fields. *Ecological Entomology* 31, 143–154.

5 European Communities (2005): Measures affecting the approval

and marketing of biotech products *(DS291, DS292, DS293)*. Comments by the European Communities on the scientific and technical advice to the panel, 28. 1. 2005.

6 European Commission: Letter from the European Commission to EFSA on the environmental risk assessment of herbicide tolerant plants. Interplay between Directive 2001/18/EC and Directive 91/414/EEC, 2008.

7 Joint input of Testbiotech and Friends of Earth Europe input on food derived from genetically engineered animals during consultation about EFSA Panels on GMO and AHAW, 2011.

8 »EFSA-Direktorin: ›Wenn wir alle ausschließen, die von der Industrie Geld bekommen, haben wir nicht mehr viele Experten‹«, bioSicherheit.de, 9. 3. 2011.

9 Interview, *Tageszeitung*, 9. 3. 2011.

10 Vanessa E. Prescott u. a.: »Transgenic expression of bean alpha-amylase inhibitor in peas results in altered structure and immunogenicity«, *Journal of Agricultural and Food Chemistry* 53, 2005, S. 9023–9030. Rudolf Valenta, Armin Spök: »Immunogenicity of GM peas«, *BfN-Skripten* 239, 2008.

11 Bund Ökologische Lebensmittelwirtschaft, Christop Then: Risiken mit amtlichem Siegel: Mängel bei der Zulassung genetisch veränderter Pflanzen, Berlin 2011.

12 EFSA: »Guidance document of the Scientific Panel on Genetically Modified Organisms for tho risk assessment of genetically modified plants and derived food and feed«, *EFSA Journal* 99, 2006, S. 1–100.

13 »Observations of Mr. Joseph Perry, Vice-Chair, at EFSA's consultative workshop on its draft guidance for the selection of Genetically Modified (GM) plant comporators«.

14 Antje Lorch, Christoph Then: Kontrolle oder Kollaboration? – Agro-Gentechnik und die Rolle der Behörde, 2008.

15 Antje Lorch, Christoph Then: Kontrolle oder Kollaboration? Agro-Gentechnik und die Rolle der Behörden, München 2008.

16 Ebd.

17 Bundestagsdrucksache 16/6208.

18  www.bioSicherheit.de.

19  Umweltinstitut München: »Gentechnik-Verflechtungen in Mecklenburg-Vorpommern«, www.innoplanta.de.

20  Lorch/Then: Kontrolle oder Kollaboration?

21  Inge Broer u. a.: Grüne Gentechnik, Weinheim 2010.

22  Friedhelm Taube u. a.: »Die DFG-Broschüre ›Grüne Gentechnik‹ genügt ihrem eigenen Anspruch nicht«, *Environmental Sciences Europe*, 2011.

23  G. Neumann u. a.: »Relevance of glyphosate transfer to non-target plants via the rhizosphere«, *Journal of Plant Diseases and Protection*, Sonderausgabe, 2009.

24  G. Neumann, S. Kohls, E. Landsberg, K. Souza, T. Yamada, V. Römheld, V: Relevance of glyphosate transfer to non-target plants via the rhizosphere. *Journal of Plant Diseases and Protection*, Special issue, 2009.

25  Inge Broer u. a.: »Stellungnahme zur Kritik von Taube et al. an der DFG-Broschüre ›Grüne Gentechnik‹«, *Environmental Sciences Europe*, 2011.

26  Interview mit Inge Broer, »Wir müssen ein klares und effizientes System entwickeln, um neue Pflanzen zu analysieren«, bioSicherheit.de, 7. 12. 2010.

27  Lorch/Then: Kontrolle oder Kollaboration?

28  BUND, Heike Moldenhauer: Akteure und Netzwerke – Who is who in der nationalen und internationalen Gentechnik-Debatte?, 2011.

29  *Focus*, 30. 3. 2009, S. 42.

30  Antje Lorch, Christoph Then: Kontrolle oder Kollaboration? – Agro-Gentechnik und die Rolle der Behörde, 2008.

31  Ebd.

32  Heike Moldenhauer: Akteure und Netzwerke. Who is who in der nationalen und internationalen Gentechnik-Debatte? Argumentationsmuster und Seilschaften, April 2011.

33  *Der Spiegel*, 6. 10. 2008, S. 93.

## Der patentierte Volksstamm

1 Greenpeace: Die wahren Kosten der Gen-Patente. Ökonomische und soziale Folgen der Patentierung von Lebewesen und Genen, März 2004.
2 Christoph Then/Ruth Tippe: Schwarze Liste europäischer Biotech-Patente 2009–2011, November 2011.
3 Ebd.
4 »Richtlinie 2010/63/EU des Europäischen Parlaments des Rates vom 22. September 2010 zum Schutz der für wissenschaftliche Zwecke verwendeten Tiere«, Amtsblatt der Europäischen Union, L276/33, 22. 10. 2010.
5 Greenpeace: »Pflanzen-Patente. Monopole für Konzerne«, 4. 4. 2005, www.greenpeace.de/themen/patente/konzerne/artikel/pflanzen_patente_monopol_fuer_konzerne.
6 Ebd.
7 Greenpeace: »Pflanzen-Patente: Monopol für Konzerne«, 4. 4. 2005, www.greenpeace.de.
8 BUKO-Kampagne gegen Biopiraterie, www.piopiraterie.de.
9 Ebd.
10 BUKO-Kampagne gegen Biopiraterie: »Genpatente sind die Kanonenkugeln von heute. Saatgutfirmen und Pharmaindustrie eignen sich Erbinformationen der Tier- und Pflanzenwelt aus ›Entwicklungsländern‹ an«, www.biopiraterie.de.
11 Ebd.

## Die Frankenstein-Industrie

1 *Saarbrücker Zeitung:* Aigner will schärfer gegen Qualzuchten vorgehen, Dezember 2011.
2 Deutscher Tierschutzbund: »Tiere in der Landwirtschaft: Schweine«.
3 Fördergemeinschaft Nachhaltige Landwirtschaft: »Die beliebtesten Spielzeuge in Deutschen Schweineställen«, fnl.de/datenfakten/greenfacts.html.

4 Deutscher Tierschutzbund:»Tiere in der Landwirtschaft: Schweine«www.tierschutzbund.de/schweine.html.

5 Hermann Focke:»Die Natur schlägt zurück. Antibiotikamissbrauch in der intensiven Nutztierhaltung und Auswirkungen auf Mensch, Tier und Umwelt«, Pro Business 2010.

6 Ebd.

7 Deutscher Tierschutzbund:»Tiere in der Landwirtschaft: Schweine«.

8 Ebd.

9 Bundestagsfraktion Bündnis 90/Die Grünen: Fachgespräche mit 70 Gästen zum Thema:»Wenn die Qual zur Zucht wird«, 22. 6. 2011.

10 Hilal Sezgin:»Über Fleisch. Industrieprodukt auf dem Teller«, *Le Monde diplomatique*, 11. 11. 2011.

11 edoc.ub.uni-muenchen.de/3783/1/Bendel_Jennifer.pdf

12 Prof. Bernhard Hörning: Auswirkungen der Hochleistungszucht auf Nutztiere, insbesondere Geflügel. Fachgespräch Bündnis 90/Die Grünen, 23. 5. 2011.

13 »Putenmäster wegen kranker Tiere verurteilt«, *Hannoversche Allgemeine Zeitung*, 21. 8. 2010.

14 Antrag der Fraktion Bündnis 90/Die Grünen im Landtag: »Mehr Tierschutz in der Putenhaltung«, 28. 9. 2010.

15 S. Petermann, H.-H. Fiedler:»Eingriffe am Schnabel von Wirtschaftsgeflügel«, *Tierärztliche Umschau* 54, 1999, S. 8–19.

## Tödliche Keime

1 »Weltgesundheitstag: WHO schlägt Antibiotika-Alarm«, *Kleine Zeitung*, 7. 4. 2011, zitiert nach APA.

2 Universität Utrecht:»Mögliche Effekte der intensiven Tierhaltung auf die Gesundheit von Anwohnern«, Juni 2011.

3 »Gefährliche Keime in jedem zweiten Huhn. Der BUND findet belastetes Fleisch in Supermärkten«, *Tagesspiegel*, 10. 1. 2012.

4 Katharina Stroh:»Antibiotika und Antibiotika-Resistenzen in

Lebensmitteln und Umwelt«, Bayerisches Landesamt für Umwelt Augsburg, 2002 (Links 2005).

5 Leonie Chonsch, Dietrich Schulz: »Stoffströme aus der Intensivhaltung. Ein ungelöstes Problem für den Bodenschutz?«, *Der kritische Agrarbericht 2010.*

## Das Kartell

1 top agraronline: Sonnleitners große Klarstellung gegenüber den Kritikern, 20. 1. 2011.

2 Eckehard Niemann: Die verschwiegene Agrarindustrialisierung – Über die Zunahme von Großagrariern und Agrarfabriken, *Der kritische Agrarbericht 2010.*

3 Ebd.

4 Ebd.

5 Ebd.

6 www.hannover-zeitung, net/regionales, schlachthof-wietze-gehen-die-lieferanten-aus, 6. 2. 2012; Wikipedia: Emsland Frischgeflügel GmbH.

7 Eckehard Niemann: »Das Interessengeflecht des Agrobusiness«, Thomas Leif/Rudolf Späth (Hg.): Die stille Macht: Lobbyismus in Deutschland, Wiesbaden 2003, S. 186 ff.

8 Schaber: Blutmilch, S. 21–22.

9 Ebd.

10 www.zeit.de/2008/24/P-Sonnleitner. »Erst war er gegen den Streik der Milchbauern, jetzt unterstützt er ihn. Der Bauernpräsident kämpft an vielen Fronten«; Wikipedia, Februar 2012.

11 »Peinliche Posten«, *Unabhängige Bauernstimme,* März 2009.

12 »Sonnleitners Posten bei Versicherungen und Banken«, *Nordbayerischer Kurier,* 4. 3. 2010.

13 Ebd.

14 www.ima-agrar.de

15 Niemann: »Das Interessengeflecht des Agrobusiness«.

16 Uwe Friedrich: »NABU-Studie deckt Einflussnahmen auf. Re-

aktion auf NABU-Studie ›Giftspritze außer Kontrolle‹«, www. cbgnetwork.org.

17 Ebd.

18 FNL-Pressemitteilung: Führungswechsel bei der Fördergemeinschaft Nachhaltige Landwirtschaft e. V., 16. 10. 2007.

19 Ebd.

20 Fördergemeinschaft Nachhaltige Landwirtschaft:»Integrierte Landwirtschaft«, http://fnl.slf-media.de/index.php?id=928.

21 »Das System Wiesenhof«, ARD-exklusiv, 31. 8. 2011.

22 Gerd Sonnleitner: Verbandspolitische Grundsatzrede, Deutscher Bauerntag 2011, 1. 7. 2011.

23 FNL, Green Facts: Was schenk ich meinem Schwein?, fnl.de/daten-fakten, greenfacts.

24 Gerd Sonnleitner: Verbandspolitische Grundsatzrede, Deutscher Bauerntag 2011, 1. 7. 2011.

25 www.agrarheute.com/gruene-woche-2011: Sonnleitner:»Bäuerlich-mittelständische Landwirtschaft erhalten«.

26 BUND: Subventionsansprüche der Spitzenfunktionäre des Deutschen Bauernverbandes (DBV) und der Deutschen Landwirtschaftsgesellschaft (DLG), Oktober 2007.

27 Ebd.

28 *Hamburger Abendblatt:*»Tierschutz entzweit Regierung und Landwirte«, 31. 5. 2011.

29 Ebd.

30 www.haz.de/Nachrichten/Wirtschaft/Bauernhoefe-in-Niedersachsen, 8. 6. 2010.

31 Elektronischer Bundesanzeiger, Eintrag vom 4. 5. 2011.

32 *Braunschweiger Zeitung:* Justiz hat Ölmühlen-Chefs im Visier, 1. 12. 2009.

33 www.newsclick.de/index.jps/menuid/2160/artid/11359754: Wittinger Ölmühle: Landvolkpräsident im Visier der Staatsanwaltschaft.

34 *Märkische Allgemeine:* Bauernpräsident Udo Folgart erklärt sich zu den Vorwürfen gegen ihn und zieht auch persönliche Konsequenzen, 14. 4. 2010.

35 BUND: Subventionsansprüche der Spitzenfunktionäre von DBV und DLG.

36 *taz:* SPD geht mit Agrarsprit- und Gentechnikapostel ins Rennen, 30. 7. 2009.

37 *Märkische Allgemeine:* EU will Subventionen auf 300 000 Euro begrenzen, 14. 9. 2011.

38 BUND: Subventionsansprüche der Spitzenfunktionäre von DBV und DLG.

39 Wikipedia: Udo Folgart

40 *taz.de:* Die Genkartoffel-Affäre der SPD, 28. 8. 2009.

41 *taz.de:* SPD will die Genkartoffel, 27. 8. 2009; *Handelsblatt:* Steinmeiers Gen-Experte bringt SPD in Rage, 28. 8. 2009.

42 *Märkische Allgemeine:* Udo Folgarts Agrar-Firma wollte Flächen kaufen – trotz Pachtverträgen, 24. 3. 2010.

43 *Märkische Allgemeine:* Bauernpräsident Udo Folgart erklärt sich zu den Vorwürfen gegen ihn und zieht auch persönliche Konsequenzen, 14. 4. 2010.

44 Ebd.

45 »Mafiose Strukturen«, *Der Spiegel,* 15. 1. 2001.

46 »Chronisch vergiftet?«, *Der Spiegel,* 12. 12. 2011.

47 Ulrike Müller, Fraktion der Freien Wähler im bayerischen Landtag: Pressemitteilung, 10. 2. 2011.

48 »Chronisch vergiftet?«, *Der Spiegel,* 12. 12. 2011.

49 Ebd.

50 *Wirtschaftswoche,* Susanne Donner, Ernährung: Tiere müssen Industriemüll fressen, 11. 6. 2011.

51 AGRAVIS Raiffeisen AG, Geschäftsbericht 2010, Organe.

52 Reinhold S. Bonfig: »Landwirtschaft, mehr als nur Produktion?«, boCommunication, 18. 5. 2010.

53 *Westfälische Nachrichten:* Bauern besorgt: Akzeptanz schwindet, 2. 2. 2011.

54 Franz Josef Möllers, Forderungen der Landwirtschaft an die Politik, in: *Münstersche Schriften zur Kooperation,* Band 55.

55 Ebd.

56 Dlz.agrarheute.com/Schlachthoefe.

57  *Handelsblatt:* Unabhängige Fleischkonzerne geraten in die Zange, 26. 9. 2008.

58  Niemann: »Das Interessengeflecht des Agrobusiness«.

59  Ebd.

60  Ebd.

61  Ebd.

62  Wikipedia: Zentralausschuss der deutschen Landwirtschaft.

63  Deutscher Bauernverband: Aufgaben des Zentralausschusses.

64  www.lv.de/gesellschafter

65  Ebd.

66  Deutscher Landwirtschaftsverlag: Über uns. Die Medienkompetenz für Land und Natur.

67  Dlv.de/Über uns.

68  Haidy Damm, Reinhild Benning, Mirjam Schneider: Subventionsansprüche der Spitzenfunktionäre des deutschen Bauernverbandes (DBV) und der Deutschen Landwirtschaftsgesellschaft (DLG), Berlin 2007.

69  Niemann: Das Interessengeflecht des Agrobusiness.

70  Ebd.

71  *Welt Online:* Bauern poltern gegen neuen »Tierschutz-Populismus«, 10. 2. 2011.

72  http://de.wikipedia.org./wiki/schloss_Ippenburg; www.schloesserundgaerten.de

73  *FAZ:* »Die Landwirtschaft war noch nie so effizient wie heute«, 4. 1. 2004.

74  BUND: Subventionsansprüche der Spitzenfunktionäre des Deutschen Bauernverbandes (DBV) und der Deutschen Landwirtschaftsgesellschaft (DLG), berechnet nach Muster von http://topagrar.com/content/eu_praemien/index.jsp.

75  Wikipedia: KWS Saat AG.

76  »Herrenhaus: Geschäftsidee mit vier Wänden. Die Idee kam an einem Novemberabend«, *Brigitte Woman,* 13. 3. 2009.

77  »Prämie war dem Freiherrn peinlich. DLG-Chef gegen Graefe zu Baringdorf vor Gericht«, *Neue Westfälische,* 12.–13. Oktober 2002. »Meinungsfreiheit obsiegt vor Gericht. Graefe zu Baring-

dorf (Grüne) bekommt recht«, *Neue Westfälische*, 11. Oktober 2004. »DLG-Präsident verliert Klage gegen Abl-Vorsitzenden. Gericht: Freiherr von dem Bussche darf im Zusammenhang mit Prämien genannt werden«, *Bauernstimme* 11/2004.

78 Ebd.

79 Friedhelm Stodieck: »Agrarpolitik und soziale Lage«, *Der kritische Agrarbericht* 2011.

80 Eckehard Niemann: Die verschwiegene Agrarindustrialisierung – Über die Zunahme von Großagrariern und Agrarfabriken, *Der kritische Agrarbericht* 2010.

81 Ebd.

82 Ebd.

83 Ebd.

84 Niemann: Die verschwiegene Agrarindustrialisierung.

85 Ebd.

86 Ebd.

87 Ebd., *taz.de:* Der Subventionsmeister, 24. 6. 2009.

88 *Welt Online:* »Ackerland ist eine Anlageklasse mit Zukunft«, 25. 11. 2009.

89 »Bauern-Bonanza«, *Manager Magazin*, 16. 4. 2007.

90 *Welt Online:* »Ackerland ...«

91 Ebd.

92 Niemann: Die verschwiegene Agrarindustrialisierung.

93 Ebd.

94 Ebd.

95 Ebd.

96 Ebd.

97 Deutsche Landwirtschaftsgesellschaft: Vereinsorgane und Mitglieder, Gesamtausschuss; Landesbauernverband Sachsen-Anhalt e. V., Fachausschüsse und Arbeitsgruppen, Februar 2012.

98 www.nibagro.de.

99 BUND: Subventionsansprüche der Spitzenfunktionäre des Deutschen Bauernverbandes (DBV) und der Deutschen Landwirtschaftsgesellschaft (DLG).

100 Nordzucker: Geschäftsbericht 2009/10, S. 105.
101 Ebd.
102 Nordzucker: Geschäftsbericht 2009/10.
103 Nordzucker Holding AG, Mitglieder des Vorstands 2009/2010.
104 Eckehard Niemann: Das Interessengeflecht des Agrobusiness.
105 Friedhelm Stodieck:»Agrarpolitik und soziale Lage«, *Der kritische Agrarbericht 2010.*
106 Ebd.
107 Ebd.
108 Bund für Umwelt und Naturschutz Deutschland, Reinhild Benning: Agrarsubventionen umverteilen – Vielfalt fördern, Berlin, 2010.
109 Reinhold S. Bonfig:»Weg mit sinnlosen und ungerechtfertigten Subventionen«, boCommunication, 18. Mai 2010.
110 »Die Hektar-Falle«, *Der Spiegel,* 3. 1. 2011.
111 Niemann: Die verschwiegene Agrarindustrialisierung.

## Die Subventionslüge

1 Peter Schaar im Interview mit *Report Mainz,* 7. 4. 2008.
2 Richard E. Baldwin:»Who finances the Queen's CAP payments? The CAP as a dooH niboR Scheme«, *CEPS Policy Brief* 88, Dezember 2005.
3 »France digs in heels on farm subsidies«, *New York Times,* 20. 10. 2005.
4 »Sarkozy hält an geplanten Reformen fest«, *NZZ Online,* 24. 3. 2010.
5 »370 Millionen Euro mit Zucker ergaunert?«, *Hamburger Abendblatt,* 12. 6. 2009.
6 Hermann Priebe: Landwirtschaft in der Welt von morgen, Düsseldorf 1970.
7 Harald von Witzke, Steffen Noleppa: Verteilungseffekte der EU Direktzahlungen in der deutschen Landwirtschaft. Ein Bericht für den German Marshall Fund of the United States, 2006.

# Nachwort

1 www.agrarheute.com/aigner-agrarwende.

2 Euronatur, Bund Naturschutz in Bayern: Pressemitteilung, 17. 11. 2011.

3 Forum Umwelt und Entwicklung, Susanne Gura: Fleisch vom nächsten Planeten, Bonn 2010.

4 Erklärung von Bern, Forum Umwelt und Entwicklung: Agropoly. Wenige Konzerne beherrschen die weltweite Lebensmittelproduktion, Zürich und Berlin 2012.

5 Food and Agriculture Organization: The State of the World's Animal Genetic Ressources for Food and Agriculture, Rom 2007.

6 www.spaynelindsay.com/pressRelease/12_CherryValleyFarms Limited.

7 Günter Biedermann: »Entwicklung der Rinderrassen in Deutschland«, Gesellschaft zur Erhaltung alter und gefährdeter Haustierrassen, Witzenhausen 2012.

8 Ebd.

9 Erklärung von Bern, Forum Umwelt und Entwicklung: Agropoly.

10 Ebd.

11 Gerd Sonnleitner: »Wir wollen Gerechtigkeit«, *Passauer Neue Presse*, 11. 10. 2011.

12 Euronatur, Bund Naturschutz in Bayern: Pressemitteilung, 17. 11. 2011.

13 Eckhard Niemann: »Agrarindustrie macht einsam. Das Netzwerk ›Bauernhöfe statt Agrarfabriken‹ bietet der Massentierhaltung Paroli«, *Der kritische Agrarbericht 2011*.

14 Ebd.

15 Gerd Sonnleitner auf der Eröffnungspressekonferenz der Internationalen Grünen Woche, 18. 1. 2012.

16 Reinhold S. Bonfig: »Sie haben es satt! Tausende von Bürgern demonstrierten in Berlin anlässlich der Grünen Woche gegen Agrarindustrie und für bäuerliche Landwirtschaft«.

17 www.agrarheute.com/aigner-agrarwende.de.

# Der Wegweiser durch den Öko-Dschungel

Stefan Kreutzberger · **Die Ökolüge**
Wie Sie den grünen Etikettenschwindel durchschauen
280 Seiten, Klappenbroschur
€ [D] 16,90 · € [A] 17,40
ISBN 978-3-430-30045-2

Immer mehr Verbraucher kaufen Bio- und Ökoprodukte.
Doch nicht alles, was unter »Bio« produziert und vermarktet wird, ist es wirklich.
Für Verbraucher ist die Vielzahl der Prüfsiegel wenig transparent und nicht nachprüfbar.
Der Autor blickt hinter die Kulissen der Ökoindustrie und enthüllt, wie und wo
Verbraucher mit grünen Etiketten manipuliert und betrogen werden.
Gleichzeitig gibt er konkrete Empfehlungen, welche Produkte mit gutem
Gewissen gekauft werden können.

»Bio? Von wegen! Tricksereien mit dem
Ökosiegel sind gang und gäbe.« *Süddeutsche Zeitung*

»Einer der besten Ökonomen unseres Landes«
*Handelsblatt*

Hans-Werner Sinn

## DAS GRÜNE PARADOXON

Plädoyer für eine illusionsfreie
Klimapolitik

ISBN 978-3-548-37396-6
www.ullstein-buchverlage.de

Die Politiker irren, wenn sie glauben, ihre Klima-
schutz-Programme könnten unsere Erde retten.
Sie sitzen dem grünen Paradoxon auf: Denn die
Erderwärmung steigt, je umweltfreundlicher wir
leben. Der ifo-Präsident Hans-Werner Sinn erklärt,
warum die »grüne« Politik kontraproduktiv wird,
wenn sie einen wichtigen ökonomischen Aspekt
ignoriert: das Gesetz von Angebot und Nachfrage. Mit schlagenden Argumenten beseitigt Sinn
die blinden Flecken in einer wichtigen Debatte.

US384

ullstein